contrôle continu

W0368760

résumés de cours | exercices | contrôles | corrigés

Anthony Le Moal
Élisabeth Nicolas

Physique Chimie

conforme au nouveau programme

1res STI2D STL

ellipses

Collection « contrôle continu »
dirigée par Pascal Clavier

Retrouvez tous les titres disponibles de la collection sur notre site :
www.editions-ellipses.fr

Conception graphique et réalisation :
Geneviève Bellissard

ISBN 978-2-7298-74117

32, rue Bargue 75740 Paris cedex 15

www.editions-ellipses.fr

Sommaire

Chapitre 1. **Matériaux naturels et artificiels** 5

Chapitre 2. **Les polymères** 15

Chapitre 3. **Énergie et puissance** 31

Chapitre 4. **Énergie interne** 39

Chapitre 5. **Propriétés thermiques des matériaux** 49

Chapitre 6. **Bilan énergétique dans un circuit électrique** 67

Chapitre 7. **Transport et distribution de l'énergie électrique. Sécurité électrique** 91

Chapitre 8. **Énergie chimique** 105

Chapitre 9. **L'éclairage** 119

Chapitre 10. **Son** 131

Chapitre 11. **Les ondes** 151

Chapitre 12. **Réaction d'oxydoréduction. Antiseptiques et désinfectants** 175

Chapitre 13. **Le mouvement** 201

Chapitre 14. **L'énergie** 217

1 Matériaux naturels et artificiels

MATÉRIAUX NATURELS ET ARTIFICIELS

Matériaux naturels

Les matériaux naturels sont issus de la nature. Ils peuvent être d'origine animale (laine, peau…) ou végétale (coton, chanvre…).

Matériaux artificiels

Les matériaux artificiels sont fabriqués à partir de matières premières issues de la nature, mais n'ont pas d'équivalent dans la nature.
Exemples : le nylon, les polyesters, les polyamides, le polystyrène, les plastiques…

LES LIAISONS DANS UNE MOLÉCULE

Structure électronique des atomes

Les principaux atomes présents dans les molécules utilisées dans la fabrication des vêtements et revêtements, sont l'hydrogène, le carbone, l'oxygène, l'azote, le chlore, le fluor et le soufre.
Dans les atomes, les électrons sont répartis en couches autour du noyau.
La couche K, la plus proche du noyau peut contenir au maximum deux électrons.
La couche L peut contenir au maximum huit électrons.
La couche M peut contenir au maximum dix-huit électrons.
Pour établir la structure électronique d'un atome, on commence par remplir la couche K, quand elle est pleine (ou saturée), on complète la couche L, puis la couche M.

Atome	Numéro atomique Z	Nombre d'électrons	Structure électronique
C	6	6	$(K)^2(L)^6$
H	1	1	(K)1
O	8	8	$(K)^2(L)^6$
N	7	7	$(K)^2(L)^5$
F	9	9	$(K)^2(L)^7$
Cl	17	17	$(K)^2(L)^8(M)^7$
S	16	16	$(K)^2(L)^8(M)^6$

Pour être stable, chaque atome d'une molécule forme des liaisons avec d'autres atomes de la molécule en mettant en commun un ou plusieurs électrons de sa couche externe de façon à la saturer. Les liaisons ainsi formées sont appelées liaisons covalentes.
L'atome d'hydrogène tend à acquérir une structure externe à deux électrons, il vérifie la règle du duet.
Les autres atomes tendent à acquérir une structure externe à huit électrons, ils vérifient la règle de l'octet.

Liaisons covalentes simples et doubles

Si un atome met en commun un seul électron avec un autre atome alors il se forme une liaison covalente simple.
Si un atome met en commun deux électrons avec un autre atome alors il se forme une liaison covalente double.

Formule de Lewis

La formule de Lewis d'un atome représente les électrons de sa couche externe.
Les électrons intervenant dans les liaisons sont représentés par un point autour du symbole de l'atome.
Les électrons n'intervenant pas dans les liaisons sont associés par paire et représentés par un tiret sur le symbole de l'atome.

Atome	Nombre d'électrons externes	Formule de Lewis	Nombre de liaisons possibles
C	4	$\cdot\overset{\cdot}{\underset{\cdot}{C}}\cdot$	4
H	1	$H\cdot$	1
O	6	$\cdot\overline{\underline{O}}\cdot$	2
N	5	$\cdot\underset{\cdot}{\overline{N}}\cdot$	3
Cl	7	$\vert\overline{\underline{Cl}}\cdot$	1
F	7	$\vert\overline{\underline{F}}\cdot$	1
S	6	$\cdot S\cdot$	2

Dans la formule de Lewis d'une molécule, les liaisons entre les atomes sont représentées par un tiret (——) dans le cas d'une liaison covalente simple ou par deux tirets (═══) dans le cas d'une liaison covalente double.

La molécule d'ammoniaque

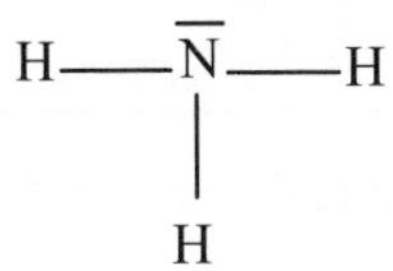

La molécule d'éthylène

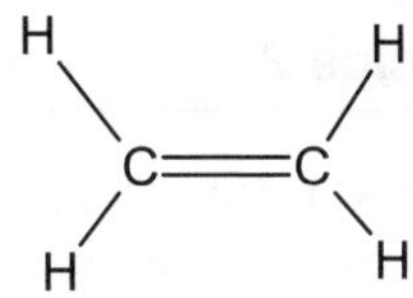

Formule développée

Dans la formule développée d'une molécule toutes les liaisons covalentes apparaissent.

La molécule d'ammoniaque :

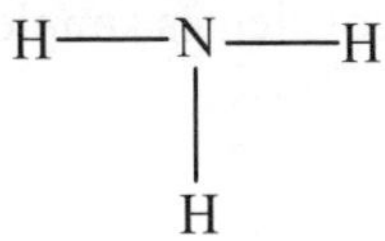

La molécule d'éthylène :

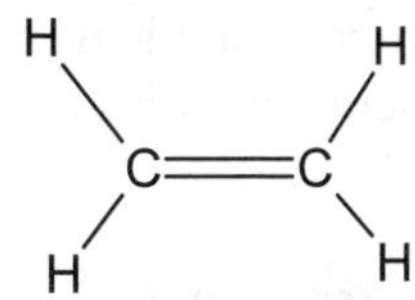

Formule semi-développée

Dans la formule semi-développée d'une molécule toutes les liaisons covalentes apparaissent excepté les liaisons avec les atomes d'hydrogène.

La molécule d'ammoniaque : NH_3

La molécule d'éthylène : $H_2C{=}CH_2$

Squelette carboné et groupes caractéristiques

Dans les molécules organiques, le squelette carboné est constitué d'un enchaînement d'atomes de carbone. Elles peuvent comporter un ou des groupes d'atomes appelés groupes caractéristiques qui définissent une fonction.

Groupe caractéristique	Nom	Fonction
—OH	hydroxyle	Alcool
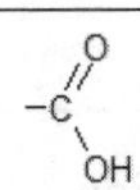	carboxyle	Acide carboxylique
$\_NH_2$	amine	Amine
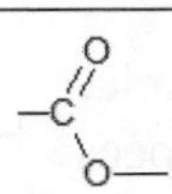	ester	Ester
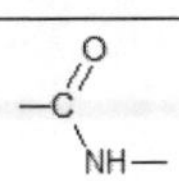	amide	Amide

✱ Exercice 1 ⏱ 5 min

Classer en deux catégories les matériaux utilisés dans la fabrication des vêtements.
Laine angora, nylon, coton, lin, viscose, cuir, soie, élasthanne, polyester.

✱ Exercice 2 ⏱ 10 min

1. Quelle est la structure électronique de l'atome de carbone (Z = 6) ?
2. Combien possède-t-il d'électrons externes ?
3. Donner sa formule de Lewis.
4. Quelle règle respecte-t-il dans une molécule ?
5. Mêmes questions pour l'atome d'hydrogène (Z = 1) ?
6.
a) Quelle molécule peut-on former avec un atome de carbone et des atomes d'hydrogène si elle ne contient que des liaisons covalentes simples ?
b) Représenter sa formule de Lewis.

✱ Exercice 3 ⏱ 5 min

1. Quelle est la structure électronique de l'atome de chlore (Z = 17) ?
2. Combien possède-t-il d'électrons externes ?
3. Donner sa formule de Lewis.
4. Quelle règle respecte-t-il dans une molécule ?

✱ Exercice 4 ⏱ 5 min

1. Quelle est la structure électronique de l'atome d'oxygène (Z = 8) ?
2. Combien possède-t-il d'électrons externes ?
3. Donner sa formule de Lewis.
4. Quelle règle respecte-t-il dans une molécule ?

✱ Exercice 5 ⏱ 10 min

Le formamide est un composé utilisé dans la fabrication de colles. Sa molécule a pour formule de Lewis la représentation ci-contre :

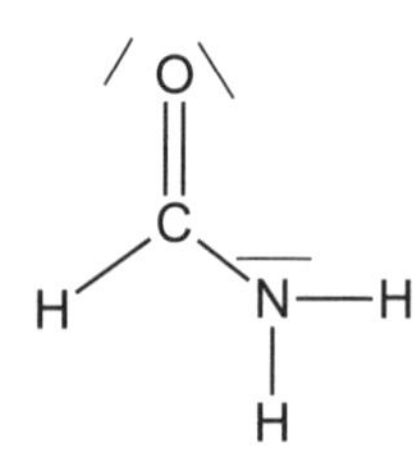

1. Vérifier que chaque atome de la molécule est stable.
2. Donner les formules développées, semi-développées et le nom de la fonction du formamide.

✷ Exercice 6 ⏱ 5 min

Entourer et donner le nom des fonctions des groupes caractéristiques dans les molécules suivantes :

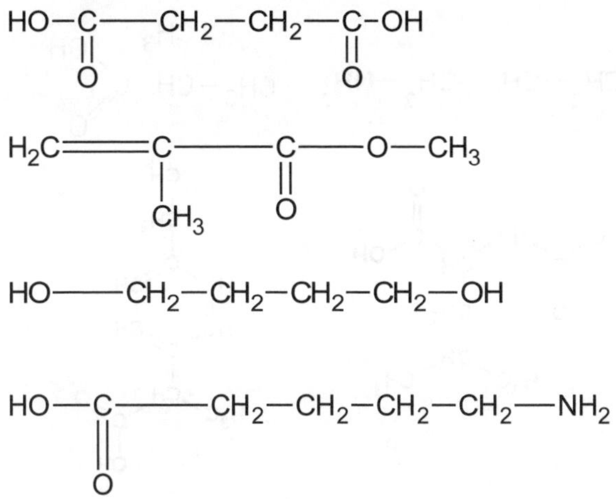

Contrôle ⏱ 30 min — 10 points

Exercice 1. Le paraphénylènediamine

1.

a) Définir les matériaux naturels et artificiels.

b) Donner trois exemples de chaque en précisant leur domaine d'utilisation.

Le paraphénylènediamine (PPD) est un des réactifs utilisés dans la synthèse du Kevlar. Sa formule de Lewis est :

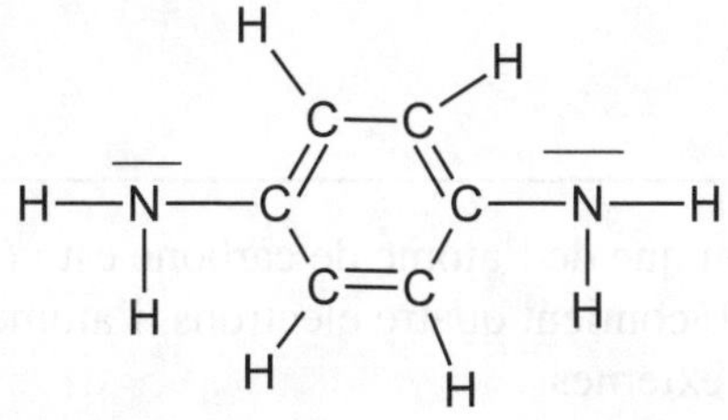

2. Quel est le nombre d'électrons externes et quelle règle vérifie chaque type d'atome de la molécule ? Justifier.

3. Quelle est la formule semi-développée du PPD ?

4. Entourer le groupe caractéristique et nommer la fonction correspondante de la molécule.

Exercice 2. Groupes caractéristiques

Entourer les groupes caractéristiques des molécules suivantes et nommer les fonctions associées.

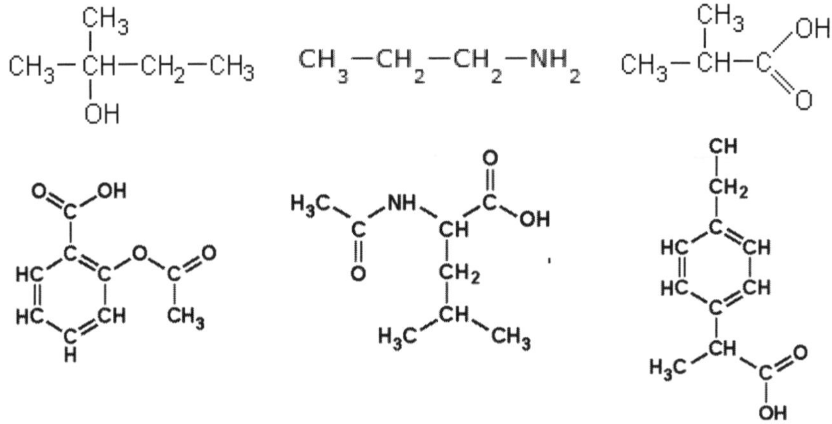

Corrigés des exercices

Exercice 1

Il existe deux catégories de matériaux, les matériaux naturels et les matériaux artificiels.
Matériaux naturels : laine angora, coton, lin, cuir et soie.
Matériaux artificiels : nylon, viscose, élasthanne et polyester.

Exercice 2

1. La structure électronique de l'atome de carbone est : $(K)^2(L)^4$.
2. La couche externe L contient quatre électrons, l'atome de carbone possède donc quatre électrons externes.
3. La formule de Lewis de l'atome de carbone est :

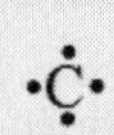

4. Pour être stable dans une molécule, l'atome de carbone doit respecter la règle de l'octet, c'est-à-dire qu'il tend à acquérir une structure électronique externe à huit électrons. Il doit donc mettre en commun ses quatre électrons externes.

5. La structure électronique de l'atome d'hydrogène est : $(K)^1$
La couche externe K contient un électron, l'atome d'hydrogène possède donc un électron externe.
La formule de Lewis de l'atome d'hydrogène est :

$$H\bullet$$

Pour être stable dans une molécule, l'atome d'hydrogène doit respecter la règle du duet, c'est-à-dire qu'il tend à acquérir une structure électronique externe à deux électrons. Il doit donc mettre en commun son électron externe.

6.

a) L'atome de carbone doit établir quatre liaisons covalentes simples avec quatre atomes d'hydrogène pour être stable.
b) Formule de Lewis de la molécule

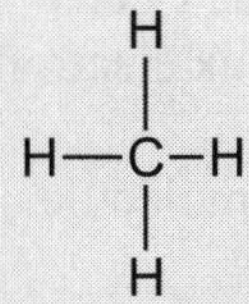

Exercice 3

1. La structure électronique de l'atome de chlore est : $(K)^2(L)^8(M)^7$.
2. La couche externe M contient sept électrons, l'atome de chlore possède donc sept électrons externes.
3. La formule de Lewis de chlore est :

$$|\overline{\underline{Cl}}\bullet$$

4. Pour être stable dans une molécule, l'atome de chlore doit respecter la règle de l'octet, c'est-à-dire qu'il tend à acquérir une structure électronique externe à huit électrons. Il doit donc mettre en commun un électron externe.

Exercice 4

1. La structure électronique de l'atome d'oxygène est : $(K)^2(L)^6$.
2. La couche externe L contient six électrons, l'atome d'oxygène possède donc six électrons externes.
3. La formule de Lewis d'oxygène est :

$$\bullet\overline{\underline{O}}\bullet$$

4. Pour être stable dans une molécule, l'atome d'oxygène doit respecter la règle de l'octet, c'est-à-dire qu'il tend à acquérir une structure électronique externe à huit électrons. Il doit donc mettre en commun deux électrons externes.

Exercice 5

1. Atome de carbone

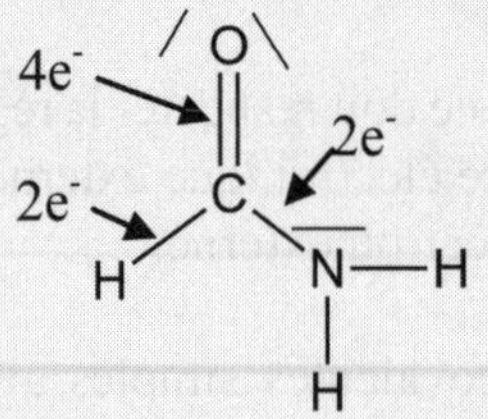

Atome d'oxygène

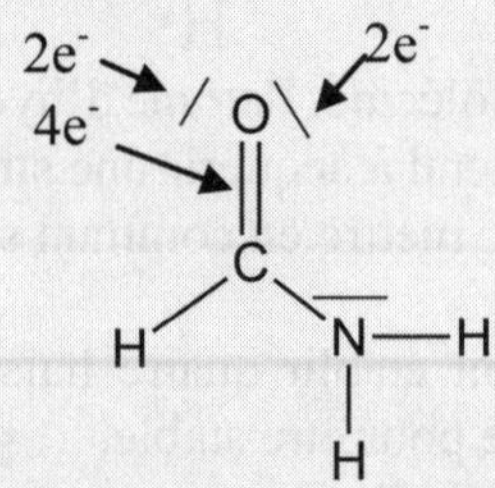

Atomes d'azote et d'hydrogène

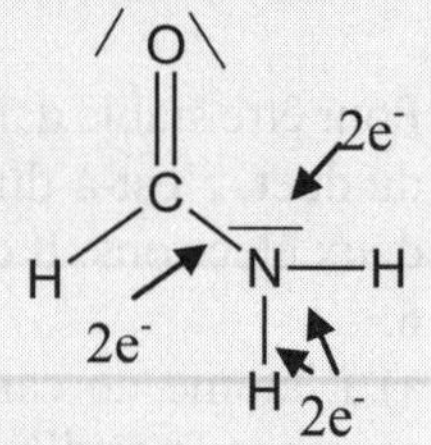

Les atomes de carbone, d'oxygène et de chlore possèdent huit électrons externes, ils respectent donc la règle de l'octet.
Les atomes d'hydrogène possèdent deux électrons externes, ils respectent donc la règle du duet.
Les atomes sont donc stables dans la molécule.
2. Formule développée du formamide :

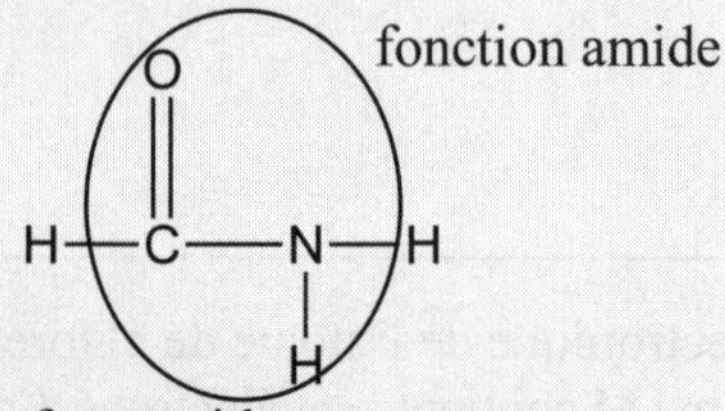

Formule semi-développée du formamide :

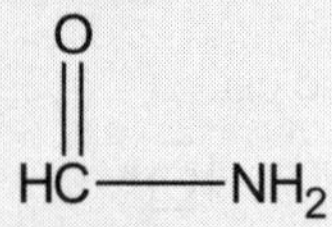

Exercice 6

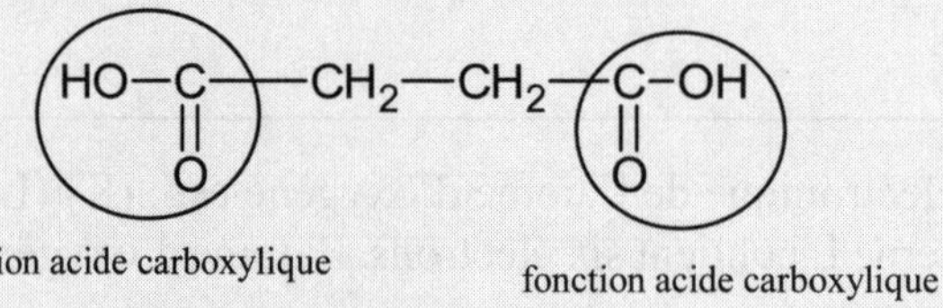

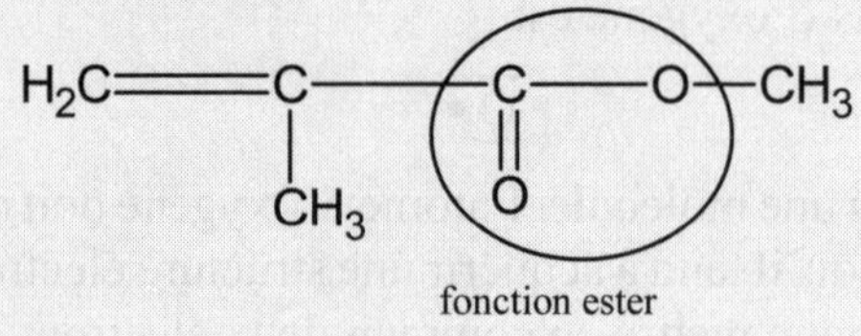

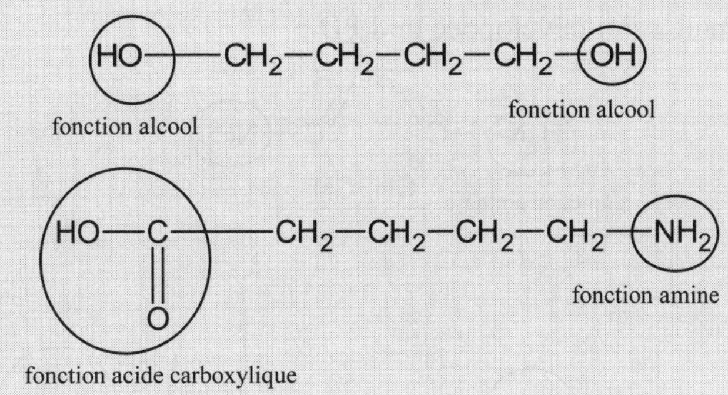

Corrigé du contrôle

Exercice 1

1.

a) Les matériaux naturels sont issus de la nature.
Les matériaux artificiels sont fabriqués à partir de matières premières issues de la nature mais n'ont pas d'équivalent dans la nature.
b) Matériaux naturels : coton, bois, laine
Matériaux artificiels : Kevlar, polyesters, polystyrène.

2.

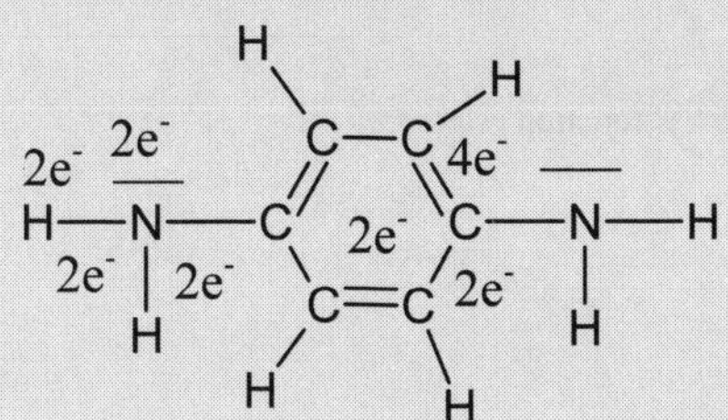

La formule de Lewis permet de déterminer le nombre d'électrons externes des atomes :

Les liaisons covalentes simples entre deux électrons sont représentées par un tiret (——).

Les liaisons covalentes doubles sont représentées par deux tirets (═══).
Les électrons n'intervenant pas dans les liaisons sont associés par paire et représentés par un tiret sur le symbole de l'atome.

Les atomes de carbone et d'azote possèdent huit électrons externes et respectent la règle de l'octet.

Les atomes d'hydrogène possèdent deux électrons externes et respectent la règle du duet.

3 et 4. Formule semi-développée du PPD :

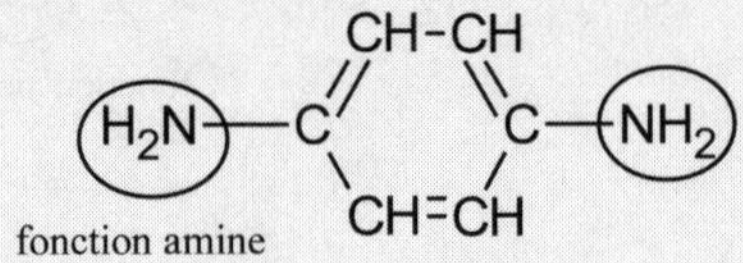

Exercice 2

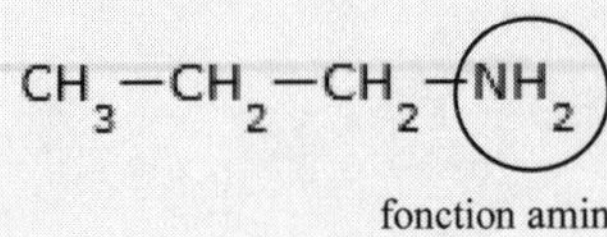

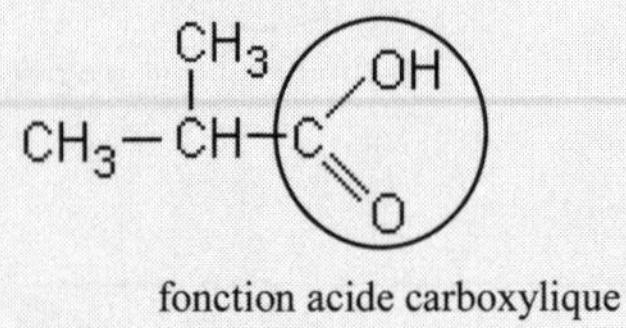

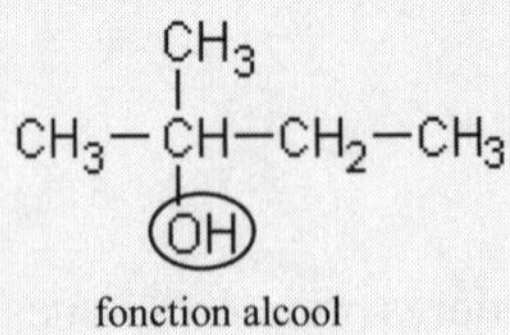

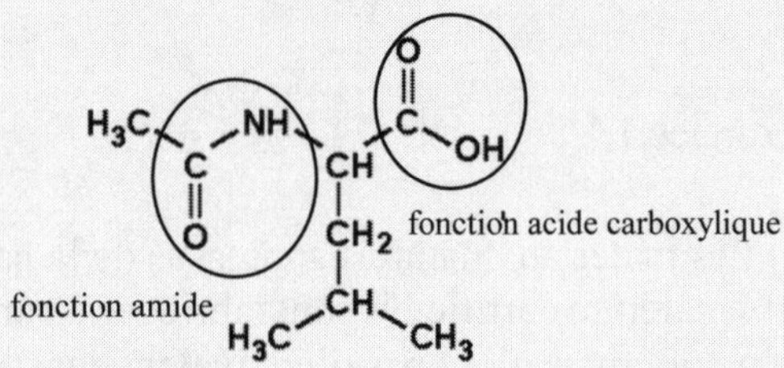

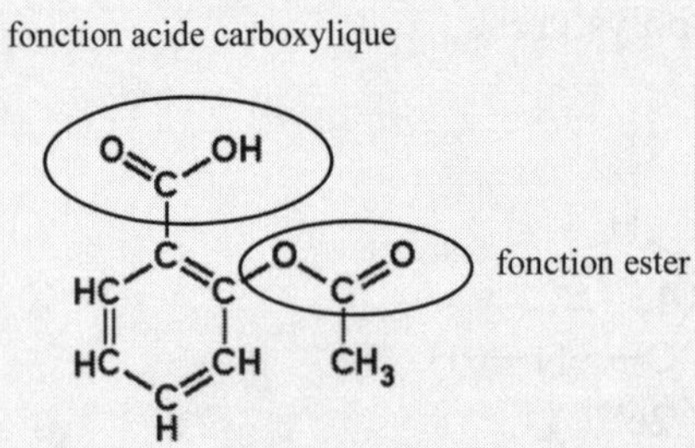

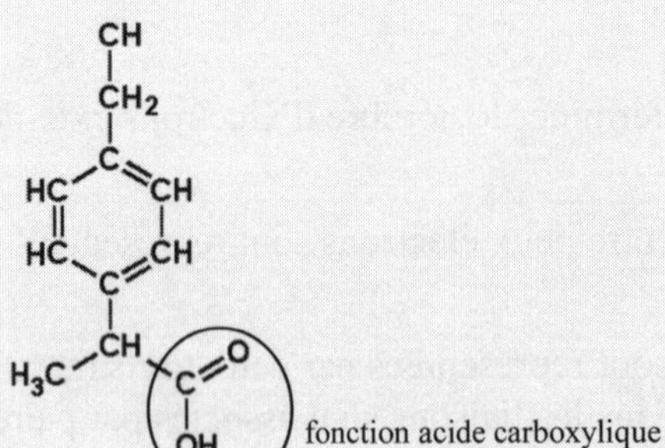

2 Les polymères

DÉFINITION D'UN POLYMÈRE

Un polymère est une macromolécule constituée par l'enchaînement d'un motif élémentaire.

$-\!\!\left(\text{motif élémentaire}\right)\!_n\!-$

n est le nombre de motifs dans la macromolécule.

Exemple : le polypropylène

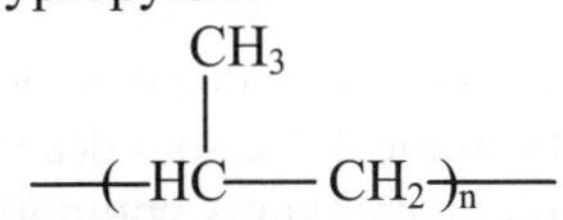

Pour synthétiser des polymères, il existe deux types de polymérisation :

– la polymérisation par polyaddition ;

– la polymérisation par polycondensation.

POLYMÉRISATION PAR POLYADDITION

C'est la réunion des molécules d'un composé simple appelé monomère pour former un composé de masse moléculaire plus élevée.

Exemple : polymérisation de l'éthylène $H_2C=CH_2$

$$n\ H_2C=CH_2 \longrightarrow -\!\!\left(H_2C-CH_2\right)\!_n\!-$$

monomère — polymère : polyéthylène

$$\boxed{n \text{ monomère} \longrightarrow -\!\!\left(\text{motif élémentaire}\right)\!_n\!-}$$

POLYMÉRISATION PAR POLYCONDENSATION

C'est la condensation répétée de deux monomères portant des fonctions différentes. Elle s'accompagne de l'élimination de petites molécules d'eau ou de chlorure d'hydrogène.

Synthèse des polyesters

Les polyesters sont obtenus par réaction d'estérification entre un diacide (monomère portant deux fonctions carboxyles) et un diol (monomère portant deux fonctions hydroxyles).

$$\text{n acide} + \text{n alcool} \longrightarrow -\!\!(\text{motif élémentaire})_{\overline{n}} + 2\text{n eau}$$

Exemple :
La réaction entre l'éthan-1,2-diol et l'acide téréphtalique permet d'obtenir des fibres textiles : tergal, dacron.

Synthèse des polyamides

Les polyamides sont obtenus par réaction entre une diacide et une diamine (monomère portant deux fonctions amines). Ce sont des macromolécules formées par la répétition de motifs élémentaires comportant la fonction amide.

Exemple : synthèse du nylon 6-6.

MASSE MOLAIRE MOLÉCULAIRE ET DEGRÉ DE POLYMÉRISATION

Le degré de polymérisation est le nombre de motifs élémentaires, noté n, dans le polymère.

$$n = \frac{M(\text{polymère})}{M(\text{monomère})}$$

PROPRIÉTÉS MÉCANIQUES ET THERMIQUES DES POLYMÈRES

Interactions intermoléculaires

Dans un polymère, les macromolécules (chaînes des polymères) peuvent être en interaction.

Il existe deux types de liaisons intermoléculaires :

– les liaisons covalentes de forte intensité ;

– les liaisons hydrogène de faible intensité entre un atome d'hydrogène d'une molécule et un atome d'oxygène ou d'azote d'une autre molécule voisine. Elles ont lieu dans les molécules portant des fonctions alcool, amine, ester et amide. Ce sont des liaisons intermoléculaires qui sont à l'origine de la grande cohésion des molécules.

Ces liaisons sont à l'origine des différences de propriétés mécaniques et thermiques des polymères.

Les thermodurcissables et les thermoplastiques

Les thermodurcissables prennent leur forme définitive lors de leur fabrication. Ils sont le siège de liaisons covalentes fortes qui les rendent généralement rigides et facilement cassables. Il est impossible de les recycler.
Exemples : la silicone, le polyuréthane.

Les thermoplastiques sont le siège de liaisons faibles. Ils ramollissent sous l'action de la chaleur et durcissent lorsqu'ils refroidissent. Il est donc possible de modifier leur forme et de les recycler. Ils sont en général plus malléables que les thermodurcissables.
Exemples : les emballages plastique (PVC, PE, PET, PP…).

✸ Exercice 1 — 15 min

1. Indiquer pour chaque polymère la formule développée du monomère correspondant.

a)
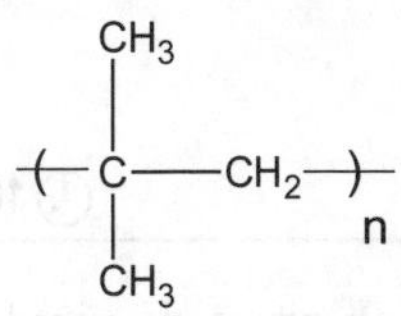

b)
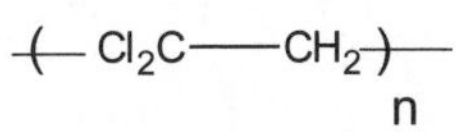

c)
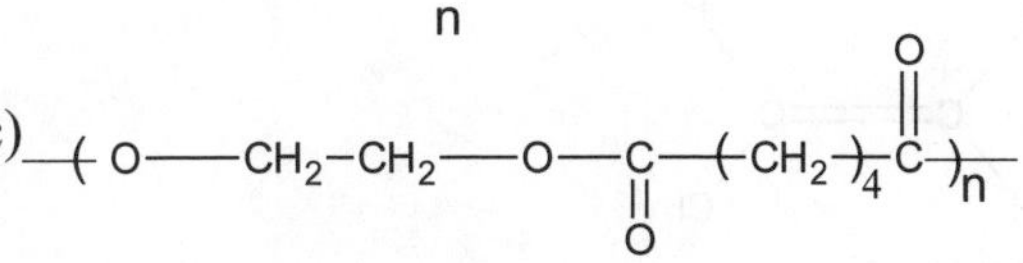

d)
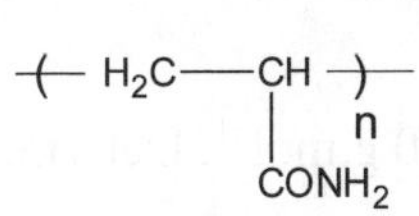

e)
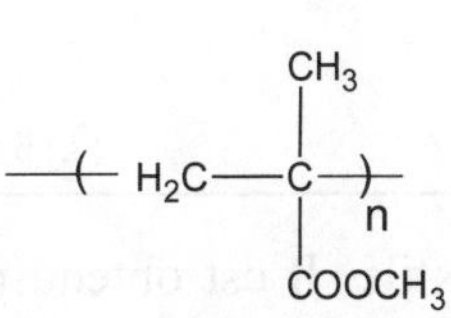

2. Écrire l'équation de la réaction qui permet d'obtenir chacun des polymères et préciser si c'est une polyaddition ou une polycondensation.

✱✱ Exercice 2 — 15 min

La nature d'un polymère utilisé pour recouvrir certains vêtements de pluie est déterminée grâce à masse molaire et à son degré de polymérisation.
M (polymère) = 87 500 $g.mol^{-1}$ et n = 1400

1. Quelle est la masse molaire du monomère ?
2. L'analyse chimique du monomère montre qu'il est constitué à 56,8 % de chlore, à 38,4 % de carbone, le reste étant de l'hydrogène.
   Déterminer la formule du monomère : $C_xH_yCl_z$.

✱ Exercice 3 — 10 min

Le tétrafluoroéthylène utilisé pour le revêtement des casseroles et des poêles, est un polymère de formule :

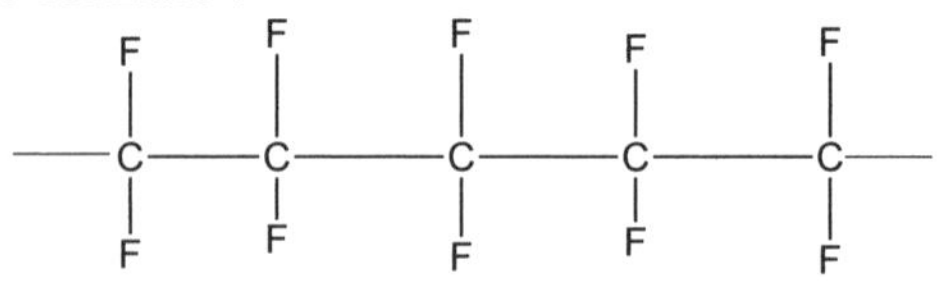

1. Quel est le motif élémentaire de ce polymère ?
2. Écrire la formule du polymère en utilisant son indice de polymérisation n.
3. Écrire la formule du monomère.
4. Écrire l'équation de la réaction qui permet d'obtenir le tétrafluoroéthylène. Préciser le type de polymérisation.

✱ Exercice 4 — 10 min

Le monomère utilisé pour la fabrication du PVC est le chlorure de vinyle de formule :

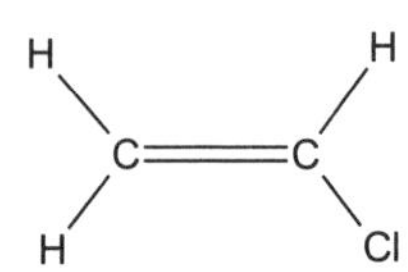

1. Écrire l'équation de polyaddition.
2. Calculer la masse molaire du monomère.
3. La masse molaire moyenne du PVC est égale à 93 750 $g.mol^{-1}$. Déterminer le degré de polymérisation du PVC.

✱ Exercice 5 — 5 min

Le nylon 6-6 est un polymère utilisé comme fibre textile. Il est obtenu par condensation à chaud d'une molécule comportant deux fonctions carboxyles et d'une molécule comportant deux fonctions amines.

Acide adipique : $HOOC-(CH_2)_4-COOH$

1-6- diaminohexane : $H_2N-(CH_2)_6-NH_2$

Écrire l'équation de réaction du nylon 6-6.

✱✱ Exercice 6 ⏱ 15 min

On considère le polypropylène.

1. S'agit-il d'une fibre naturelle, synthétique ou artificielle ? Justifier la réponse.

Le monomère utilisé a la formule semi-développée suivante :

$$CH_3 — CH = CH_2.$$

2. Quel est le nom de ce monomère ?
3. Écrire l'équation de la réaction de polymérisation. Indiquer le motif du polypropylène. De quel type de polymérisation s'agit-il ?
4. Sachant que la masse molaire moyenne du polypropylène est de 4,92 $kg.mol^{-1}$, déterminer son indice moyen de polymérisation.

On donne les masses molaires atomiques en $g.\ mol^{-1}$: $M_C = 12$ et $M_H = 1$.

✱✱ Exercice 7 : le nylon 6-6 ⏱ 15 min

Les polyamides ont été les premières fibres textiles synthétiques à avoir été fabriquées à l'échelle industrielle. C'est à la société Dupont de Nemours que l'on doit en 1935 le 1er d'entre eux : le polyamide 6-6, plus couramment appelé « nylon 6-6® ». Il s'agit d'un polymère thermoplastique. Son premier succès commercial remonte en 1940, on l'utilisait alors dans la fabrication des bas. Voici le motif de ce polymère :

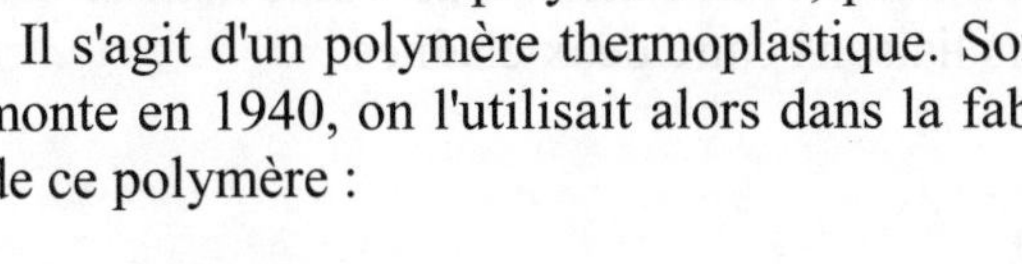

1. Donner une définition aux termes suivants :
   – une fibre synthétique ;
   – un polymère thermoplastique.
2. Recopier le groupe caractéristique (ou fonctionnel) présent dans la molécule de nylon 6-6® et donner son nom.
3. En raisonnant sur le motif du polymère, retrouver les formules semi-développées des deux monomères ayant été utilisés lors de la synthèse de ce polymère. Pour chaque monomère, entourer et nommer les groupes caractéristiques (ou fonctionnels).
4. Écrire l'équation de la réaction de polymérisation.
5. Calculer l'indice moyen de polymérisation du nylon 6-6® sachant que sa masse molaire moyenne vaut 15 $kg.mol^{-1}$.

Données : on donne les masses molaires atomiques suivantes, en $g.mol^{-1}$:
M(H) = 1 ; M(C) = 12 M(N) = 14 ; M(O) = 16.

Contrôle

45 min — 10 points

Exercice 1

Le Kevlar a été synthétisé pour la première fois en 1971. C'est un polyamide fabriqué à partir de l'acide téréphtalique et du 1,4-diaminobenzène.

Acide téréphtalique

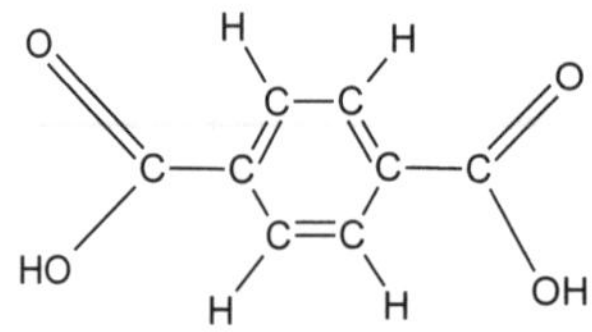

1,4-diaminobenzène

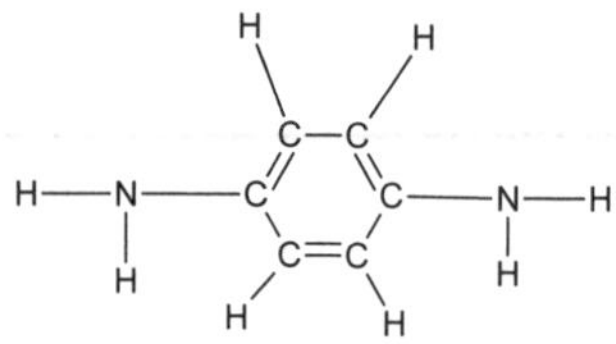

1. Entourer et nommer les groupes caractéristiques présents dans les deux monomères.
2. La synthèse est-elle une polycondensation ou une polyaddition ?
3. Écrire l'équation de synthèse et montrer que le kevlar est un polyamide.
4.
a) Un réseau de liaisons entre les chaînes du polymère lui confère une grande rigidité supérieure à celle de l'acier. Quel est le nom de ces liaisons ?
b) Représenter ces liaisons entre deux chaînes.

Exercice 2

A. Étude de texte

Jusqu'à présent, il n'existait pas de veste capable d'apporter à la fois confort, protection contre les aléas climatiques et, nouveauté, la légèreté. Véritable révolution dans le milieu du textile, la fibre « soft shell® », extrèmement légère, a été adoptée par les principaux fabricants de plein air. [...] La protection contre le vent et le froid est, quant à elle, garantie par la présence de polyester. Inutile, donc, de superposer les couches. Un simple sous-vêtement technique suffit. [...] avantages des vestes soft shell [...] : effet coupe-vent [...] imperméabilité, protection thermique, respirabilité [...].
[...] Si l'intérieur en Coolmax® de la marque New Age® nous a bien protégé du froid, nous avons également apprécié le côté respirant du vêtement. [...] Si les vestes soft shell méritent de figurer dans la garde-robe de tout randonneur soucieux de son confort, elles restent malheureusement encore fort onéreuses. [...] Ce type de textile n'est pas pensé pour lutter efficacement contre les grosses averses. En effet, au-delà d'une demi-heure, l'eau commence à s'infiltrer. On ne parle donc plus d'imperméabilité totale mais de déperlance, effet obtenu par l'apport du polyamide.

1. En utilisant le texte ci-dessus, répondre aux questions suivantes :
a) Quels sont tous les avantages d'une fibre soft shell® ?
b) Quelle spécificité nouvelle de la fibre soft shell® lui a permis d'apporter une « véritable révolution » dans le milieu du textile ?
c) Quels sont les deux inconvénients de la fibre soft shell® ?
d) Quel est le rôle du polyester dans cette fibre ?

2. Donner le groupe caractéristique (ou fonctionnel) correspondant à un polyamide.

B. Matière high tech : le Coolmax®

Le Coolmax® est préparé à partir de fibres polyester. La principale caractéristique de la fibre est sa section à rainures. Ces dernières évacuent l'humidité par capillarité.

Le motif du polymère de cette fibre est :

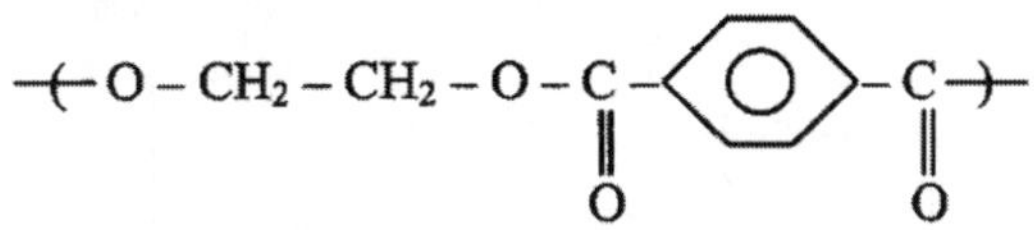

1. Recopier le motif du polymère donné ci-dessus. Entourer le groupe caractéristique (ou fonctionnel).
2. Par quel type de polymérisation obtient-on ce polymère ?
3. Donner les formules semi-développées des monomères qui permettent d'obtenir ce polyester. Nommer le groupe caractéristique (ou fonctionnel) de chacun d'eux.
4.
a) Calculer la masse molaire du motif du polymère donné.
b) Sachant que la masse molaire moyenne de ce polyester est de 2 600 $g.mol^{-1}$, calculer le degré de polymérisation moyen de ce polymère.

Données :

Masses molaires atomiques (en $g.mol^{-1}$) : M(C) = 12 ; M(H) = 1 ; M(O) = 16.

Corrigés des exercices

Exercice 1

1.

Polymère	$-(HN-(CH_2)_5-C(=O))_n-$	$-(Cl_2C-CH_2)_n-$	$-(H_2C-CH(CONH_2))_n-$
Monomère	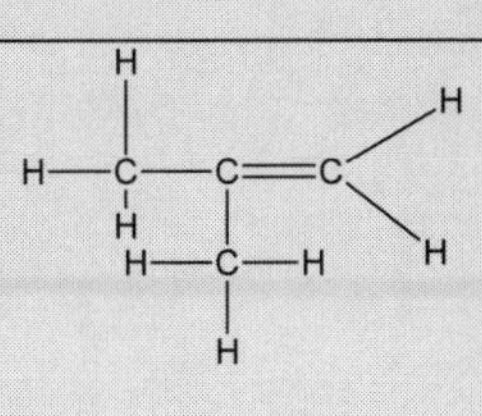	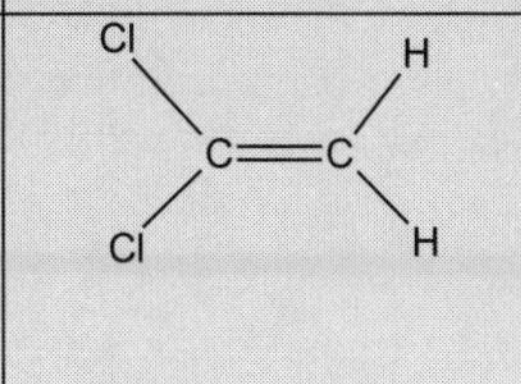	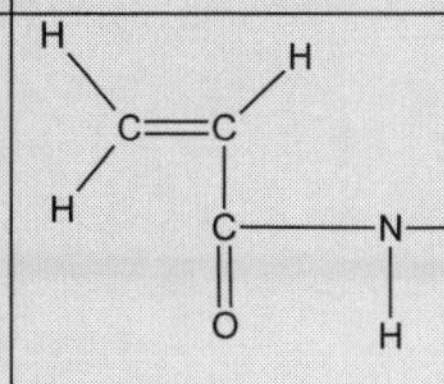

résumés de cours
exercices
contrôles
corrigés

Polymère	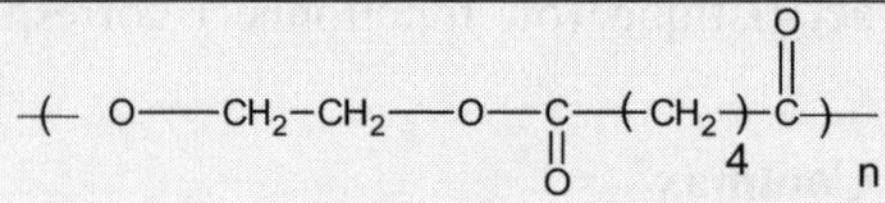
Monomère	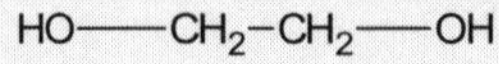 et 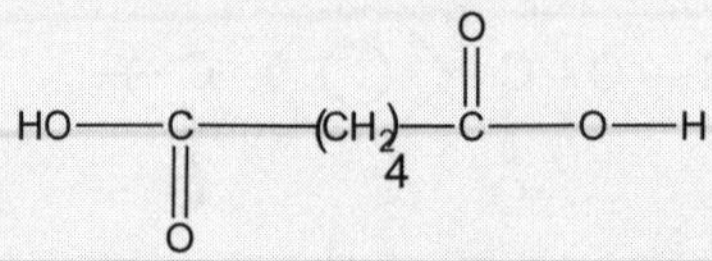

Polymère	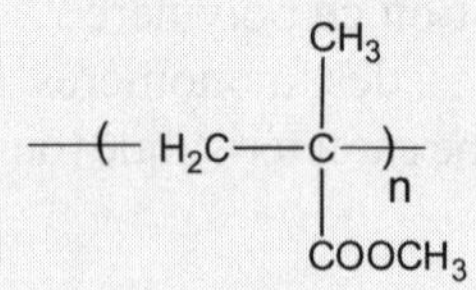
Monomère	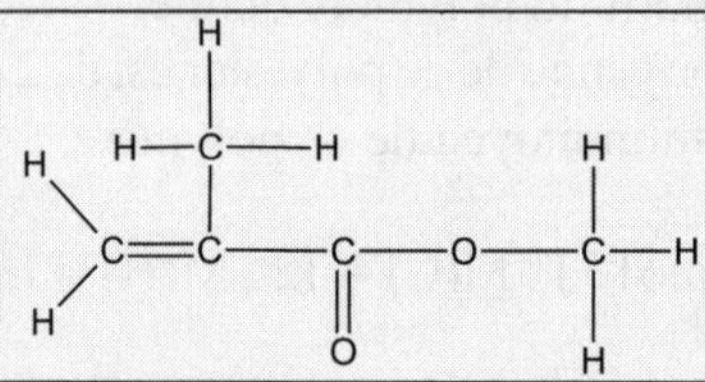

2.

a) Réaction de polyaddition.

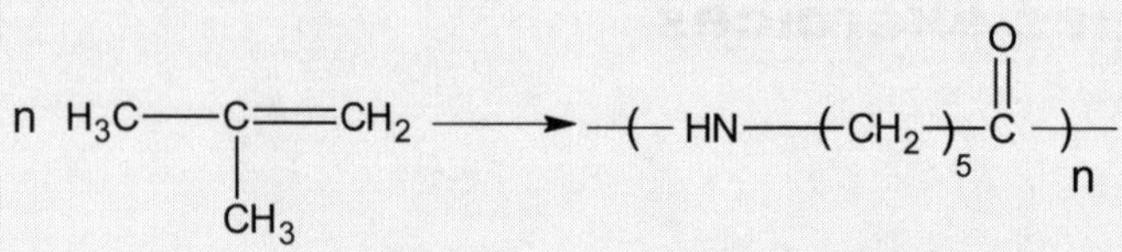

b) Réaction de polyaddition.

c)

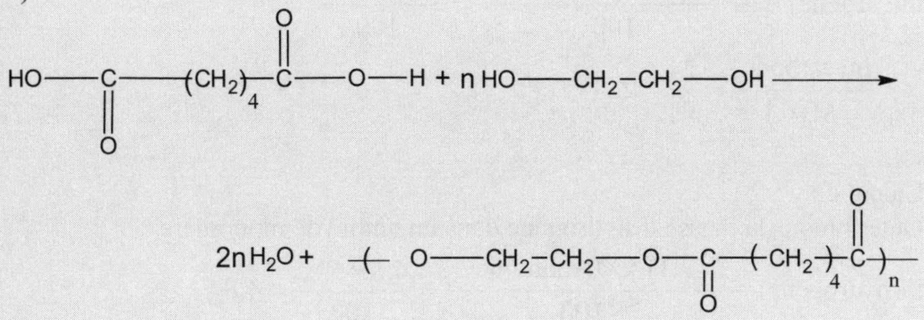

Réaction de polycondensation conduisant à un polyester.

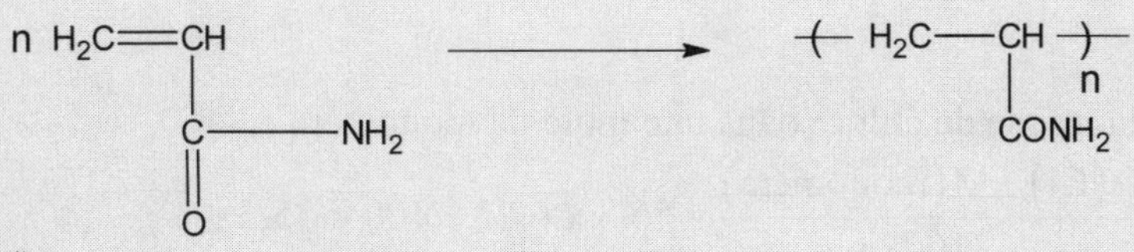

d)
Réaction de polyaddition.

e)

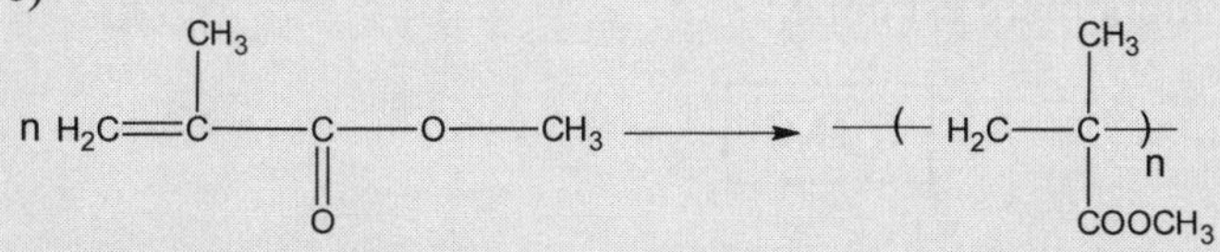

Réaction de polyaddition.

Exercice 2

1.

$$n = \frac{M(\text{polymère})}{M(\text{monomère})} \text{ d'où } M(\text{monomère}) = \frac{M(\text{polymère})}{n} = \frac{87500}{1400}$$

$$\boxed{M(\text{monomère}) = 62{,}5 \text{ g.mol}^{-1}.}$$

2.
Soit x le nombre d'atomes de carbone dans un monomère.
Soit y le nombre d'atomes d'hydrogène dans un monomère.
Soit z le nombre d'atomes de chlore dans un monomère.
Calcul de x :
Déterminons la masse de carbone dans une mole de monomère :

$$\text{m(carbone)} = \frac{\%(\text{C})\ \text{xM}(\text{monomère})}{100} = \frac{38{,}4 \times 62{,}5}{100} = 24\,\text{g}$$

$$x = \frac{\text{m}(\text{carbone})}{\text{M}(\text{C})} = \frac{24}{12} = 2$$

Calcul de y :
Déterminons la masse d'hydrogène dans une mole de monomère :

$$\text{m(hydrogène)} = \frac{\%(\text{H})\ \text{xM}(\text{monomère})}{100} = \frac{4{,}8 \times 62{,}5}{100} = 4{,}8\text{g}$$

$$y = \frac{\text{m}(\text{hydrogène})}{\text{M}(\text{H})} = \frac{4{,}8}{1{,}0} = 5$$

Calcul de z :
Déterminons la masse de chlore dans une mole de monomère :

$$\text{m(chlore)} = \frac{\%(\text{Cl})\ \text{xM}(\text{monomère})}{100} = 56{,}8 \text{ x } 62{,}5 \text{ x } 100 = 35{,}5 \text{ g}$$

$$z = \frac{\text{m}(\text{chlore})}{\text{M}(\text{Cl})} = \frac{35{,}5}{35{,}5} = 1$$

La formule brute du monomère est donc :

$$\boxed{C_2H_5Cl}$$

Exercice 3

1. Le motif élémentaire du tétrafluoroéthylène est :

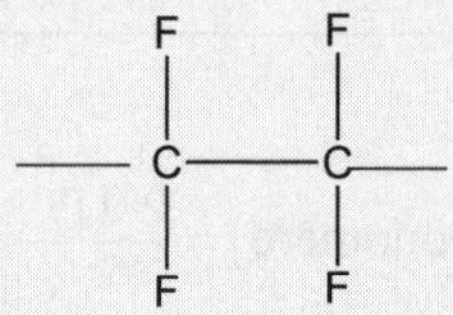

2. Le polymère a pour formule :

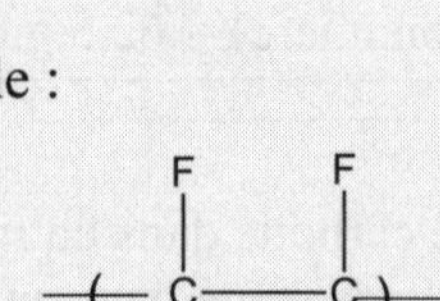

3. Le monomère a pour formule :

$$F_2C{=}CF_2$$

4. Équation de la réaction :

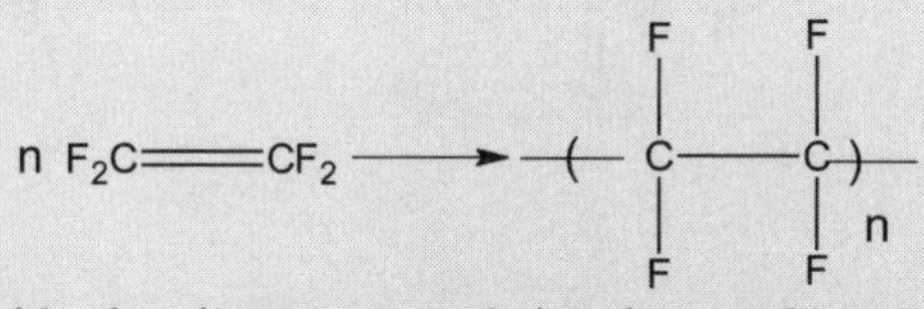

La réunion des molécules d'un composé simple appelé monomère pour former un composé de masse moléculaire plus élevée est une polyaddition.

Exercice 4

1. Équation de polyaddition permettant d'obtenir le PVC :

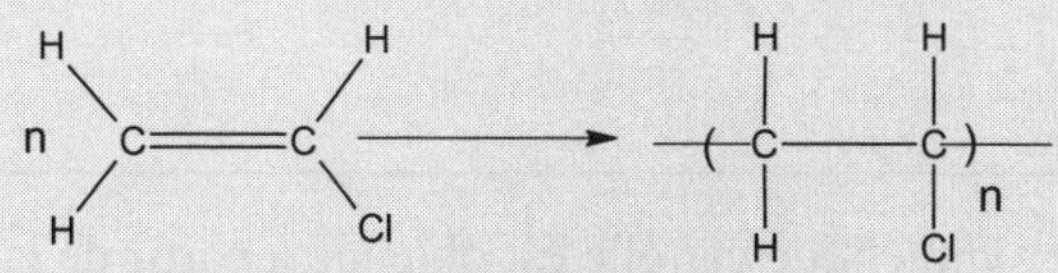

2. $M(CH_2CHCl) = 3M(H) + 2M(C) + M(Cl)$
$M(CH_2CHCl) = 3 \times 1{,}0 + 2 \times 12{,}0 + 35{,}5 = 62{,}5 g.mol^{-1}$.

3. Calcul du degré de polymérisation n du PVC :

$$\boxed{n = \frac{M(\text{polymère})}{M(\text{monomère})} = \frac{93750}{62{,}5} = 1500}$$

Exercice 5

1. Équation de polymérisation du nylon 6-6 :

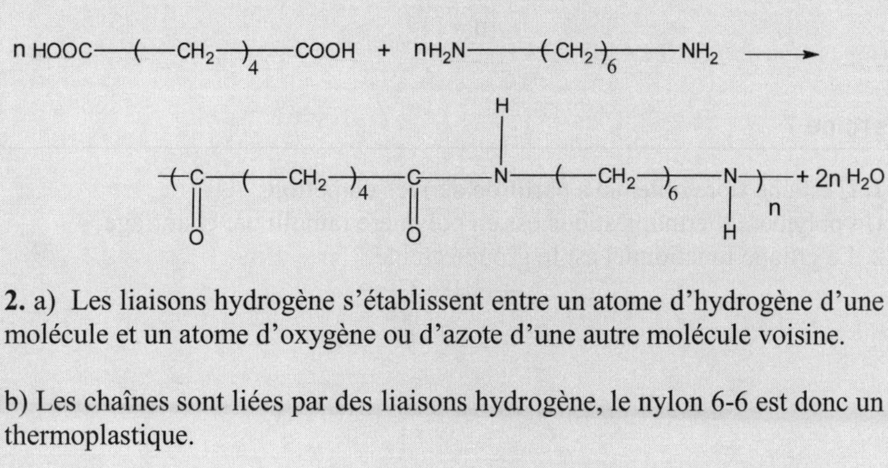

2. a) Les liaisons hydrogène s'établissent entre un atome d'hydrogène d'une molécule et un atome d'oxygène ou d'azote d'une autre molécule voisine.

b) Les chaînes sont liées par des liaisons hydrogène, le nylon 6-6 est donc un thermoplastique.

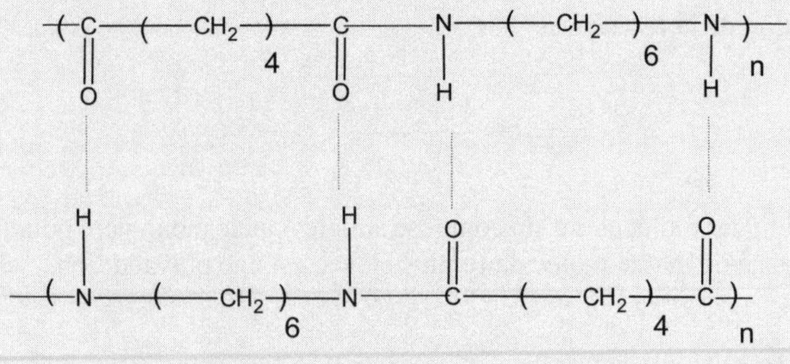

c) Le nylon 6-6 peut être recyclé et par chauffage il est possible de modifier sa forme.

Exercice 6

1. C'est une fibre synthétique car elle est obtenue à partir de la distillation du pétrole.

2. Ce monomère porte le nom de propène ou propylène.

3. Équation de la réaction :

$$n\,CH_3-CH=CH_2 \rightarrow -\!\!\left(CH(CH_3)-CH_2\right)_n\!\!-$$

Motif du polypropylène : $-\!\!\left(CH(CH_3)-CH_2\right)_n\!\!-$

4. Indice moyen de polymérisation n :

$$n=\frac{M_{\text{polymère}}}{M_{\text{motif}}}=\frac{4920}{42}$$

$$\boxed{n=117}$$

Exercice 7

1. C'est une fibre obtenue à partir de dérivés du pétrole.
Un polymère thermoplastique est un polymère ramolli par chauffage.
2. Le groupe fonctionnel est le groupe amide.

$$-NH-C(=O)-$$

3. À partir de la formule, on en déduit les deux monomères :

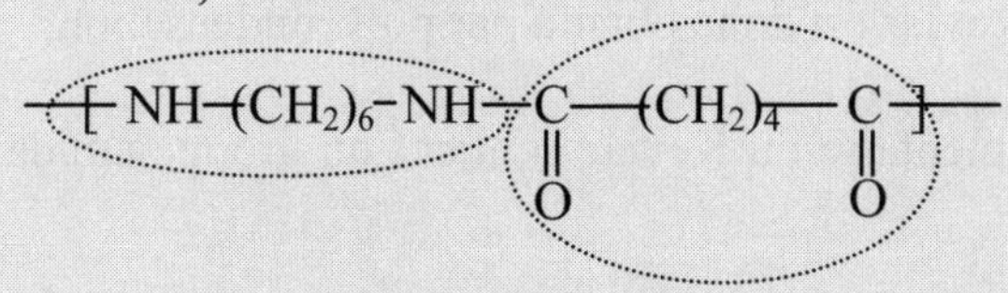

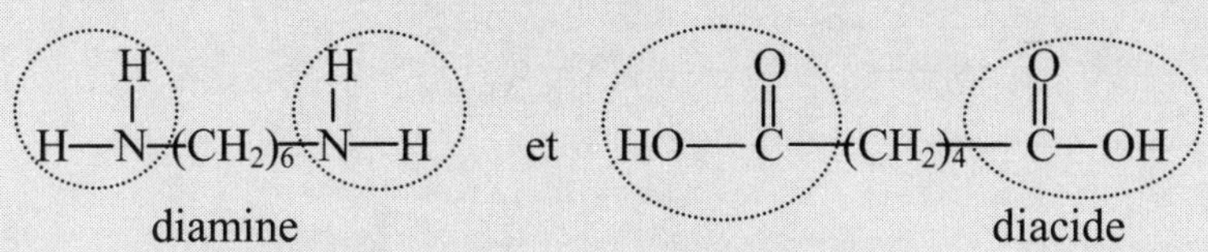

diamine diacide

4. Équation de la polymérisation :

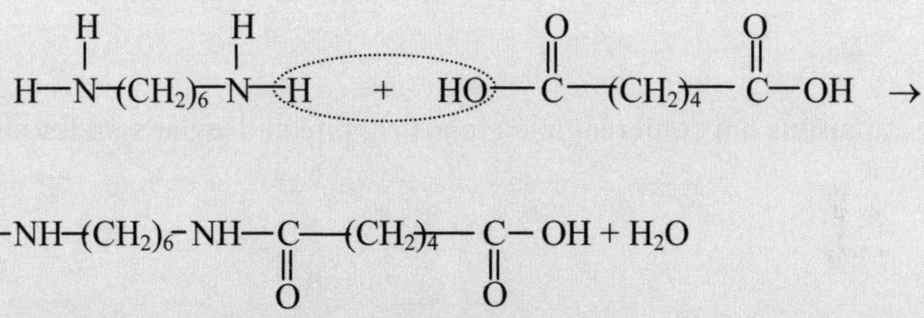

5. La masse molaire du polymère vaut M = 226 g.mol^{-1}, d'où :

$$n = \frac{M_{\text{molaire moyenne}}}{M} = \frac{15000}{226}$$

$$\boxed{n = 227}$$

Corrigé du contrôle

Exercice 1

1.

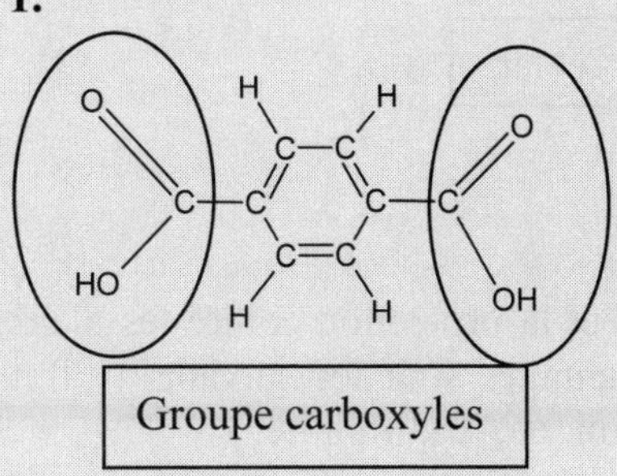

Groupe carboxyles

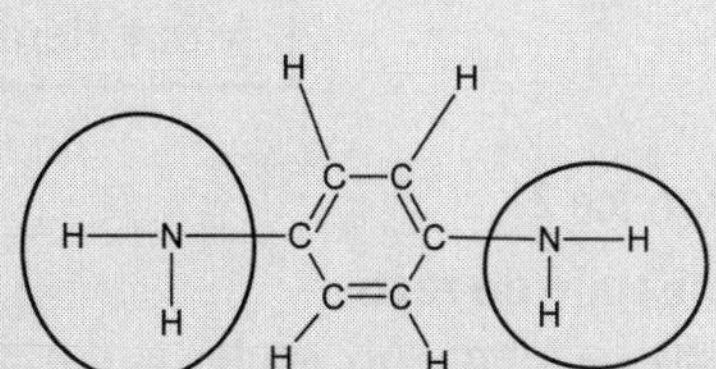

Groupes amines

résumés de cours
exercices
contrôles
corrigés

2. La synthèse se fait à partir de deux monomères portant des fonctions différentes, le Kevlar est donc obtenu par polycondensation.

3. Le motif élémentaire du Kevlar contient un groupe amide, c'est donc un polyamide.

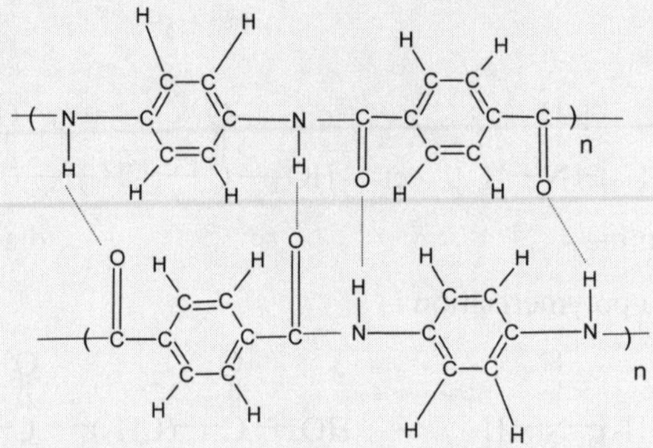

4. a) Les liaisons qui confèrent une grande rigidité au Kevlar sont les liaisons hydrogène.

b)

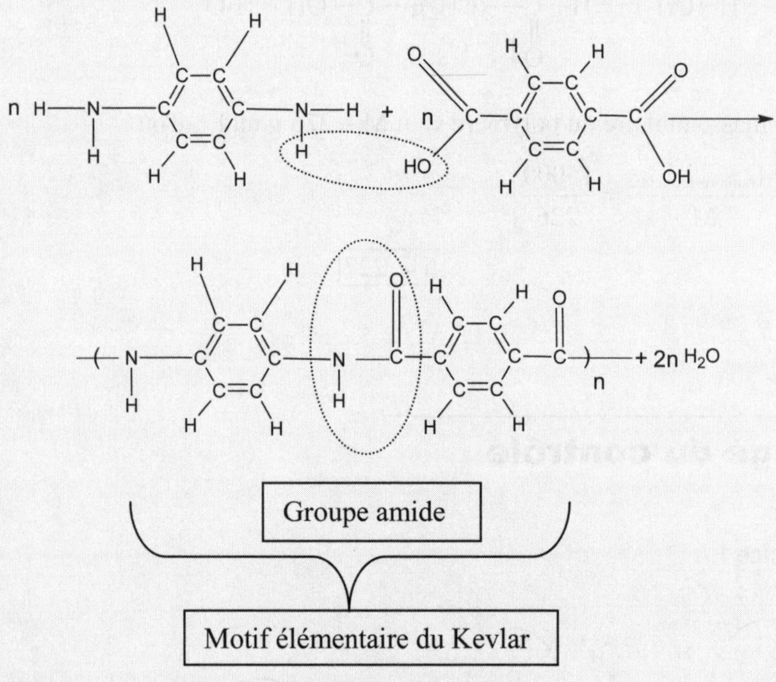

Exercice 2

A. Étude de texte

1. a) La fibre soft shell® apporte le confort et la protection contre les aléas climatiques, mais aussi la légèreté. Les avantages sont les suivants : effet coupe-vent, imperméabilité ; protection thermique, respirabilité.

b) Cette fibre cumule les avantages de plusieurs fibres plus anciennes en apportant la légèreté à l'imperméabilité et au confort thermique.
c) Les inconvénients de cette fibre sont son coût et le fait qu'elle ne soit pas imperméable à 100 %.
d) Le polyester permet d'assurer une protection contre le froid et le vent.
2. Le groupe caractéristique correspondant à un polyamide est :

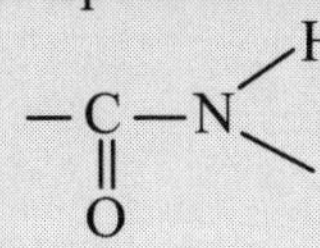

B. Matière high tech : le Coolmax®

1.

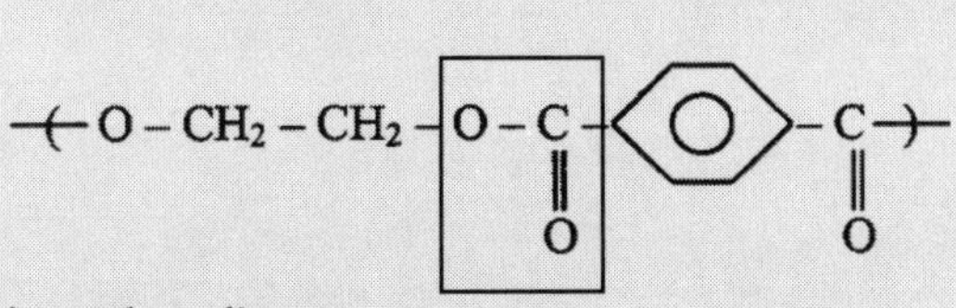

Le groupe fonctionnel est l'ester.
2. Ce polymère est obtenu par condensation.
3. Les formules développées des monomères qui permettent d'obtenir ce polyester sont :

(A) $HO-CH_2-CH_2-OH$ et (B) 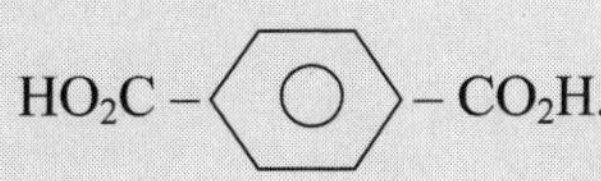.

4. a) La masse molaire du motif du polymère vaut : 192 g.mol^{-1}.
b) Le degré de polymérisation moyen vaut :

$$\boxed{\frac{2600}{192} \approx 14}$$

3 Énergie et puissance

LES ÉNERGIES DANS L'HABITAT

Les formes d'énergies les plus utilisées dans l'habitat

Ce sont :

- l'électricité ;
- le gaz ;
- le fioul ;
- autres (charbon, bois, solaire, géothermie).

L'habitat est fortement consommateur en énergie. La consommation d'énergie dans les habitations représente 43 % de la consommation totale d'énergie en France.

L'énergie est principalement destinée au chauffage, à l'éclairage, à la climatisation, à la production d'eau chaude et à l'utilisation des appareils électriques.

PUISSANCE ET ÉNERGIE

L'énergie

Un système produit de l'énergie s'il produit de la chaleur, de la lumière ou un mouvement.

L'énergie est une grandeur physique exprimée en joules (J).

La puissance

Pour calculer l'énergie consommée par un appareil, il est nécessaire de connaître sa puissance.

La puissance traduit la vitesse à laquelle se fait la production ou l'échange d'énergie. Elle s'exprime en watt (W).

Relation puissance-énergie

La relation entre la puissance et l'énergie est définie par :

$$\boxed{E = P \times \Delta t}$$

Avec

- P la puissance de l'appareil en watt ;
- Δt la durée de fonctionnement de l'appareil en seconde ;
- E l'énergie consommée en joule.

Dans la vie courante on utilise le kilowatt-heure (kWh).

- Conversion kWh en W ;
- P = 1 kW = 1000 W ;
- Δt = 1h = 3600 s ;
- $E = P \times \Delta t = 1000 \times 3600 = 3{,}6.10^6$ J.

Quelques ordres de grandeur des puissances mises en jeu dans l'habitat

	Type d'appareil	Puissance de l'appareil (W)
Froid	Frigo combi (250 litres), label A+	150 à 200 W
	Frigo combi (250 litres), label C	200 à 350 W
Loisir	TV LCD en service	90 à 250 W
	TV LCD en mode veille	3 W
	TV plasma en service	261 à 344 W
	TV plasma en mode veille	3 W
	Ordinateur avec écran plat	70 à 80 W
	Ordinateur avec écran plat en mode veille	3 W
Entretien du linge	Machine à laver AAA (coton 60 °C)	2 000 à 2 200 W
	Sèche-linge C	2 500 à 3 000 W
	Fer à repasser	750 à 1 100 W
Entretien de l'habitat	Aspirateur	650 à 800 W
Éclairage	Lampadaire avec lampe économique	15 à 25 W
	Ampoules à incandescence	100 à 200 W
	Lampe halogène sur pied	300 W
Cuisine	Cuisinière à four	8 000 à 10 000 W
	Four classique	2 000 à 2 500 W
	Four micro-ondes	1 000 à 1 500 W
	Friteuse	1 500 à 2 000 W
	Cafetière	500 à 1 000 W
	Lave-vaisselle	1 200 W
Chauffage	Appoint électrique	1 000 à 2 000 W

CONSERVATION DE L'ÉNERGIE

Un appareil consomme de l'énergie et la transforme en énergie utile à son fonctionnement, mais cette transformation s'accompagne de pertes d'énergies.
Lors d'une transformation d'énergie, même s'il y a des pertes sous forme de chaleur, il y a conservation de l'énergie.

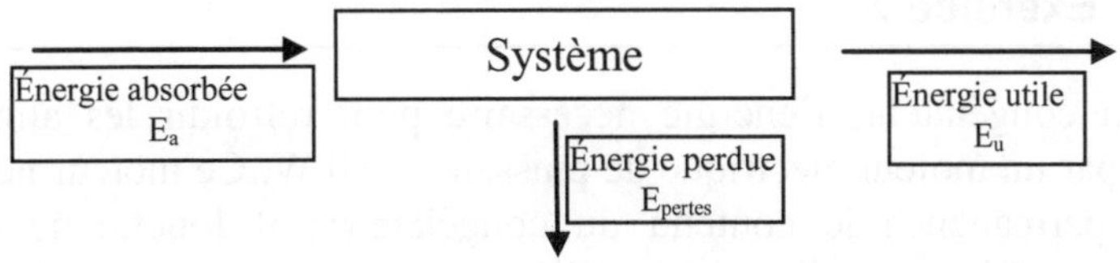

$$\mathbf{E_a = E_u + E_{pertes}}$$

RENDEMENT

Tout appareil, quelle que soit la forme d'énergie qu'il absorbe, en transforme une partie en énergie thermique qui en générale est de l'énergie perdue.

Le rendement d'un appareil, noté η, dépend de l'énergie utile et de l'énergie consommée liées par :

$$\boxed{\eta = \frac{E_u}{E_a}}$$

η est un nombre sans unité.

Le rendement est souvent exprimé en % :

$$\boxed{\eta = \frac{E_u}{E_a} \times 100}$$

✷ Exercice 1

10 min

1. Donner l'unité d'énergie du système international, puis son symbole.
2. Donner l'unité de puissance du système international, puis son symbole.
3. Quelle est la relation qui lie la puissance, l'énergie et le temps ?
4. Quelles sont les unités d'énergie, de temps, et de puissance utilisées par EDF ?
5. Remplir les pointillés :
   Toute machine quelle que soit la forme d'énergie qu'elle absorbe, transforme une partie de cette énergie en énergie…………., à cause des frottements, de l'effet joule, etc. Très souvent, l'énergie …………. n'est pas souhaitée, aussi dit-on que c'est de l'énergie …………. La forme d'énergie souhaitée est appelée énergie…
6. Définir le rendement d'une machine.

✱ Exercice 2 — 10 min

Dans un congélateur, l'énergie nécessaire pour refroidir les aliments est fournie par un moteur électrique de puissance 150 W. Ce moteur ne refroidit pas en permanence le contenu du congélateur : il fonctionne de façon discontinue. L'énergie électrique utilisée en moyenne par ce moteur durant une journée est de 1,8 kWh.

Quelle est la durée moyenne de fonctionnement, en heure, du moteur pendant une journée ?

✱ Exercice 3 — 10 min

Une bouilloire électrique a une puissance électrique de 2 200 W. On l'utilise pendant 1 min 30 s pour chauffer un demi-litre d'eau.

1. Quelle est l'énergie électrique consommée par la bouilloire ? Donner le résultat en joules puis en kilowattheure.
2. Le prix du kilowattheure étant d'environ 0,13 €, calculer le coût de l'énergie nécessaire pour chauffer l'eau.
3. Sous quelle forme l'énergie absorbée a-t-elle été convertie ?

✱ Exercice 4 — 10 min

1. Citer d'autres énergies que l'énergie électrique utilisée pour le chauffage dans une maison.
2. Quelles sont les formes d'énergies renouvelables qui permettent d'obtenir de l'électricité ?
3. Qu'appelle-t-on énergie spécifique ?
4. Citer quelques utilisations de l'énergie spécifique.

✱✱ Exercice 5 — 5 min

Sur la plaque signalétique d'un robot ménager, on peut lire : 220-240 V/ 50-60 Hz/ 350 W.

L'appareil fournit une puissance utile de 195 W. Il est mis en marche pendant une minute pour hacher des légumes.

1. Sous quelle(s) formes(s) l'énergie absorbée est-elle transformée ?
2. Quelle est l'énergie électrique consommée par le robot ménager ?
3. Quelle est l'énergie utile produite ?
4. Calculer la valeur du rendement.
5. Quelle est l'énergie perdue ?

✱ Exercice 6 — 5 min

Associer à chaque appareil une puissance électrique :

Téléphone portable	1 200 W
Ordinateur portable	150 W
Sèche-cheveux	1 200 W
Four micro-ondes	6 W
Réfrigérateur	5 W
Télévision en veille	100 W

Corrigés des exercices

Exercice 1

1. L'unité d'énergie du système international est le joule de symbole J.
2. L'unité de puissance du système international est le watt de symbole W.
3. La relation qui lie la puissance, l'énergie et le temps est :

$$\boxed{E = P \times \Delta t}$$

4. EDF utilise l'heure comme unité de temps, le kilowatt comme unité de puissance et le kilowattheure comme unité d'énergie.
5. Toute machine, quelle que soit la forme d'énergie qu'elle absorbe, transforme une partie de cette énergie en énergie ***thermique***, à cause des frottements, de l'effet joule, etc. Très souvent, l'énergie ***thermique*** n'est pas souhaitée, aussi dit-on que c'est de l'énergie ***perdue***. La forme d'énergie souhaitée est appelée énergie ***utile***.
6. Le rendement d'une machine lie l'énergie absorbée à l'énergie utile, il est donné par la relation :

$$\boxed{\eta = \frac{E_u}{E_a}}$$

Exercice 2

La relation qui lie la puissance absorbée par le congélateur, P_a, l'énergie absorbée E_a et la durée de fonctionnement est :

$$E_a = P_a \times \Delta t \text{ soit } \Delta t = \frac{E_a}{P_a}$$

$E_a = 1{,}8$ kWh $= 1{,}8.10^3$ Wh et $P_a = 150$ W.

$$\Delta t = \frac{1{,}8.10^3}{150} = 12 \text{ h.}$$

Le congélateur fonctionne donc en moyenne 12 h par jour.

Exercice 3

1. La relation qui lie la puissance absorbée par la bouilloire, P_a, l'énergie absorbée E_a et la durée de fonctionnement est :

$$E_a = P_a \times \Delta t.$$

$P_a = 2\,200$ W et $\Delta t = 1,5 \times 60 = 90$ s

$E_a = 2\,200 \times 90 = 1,98.10^5$ J

1 kWh est équivalent à $3,6.10^6$ J

$$E_a = \frac{1,98.10^5}{3,6.10^6} \Rightarrow \boxed{E = 0,055 \text{ kWh}}$$

2. Coût = $E_a \times 0,13 = 0,055 \times 0,13$

$$\boxed{\text{Coût} = 0,0072\ €}$$

3. L'énergie absorbée a été convertie en chaleur (énergie thermique).

Exercice 4

1. D'autres énergies que l'énergie électrique utilisées pour le chauffage dans une maison sont : le gaz, le fioul, le bois…

2. Les formes d'énergies renouvelables qui permettent d'obtenir de l'électricité sont le solaire photovoltaïque, le solaire thermique, l'énergie éolienne, la géothermie.

3. L'électricité est dite spécifique si elle ne peut être remplacée par une autre forme d'énergie.

4. Les appareils qui produisent du froid, l'éclairage, les appareils électroménagers, la télévision, les ordinateurs portables fonctionnent uniquement grâce à l'électricité.

Exercice 5

1. Toute l'énergie absorbée est transformée en énergie mécanique et en énergie thermique.

2. La relation qui lie la puissance absorbée par le robot, P_a, l'énergie absorbée E_a et la durée de fonctionnement est :

$$E_a = P_a \times \Delta t$$

$P_a = 350$ W et $\Delta t = 1$ min $= 60$ s

$E_a = 350 \times 60 = 2,1.10^4$ J

$$\boxed{\text{Le robot a consommé } 2,1.10^4 \text{ J.}}$$

3. La relation qui lie la puissance utile produite par le robot, P_u, l'énergie utile E_u et la durée de fonctionnement est :

$$E_u = P_u \times \Delta t$$

$P_u = 195$ W et $\Delta t = 1$ min $= 60$ s

$E_u = 195 \times 60 = 1{,}2.10^4$ J

L'énergie utile produite par le robot vaut $1{,}2.10^4$ J.

4. Pour calculer la valeur du rendement, on utilise la relation :

$$\boxed{\eta = \frac{E_u}{E_a}}$$

$$\eta = \frac{1{,}2.10^4}{2{,}1.10^4}$$

$$\eta = 0{,}57 \text{ soit } \boxed{\eta = 57\ \%}$$

5. L'énergie perdue : $E_P = E_a - E_u$

$E_p = 2{,}1.10^4 - 1{,}2.10^4$

$$\boxed{E_p = 0{,}9.10^4 \text{ J}}$$

Exercice 6

Appareil	Téléphone portable	Ordinateur portable	Sèche-cheveux	Four micro-ondes	Réfrigérateur	Télévision en veille
Puissance absorbée (W)	5	100	1 200	1 200	150	6

résumés de cours

exercices

contrôles

corrigés

4 Énergie interne

TEMPÉRATURE

Définition

La température d'un corps est liée à l'agitation thermique, c'est-à-dire à l'énergie cinétique microscopique des particules qui le constituent.

Les deux échelles principales de température

- Échelle Kelvin : la température absolue, notée T, s'exprime en kelvin (K) et est proportionnelle à la vitesse d'agitation des particules.

Le zéro kelvin (0 K) correspond à la température la plus basse pour laquelle les particules sont immobiles. Il est appelé zéro absolu.

- Échelle Celsius : la température Celsius, notée θ, s'exprime en degré Celsius (°C). C'est une échelle centésimale avec pour référence deux points. A pression atmosphérique, le mélange eau + glace à une température $\theta = 0$ °C premier point. Le mélange liquide + vapeur à la température de $\theta = 100$ °C est le deuxième point.

La température absolue et la température Celsius sont liées par la relation :

$$T = \theta + 273$$

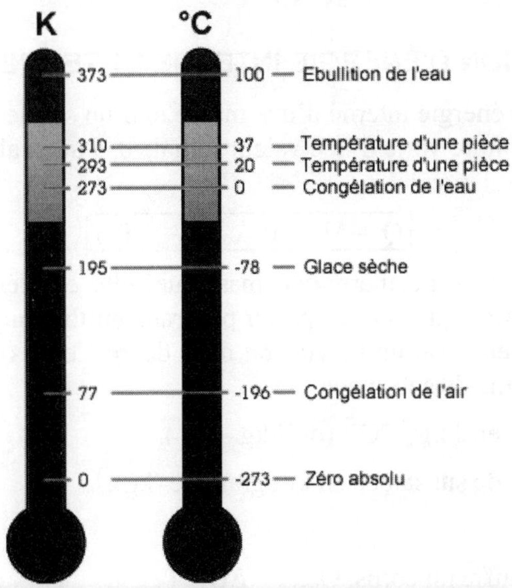

Mesure d'une température

Pour mesurer des températures, on utilise un thermomètre. Il est gradué en degré Celsius (°C).

ÉNERGIE INTERNE

Définition

Un corps est constitué de particules qui sont en mouvement. L'énergie liée à ce mouvement est appelée énergie cinétique.

Les particules sont aussi en interaction entre elles. L'énergie liée à ces interaction est appelée énergie potentielle d'interaction.

L'énergie interne d'un système, notée U, correspond à l'ensemble des formes d'énergie présentes au sein d'un système et elle est liée à sa structure microscopique. Elle s'exprime en joule (J).

Variation d'énergie interne

Lorsqu'on chauffe un corps, on augmente l'agitation thermique et par conséquent son énergie interne.
La quantité de chaleur ou l'énergie thermique, notée Q, qu'il reçoit est stockée sous forme d'énergie interne.
Lorsqu'on refroidit un corps, on diminue l'agitation thermique et par conséquent son énergie interne.
La variation d'énergie interne correspondante est notée ΔU, elle est égale à la quantité de chaleur reçue :

$$\boxed{Q = \Delta U}$$

Q et ΔU sont exprimés en joule (J).

VARIATION D'ÉNERGIE INTERNE ET TEMPÉRATURE

La variation d'énergie interne d'une masse m d'un solide ou d'un liquide dont la température varie d'une valeur initiale θ_i à une valeur finale θ_f est donnée par la relation :

$$\boxed{Q = \Delta U = m.\ c.\ (\theta_f - \theta_i)}$$

c est appelée capacité thermique massique, elle est déterminée par la quantité d'énergie qu'il faut apporter par transfert thermique (échange de chaleur) pour élever d'un kelvin (ou d'un degré Celsius) la température d'un kilogramme de substance.

Elle s'exprime en $J.kg^{-1}.°C^{-1}$ (ou $J.kg^{-1}.K^{-1}$).

m est la masse de substance en kilogramme (kg).

θ_i et θ_f en °C.

Lorsqu'on chauffe un corps, $Q_{reçue} = \Delta U > 0$.

Lorsqu'on refroidit un corps, $Q_{perdue} = \Delta U < 0$.

✸ Exercice 1 — 5 min

Un particulier décide de remplacer son chauffe-eau par un modèle dit stable d'une capacité de 300 litres.

Calculer l'énergie nécessaire pour élever la température de 300 L d'eau de 10 °C à 65 °C.

$c_{eau} = 4\ 186\ J.kg^{-1}.°C^{-1}$, $\rho_{eau} = 1,0\ kg.L^{-1}$

✸ Exercice 2 — 8 min

Le lait cru pris à la température de 6 °C doit être porté à la température de 90 °C pour être pasteurisé.

1. Quel est le signe de la variation de l'énergie interne du lait lors de la pasteurisation ?
2. Calculer la valeur de la variation d'énergie interne lors de la pasteurisation de 1,05 kg de lait.
   $c_{lait} = 3\ 800\ J.kg^{-1}.°C^{-1}$

✸ Exercice 3 — 10 min

Lors du refroidissement d'une pièce en polystyrène placée dans un moule, il y a plusieurs transferts de chaleur :

– du polystyrène vers le moule ;

– du moule vers le système caloporteur.

On s'intéresse uniquement aux échanges thermiques entre la matière plastique et le moule.

La température d'injection du polystyrène dans le moule est de 230 °C et la température de démoulage est de 70 °C.

À la sortie du moule, la pièce à une masse de 53 g.

1. Calculer la quantité de chaleur Q perdue lors du démoulage de la pièce.
   $c_{polystyrène} = 1\ 210\ J.kg^{-1}\ °C^{-1}$
2. Le temps total d'un cycle de moulage est de 75 secondes. Calculer, en kJ, la quantité de chaleur perdue en une heure de fonctionnement.

✸ Exercice 4 — 5 min

Une presse à compression permet de réaliser des plateaux de self-service en SMC (*Sheet Moulding Compound*). Ces plateaux, d'une masse de 700 g, sont sortis de la presse à la température de 80 °C et stockés dans un hangar à une température de 17 °C maintenue constante.

Calculer l'énergie thermique perdue par un plateau.

$c_{SMC} = 1,045\ J.kg^{-1}.°C^{-1}$.

✱✱ Exercice 5 — 10 min

On plonge dans 350 g d'eau à 19 °C, un bloc de fer de masse 155 g à la température θ_i. À l'équilibre la température du mélange eau-fer est de 22 °C. On néglige les pertes énergétiques dues au milieu extérieur.

1. Calculer l'énergie thermique Q_1 gagnée par l'eau.
Soit Q_2 l'énergie thermique perdue par le fer.

2. Donner la relation existant à l'équilibre entre Q_1 et Q_2.

3. En déduire la température initiale θ_i du bloc de fer.
$c_{eau} = 4\,186\ \text{J.kg}^{-1}.\ °\text{C}^{-1}$, $c_{fer} = 440\ \text{J.kg}^{-1}.\ °\text{C}^{-1}$.

✱✱✱ Exercice 6 — 20 min

On désire conserver une masse de 30 kg d'aliments. Pour cela, on utilise un congélateur. La température initiale des aliments est de 23 °C. Le congélateur est réglé pour atteindre une température finale de 19 °C. On suppose que les aliments congèlent à 0 °C sous la pression atmosphérique. On considère qu'il n'y a pas d'échange thermique avec l'extérieure.

Données :

– capacité thermique massique des aliments avant congélation : $c_a = 3\,350\ \text{J.kg}^{-1}.°\text{C}^{-1}$;

– chaleur latente de congélation des aliments : $L = -250.10^3\ \text{J.kg}^{-1}$;

– la chaleur latente lors du changement d'état est donnée par la relation $Q = mL$.

1. Calculer la quantité de chaleur Q_1 cédée par les aliments lors de leur passage de 23 °C à 0 °C.

2. Calculer la quantité de chaleur Q_2 cédée par les aliments lors du changement d'état.

3. La quantité de chaleur totale absorbée par l'évaporateur pour congeler ces aliments est de $Q = 10\,752$ kJ. Déterminer alors la quantité de chaleur Q_3 cédée par les aliments lors de leur passage de 0 °C à –19 °C.

4. Calculer la capacité thermique massique des aliments après congélation.

5. La puissance thermique absorbée par l'évaporateur est de 500 W. Calculer en heure la durée nécessaire de cette congélation.

6. Calculer le pouvoir de congélation du congélateur qui est égal à la masse des aliments congelés en 24 heures (le pouvoir de congélation s'exprime en kg/24 h).

D'après Bac pro MAEMC 2006

✱✱✱ Exercice 7 — 20 min

1. Pour faire chauffer de l'eau dans une casserole on utilise un brûleur fonctionnant au gaz butane. Quels sont les trois modes de propagation de la chaleur mis en jeu par ce type de chauffage ?

2. On élève la température de l'eau de 23 °C à 43 °C.
Sachant que la quantité d'eau chauffée est de 2 litres, calculer la quantité de chaleur Q reçue par l'eau.
Masse volumique de l'eau : 1 000 kg.m^{-3}.
c_{eau} = 4 180 J.kg^{-1}.°C^{-1}.

3. Sachant que l'on chauffe l'eau pendant 4 minutes et 40 secondes, calculer la puissance thermique reçue par l'eau.

4. Sachant que la puissance fournie par la combustion du butane est de 903 W, calculer le rendement η du dispositif de chauffage.

5. La courbe en ci-après représente la variation de température de l'eau en fonction du temps. Dans la phase 1 le brûleur est alimenté par du gaz.

a) Dans la phase 2 le brûleur n'est plus alimenté, le système de chauffage est coupé. Que constatez-vous ?

b) Que pouvez vous en déduire sur le sens des échanges de chaleur entre l'air ambiant et l'eau de la casserole ?
Quelle est l'influence de ces échanges de chaleur sur le rendement de ce système de chauffage ?

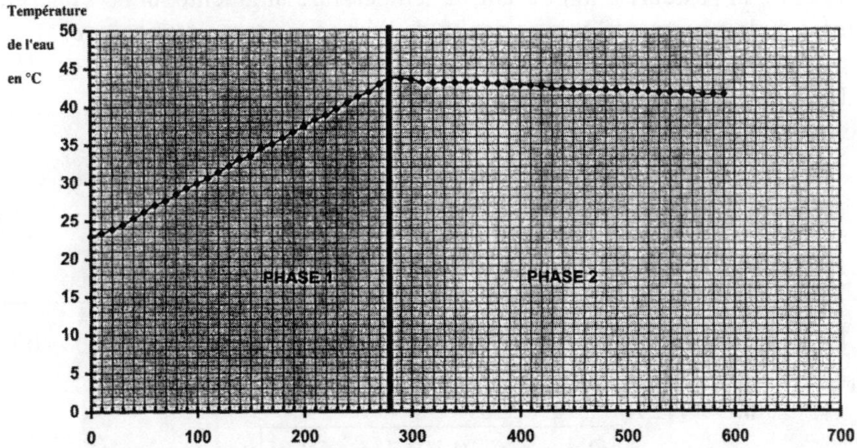

Corrigés des exercices

Exercice 1

Énergie nécessaire pour élever la température de 300 L :

$$Q_{reçue} = m_{eau} \times c_{eau} \times (\theta_f - \theta_i)$$

La masse d'eau se détermine à partir de la masse volumique :

$m_{eau} = \rho_{eau} \times V = 1{,}0 \times 300 = 300$ kg

$Q_{reçue} = 300 \times 4\,186 \times (65 - 10)$

$$\boxed{Q_{reçue} = 6{,}9.10^7 \text{ J} = 69 \text{ MJ}}$$

Exercice 2

1. Lors de la pasteurisation du lait, la température augmente, donc l'énergie interne du lait augmente et la variation de l'énergie interne est positive.

2. La variation d'énergie interne vaut : $\Delta U = m_{lait} \times c_{lait} \times (\theta_f - \theta_i)$

$\Delta U = 1{,}05 \times 3\,800 \times (90 - 6)$

$$\boxed{\Delta U = 3{,}4.10^5 \text{ J} = 340 \text{ kJ}}$$

Exercice 3

1. La quantité de chaleur perdue vaut : $Q_{perdue} = m_{pièce} \times c_{polystyrène} \times (\theta_f - \theta_i)$

$m_{pièce} = 53$ g $= 0{,}053$ kg

$Q_{perdue} = 0{,}053 \times 1210 \times (70 - 230)$

$$\boxed{Q_{perdue} = -1{,}0.10^4 \text{ J} = -10 \text{ kJ}}$$

2. La quantité de chaleur perdue en un cycle qui dure 75 s vaut :

$$Q_{perdue} = -1{,}0.10^4 \text{ J}$$

En 1 h = 3 600 s, la quantité de chaleur perdue Q est :

$$Q = \frac{3600 \times -1{,}0.10^4}{75}$$

$$\boxed{Q = -4{,}8.10^5 \text{ J}}$$

Exercice 4

Énergie thermique perdue par un plateau.

$Q_{perdue} = m_{SMC} \times c_{SMC} \times (\theta_f - \theta_i)$

$m_{SMC} = 700$ g $= 0{,}700$ kg

$Q_{perdue} = 0,700 \times 1,045 \times (17 - 80)$

$$\boxed{Q_{perdue} = -46 \text{ J}}$$

Exercice 5

1. Énergie thermique Q_1 : $Q_1 = m_{eau} \times c_{eau} \times (\theta_f - \theta_i)$
$m_{eau} = 350 \text{ g} = 0,350 \text{ kg}$
$Q_1 = 0,350 \times 4186 \times (22 - 19)$

$$\boxed{Q_1 = 4,4.10^3 \text{ J}}$$

2. La température du fer diminue donc sa variation d'énergie interne fer est négative : $\Delta U_2 = Q_2$
La température de l'eau augmente donc sa variation d'énergie est positive : $\Delta U_1 = Q_1$
Comme il n'y a pas de pertes extérieures :

$$\boxed{Q_2 = -Q_1}$$

3. Q_2 s'exprime par la relation : $Q_2 = m_{fer} \times c_{fer} \times (\theta_f - \theta_i)$

$$\theta_f - \theta_i = \frac{Q_2}{m_{fer} \times c_{fer}}$$

$$\theta_i = \theta_f - \frac{Q_2}{m_{fer} \times c_{fer}}$$

$m_{fer} = 155 \text{ g} = 0,155 \text{ kg}$
$Q_2 = -4,4.10^3$ J.

$$\theta_i = 22 - \frac{-4,4.10^3}{0,155 \times 440}$$

$$\boxed{\theta_i = 87°\text{C}}$$

Exercice 6

1. Quantité de chaleur cédée par les aliments :

$$Q_1 = m \times c \times (\theta_f - \theta_i)$$

$Q_1 = 30 \times 3350 \times (0 - 23)$

$$Q_1 = -2\ 311\ 500 \text{ J} \Rightarrow \boxed{Q_1 = -2,31 \text{ MJ}}$$

2. Quantité de chaleur cédée par les aliments lors du changement d'état :

$$Q_2 = mL$$

$Q_2 = 30 \times (-250.10^3)$

$$\boxed{Q_2 = -7,50 \text{ MJ}}$$

résumés de cours

exercices

contrôles

corrigés

3. Comme il n'y a pas d'échange thermique avec l'extérieure, la somme des quantités de chaleur est nulle, d'où :

$Q + Q_1 + Q_2 + Q_3 = 0 \Rightarrow Q_3 = -Q - Q_1 - Q_2$

$Q_3 = -10752 + 2310 + 7500$

$$\boxed{Q_3 = -940 \text{ kJ}}$$

4. La capacité thermique c vaut : $c = \dfrac{Q_3}{m \times (\theta_f - \theta_i)}$.

$c = \dfrac{-940.10^3}{30 \times (-23 - 0)}$.

$$\boxed{c = 1650 \text{ J.kg}^{-1}.°\text{C}^{-1}}$$

5. Le temps de congélation des 30 kg d'aliments pris à la température de 23 °C, est donné par le rapport entre la quantité de chaleur totale sur la puissance de l'évaporateur.

$$t = \frac{Q}{P}$$

$t = \dfrac{10752.10^3}{500}$

$$\boxed{t = 21\,504 \text{ s} \approx 6 \text{ h}}$$

6. Pour déterminer le pouvoir de congélation, il suffit de faire une règle de trois. Pour 30 kg il faut 6 h, donc en 24 h on peut congeler :

$$\frac{30 \times 24}{6} = 120 \text{ kg}$$

Le pouvoir de congélation est de 120 kg/24 h.

Exercice 7

1. Les 3 modes de transfert de la chaleur sont en cause :
- le rayonnement ;
- la conduction ;
- la convection.

2. La quantité de chaleur reçue par l'eau vaut : $Q = mc(\theta_f - \theta_i)$

$m = \rho \times V = 1\,000 \times 2.10^{-3} = 2$ kg

$Q = 2 \times 4\,180 \times (43 - 23) \Rightarrow Q = 1672000$ J

$$\boxed{Q = 167{,}2 \text{ kJ}}$$

3. Puissance thermique reçue : $P = \dfrac{Q}{t}$.

$t = 4$ min 40 s $= 4 \times 60 + 40 = 280$ s.

$P = \dfrac{167{,}2.10^3}{280}$

$$\boxed{P = 597\ W}$$

4. Le rendement η est défini par le rapport entre la recette sur la dépense, soit ici :

$$\eta = \frac{597}{903}$$

$$\boxed{\eta = 0,66}$$

5. a) La courbe est décroissante, la température diminue.
b) L'eau de la casserole cède de la chaleur à l'air ambiant.
Cette perte va engendrer une diminution du rendement.

5 Propriétés thermiques des matériaux

TRANSFERTS THERMIQUES

Lorsque deux corps portés à des températures différentes sont mis en contact, alors le corps le plus chaud cède de l'énergie sous forme de chaleur au corps le plus froid jusqu'à ce que les deux corps atteignent la même température ou l'équilibre thermique. Ce transfert d'énergie est appelé transfert thermique ou transfert de chaleur.

Il existe trois modes de transferts thermiques :

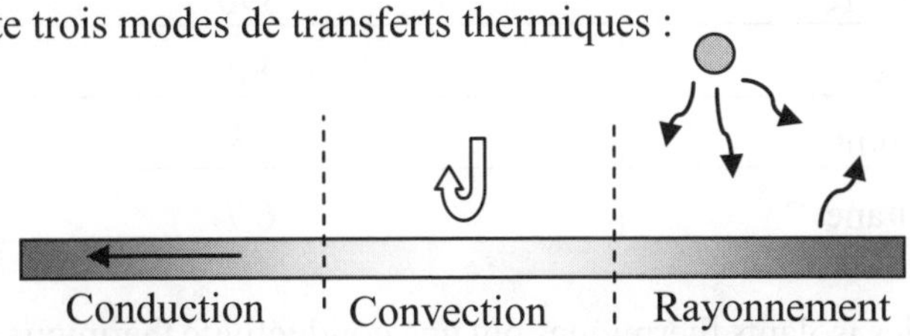

La conduction

Lors de la conduction, la chaleur passe d'un corps à l'autre de proche en proche grâce à l'agitation thermique des molécules sans déplacement de matière.
Exemple : la température du manche d'une cuillère plongée dans un bol de soupe augmente. La chaleur cédée par la soupe est transmise de proche en proche jusqu'à l'extrémité du manche.

La convection

La convection est un transfert de chaleur qui s'accompagne d'un mouvement de matière dans un gaz ou un liquide.
Exemple : Lorsqu'une pièce est chauffée par un convecteur électrique, l'agitation thermique des molécules de l'air à proximité du chauffage augmente, ce qui se traduit par une augmentation de température. Il y a une circulation de l'air chaud qui monte et qui est remplacé par de l'air plus froid qui est chauffé à son tour…

Le rayonnement

Tout corps porté à une température supérieure à 0 kelvin émet un rayonnement électromagnétique appelé rayonnement thermique.

Exemple : La chaleur d'une lampe à incandescence se propage par rayonnement.

TRANSFERT THERMIQUE PAR CONDUCTION

La conductivité thermique

La conductivité thermique caractérise le comportement des matériaux lors du transfert d'énergie par conduction. Elle permet d'évaluer le pouvoir isolant d'un matériau. Elle est notée λ et s'exprime en watt par mètre et par degré Celsius ($W.m^{-1}.K^{-1}$).

Les métaux conduisent très bien la chaleur, ils ont donc une conductivité thermique élevée.

Matériau	Conductivité thermique ($W.m^{-1}.K^{-1}$)
Acier inoxydable	46
Aluminium	237
Cuivre	390
Fer	80
Plomb	35
Titane	6,7

Au contraire, les isolants thermiques ont une conductivité thermique faible.

Matériau	Conductivité thermique ($W.m^{-1}.K^{-1}$)
Air	0,0262
Béton	0,92
Bois de chêne	0,16
Bois de pin	0,36
Brique	0,84
Contreplaqué	0,11
Granite	2,2
Laine de roche	0,045
Liège	0,04

Les vêtements permettent de créer un système de chauffage ou de refroidissement à la surface de la peau. L'air piégé dans et sur les vêtements agit comme une couche isolante de conductivité thermique constante.

La résistance thermique

La résistance thermique permet d'évaluer la capacité d'un matériau à résister au froid et au chaud pour une épaisseur donnée. Elle est notée R et s'exprime en $m^2.K.W^{-1}$.

La résistance thermique et la conductivité thermique sont liées par la relation :

$$\boxed{R = \frac{e}{\lambda}}$$

Avec e l'épaisseur du matériau en mètre.

Plus la résistance thermique est élevée, plus le matériau est isolant.

Remarque : On ne compare pas la résistance thermique de matériaux différents car elle est donnée pour une même épaisseur.

R permet de dire que l'épaisseur ne sera pas la même pour des matériaux différents. Par exemple, un mur de briques de 30 cm d'épaisseur est aussi isolant qu'un cm de laine de verre.

Pour faire des économies d'énergie :

$R = 4{,}5\ m^2.K.W^{-1}$ au minimum, $8\ m^2.K.W^{-1}$ est idéal pour les toits et les combles.

$R = 2{,}5$ à $4\ m^2.K.W^{-1}$ pour les murs.

$R = 1{,}5$ à $3\ m^2.K.W^{-1}$ pour les sols sur terre plein.

$R = 3{,}5$ à $6\ m^2.K.W^{-1}$ pour les sols (local non chauffé).

Résistance thermique globale d'une paroi

Une paroi est plus ou moins efficace au flux thermique qui s'établit de la partie chaude vers la partie froide.
La chaleur suit le chemin suivant :
- elle pénètre dans la paroi ;
- elle traverse les différentes couches de matériaux ;
- elle traverse d'éventuelles couches d'air.

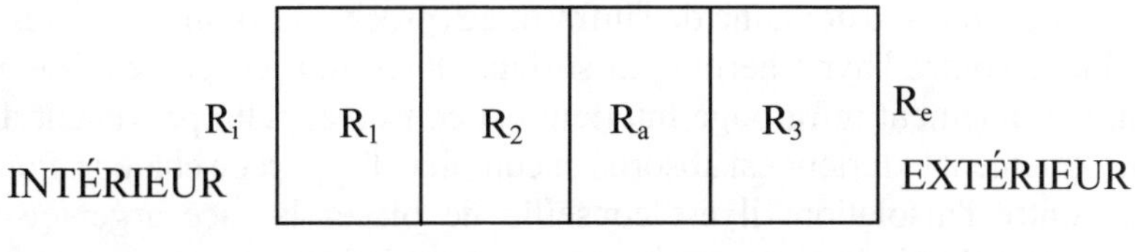

La résistance thermique globale de la paroi RT est égale à la somme des résistances thermiques de toutes les couches de matériaux et d'air qui constituent la paroi et des résistances de surface.

$$R_T = R_i + R_1 + R_2 + R_a + R_3 + R_e$$

Le flux thermique

Le flux thermique, noté Φ, représente la quantité de chaleur Q qui s'écoule par conduction à travers la paroi, de la face chaude vers la face froide, pendant une durée Δt.

$$\Phi = \frac{Q}{\Delta t} = \frac{S(\Theta_C - \Theta_f)}{R}$$

Φ : flux thermique en watt (W)
Q en joule (J)
Δt en seconde (s)
S : aire de la paroi en m^2
Θ_C : température de la face chaude de la paroi en K
Θ_f : température de la face froide de la paroi en K
R : résistance thermique de la paroi en $m^2.K.W^{-1}$

TRANSFERT THERMIQUE PAR RAYONNEMENT

La puissance rayonnée

La puissance rayonnée par un corps de surface S, à la température T, est donnée par la loi de Stefan :

$$\Phi = \sigma \times s \times T^4$$

Φ : flux thermique en watt (W)
S : aire de la surface rayonnante en m^2
T : température du corps en kelvin (K)

Température d'un corps et longueur d'onde

Quand la température du corps est élevée, le pic d'intensité de la courbe se déplace vers les courtes longueurs d'ondes, et inversement pour les plus basses températures (figure page suivante).

Exemple :
La couverture de survie possède deux faces, une surface dorée et une argentée. De par sa température, un corps humain est émetteur de rayonnement dans le domaine de l'infrarouge (proche de 10 micromètres). Pour lutter contre l'hypothermie, la surface dorée doit être à l'extérieur. Ainsi, rayonnement infrarouge intérieur est conservé, celui provenant de l'environnement extérieur est absorbé et complète l'apport de chaleur. Pour lutter contre l'insolation, il est conseillé de placer la face argentée à l'extérieur, celle-ci réfléchissant le rayonnement infrarouge.

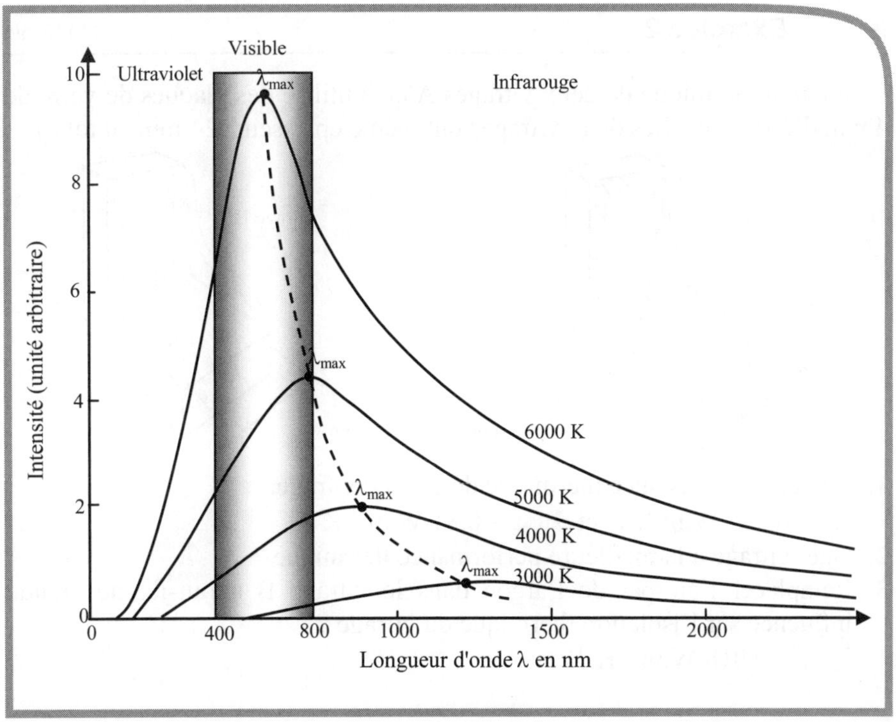

✱ Exercice 1

10 min

La conductivité thermique du verre est $\lambda_{verre} = 1 \text{ W.m}^{-1}.\text{K}^{-1}$.
Le PPMA (polyméthacrylate de méthyle) est connu sous le nom de la marque déposée Altuglas.
La conductivité thermique de l'Altuglas est $\lambda_{Altuglas} = 0{,}17 \text{W.m}^{-1}.\text{K}^{-1}$.

1. Entre une plaque de verre et une plaque d'Altuglas de même épaisseur, laquelle a la plus grande résistance thermique ?
2. Calculer la résistance thermique R_{verre} d'une plaque de verre d'épaisseur 12 mm.
3. Calculer la résistance thermique $R_{Altuglas}$ d'une plaque d'Altuglas d'épaisseur 4 mm.
4. Quel est, de la plaque de verre de 12 mm ou de la plaque d'Altuglas de 4 mm, le meilleur isolant thermique ?

résumés de cours
exercices
contrôles
corrigés

✱ Exercice 2 ⏱ 10 min

L'isolation thermique de deux vitrages A et B utilise des plaques de verre de 4 mm d'épaisseur. Les deux vitrages ont même épaisseur (24 mm au total).

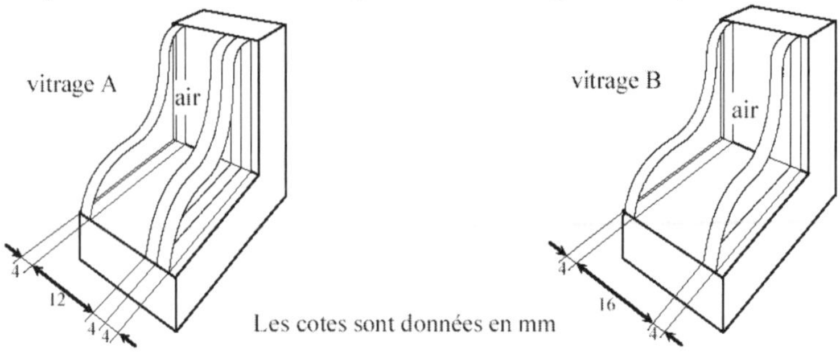

1. Calculer la résistance thermique de chaque vitrage.
   $\lambda_{air} = 0{,}025\ W.m^{-1}.K^{-1}$ et $\lambda_{verre} = 0{,}81\ W.m^{-1}.K^{-1}$.
2. Quel vitrage a la meilleure performance thermique ?
3. Remplacer l'air par de l'argon dans le vitrage B aurait-il une grande influence sur l'isolation thermique du vitrage ?
   $\lambda_{argon} = 0{,}018\ W.m^{-1}.K^{-1}$.

✱ Exercice 3 ⏱ 10 min

Afin de réaliser des travaux d'isolation thermique, on souhaite placer du polystyrène expansé sur la face interne d'un mur.
La température de la face chaude du mur est de 20 °C, celle de la face froide est de 8 °C.

1. Dans quel sens se fait le transfert thermique ?
2. Comment se propage la chaleur à travers le mur ?
3. Le polystyrène expansé possède une conductivité thermique de valeur 0,039 $W.m^{-1}.K^{-1}$. Calculer la résistance thermique d'une plaque de polystyrène d'épaisseur e = 2 cm.

✱✱ Exercice 4 ⏱ 15 min

Matériaux	Pin maritime	Liège expansé	Contre-plaqué	Bois naturels (chêne, hêtre)
Conductivité thermique λ ($W.m^{-1}.K^{-1}$)	0,150	0,043	0,200	0,230

1. Parmi les matériaux ci-dessus, lequel est le plus isolant ?
   On envisage la conduction thermique à travers une porte séparant deux pièces ; l'une est maintenue à la température de 22 °C et l'autre est maintenue à 19 °C.

2. Cette porte a une épaisseur e de 4,0 cm et une aire S de 1,6 m². Sachant que le flux thermique Φ est de 27,6 W calculer la conductivité thermique λ du matériau constitutif de la porte.
3. Quel est ce matériau ?
4. Pour une isolation équivalente, quelle serait l'épaisseur de cette porte en pin maritime ?

✱✱ Exercice 5 — 15 min

Un mur est composé de parpaings de béton de 20 cm d'épaisseur recouverts d'un enduit mortier de 1 cm et d'un panneau constitué d'un matériau isolant et d'une plaque de plâtre.

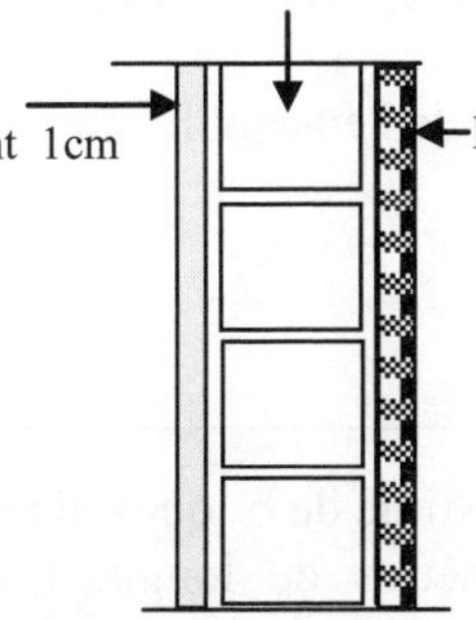

Un catalogue permet de choisir le panneau isolant sachant que le mur doit avoir une résistance thermique totale $R_T = 2{,}169\ m^2.K.W^{-1}$.

1. Compléter la ligne 2 du tableau ci-dessous.

1	Matériaux	e en m	λ en $W.m^{-1}.K^{-1}$	R en $m^2.K.W^{-1}$
2	Enduit		1,150	
3	Parpaings			0,210
4	Panneau isolant			
5	État des matériaux de surface			0,170
6	R_T			**2,169**

2. En déduire la valeur de la résistance thermique du panneau isolant.
3. Choisir dans le tableau proposé le panneau qui correspondra au minimum à l'isolation recherchée.

Désignation	Longueur (en mm)	largeur (en mm)	Épaisseur (en mm)	r en $m^2.K.W^{-1}$
Mur et cloisons				
Panneaux ROCKMUR	1350 "	600 "	75 100	2,00 2,65
Panneaux LABELROCK	2500 "	1200 "	10 + 30 10 + 40 10 + 50 10 + 60	0,93 1,23 1,53 1,83

			10 + 80 10 + 100	2,43 3,03
Panneaux ROCKPLUS	1350 "	600 "	75 100	2,25 3,00
Panneaux ALPHAROCK	1350	600	40	1,24
Panneaux ROCKCALM	1350 "	600 "	40 50	1,15 1,45

* Exercice 6

10 min

L'isolation d'une toiture est composée :

- de panneaux de laine de verre d'épaisseur $e_1 = 120$ mm de conductivité thermique $\lambda_{laine} = 0{,}035\ W.m^{-1}.K^{-1}$;
- et de plaques de plâtre d'épaisseur $e_2 = 10$ mm de conductivité thermique $\lambda_{plâtre} = 0{,}35\ W.m^{-1}.K^{-1}$.

Calculer la résistance thermique R de l'ensemble plaque de plâtre-laine de verre.

** Exercice 7

20 min

Le mur extérieur d'une maison est constitué de briques. Il est sans ouverture et mesure 6 mètres de hauteur, 10 mètres de longueur et 20 centimètres d'épaisseur.

La température extérieure est de 0 °C, celle de la maison est maintenue à 20 °C.

La conductivité thermique de la brique est $\lambda_{brique} = 0{,}67\ W.m^{-1}.K^{-1}$.

1. Calculer la résistance thermique du mur.

2. Calculer le flux thermique.

Pour diminuer les déperditions thermiques on isole le mur par 45 millimètres de polystyrène de conductivité thermique $\lambda_{polystyrène} = 0{,}029\ W.m^{-1}.K^{-1}$.

3. Calculer la résistance thermique du mur.

4. Quel serait ce flux thermique, si le mur était constitué de deux parois en brique, de 8 centimètres d'épaisseur chacune, séparées par une couche d'air de 4 centimètres ?
La conductivité thermique de l'air est $\lambda_{air} = 0{,}025\ W.m^{-1}.K^{-1}$. Conclusion.

** Exercice 8

20 min

1. Lorsque la température de deux corps est différente, il se produit un flux thermique : la « chaleur » passe du corps chaud au corps froid jusqu'à obtenir un équilibre thermique. Le transfert de chaleur peut s'effectuer de trois manières différentes. Lesquelles ?
On veut étudier l'isolation thermique d'une toiture dans les conditions ci-dessous :

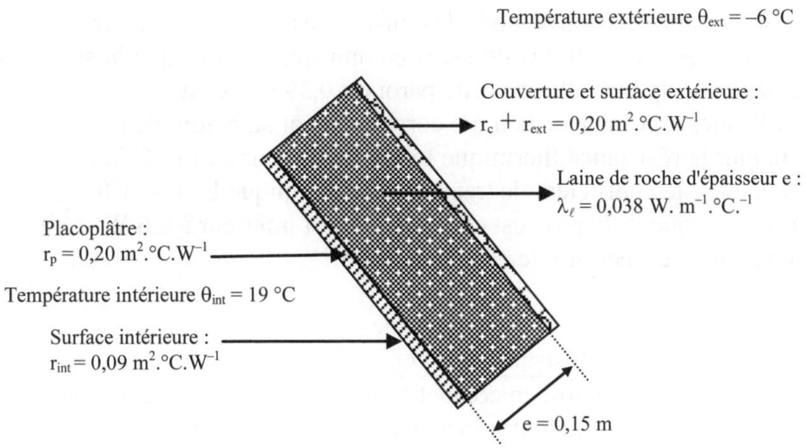

2. Calculer la résistance thermique r_ℓ de la laine de roche.
3. Calculer r_T, la résistance thermique totale de la paroi.
   Dans certaines régions la résistance thermique imposée pour les toitures est de 5,5 $m^2.°C.W^{-1}$.
4. Déterminer, en cm, l'épaisseur minimale de laine de roche nécessaire pour respecter cette norme.
5. Calculer le flux thermique Φ par mètre carré de paroi.

Contrôle

1h30 — 20 points

Exercice 1

À Marquise, petite ville du Pas-de-Calais, le bassin de la fontaine est agrémenté d'une boule tournante en marbre.

Lorsque la boule est chauffée par le soleil, il y a transfert thermique entre la boule et l'eau. Citer au moins deux types de transferts thermiques.

Exercice 2

Le schéma ci-dessous représente la coupe d'un mur de bâtiment.

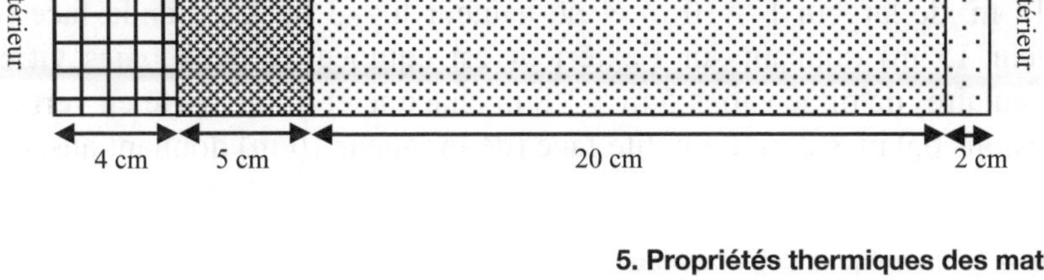

1. Comment appelle-t-on le mode de transfert de la chaleur à travers une paroi ?
2. À l'aide des informations données en annexe, justifier que la somme des résistances superficielles de cette paroi est 0,39 m^2.°C/W.
3. Sur l'annexe, compléter la ligne correspondant au béton plein.
4. Calculer la résistance thermique totale R_T du mur en m^2.°C/W.
5. En déduire le coefficient de transmission thermique U (U = 1/R).
6. On estime que l'isolation est correcte si U est inférieur à 0,6 W/m^2.°C. Cette paroi respecte-t-elle cette condition ?

Annexe

Résistances superficielles d'échange

Désignation	Paroi en contact avec : – un autre local chauffé – un comble – un vide sanitaire.	Paroi en contact avec : – l'extérieur – un passage ouvert – un local ouvert.
MUR	0,22 m^2.°C/W	0,17 m^2.°C/W
TOIT	0,18 m^2.°C/W	0,14 m^2.°C/W

Résistance thermique de quelques matériaux

Matériaux	Conductivité thermique λ W/m.°C
Polystyrène	0,037
Mortier pour enduit	1,15
Plâtre	0,35
Béton plein	1,75

Tableau à compléter

Matériaux	Épaisseur e en m	Conductivité thermique λ W/m.°C	Résistance thermique R en m^2.°C/W
$R_{Si} + R_{Se}$			0,39
Plâtre	0,04	0,35	0,114
Polystyrène	0,05	0,037	1,351
Béton plein			
Mortier pour enduit	0,02	1,15	0,017
			R_T =

Exercice 3

La salle d'un restaurant a la forme d'un parallélépipède rectangle de longueur L = 15 m, de largeur l = 10 m et de hauteur h = 3 m. La grande face (de longueur 15 m) donnant sur l'extérieur est équipée de deux baies vitrées rectangulaires de dimensions 5 m × 1,8 m chacune et d'une porte en verre de dimensions 0,9 m × 2 m. La petite face (de longueur 10 m) donnant aussi sur l'extérieur est équipée d'une baie vitrée rectangulaire de dimension 5 m × 1,8 m. Les deux autres faces sont à l'intérieur de l'immeuble.

On donne les coefficients de transmission thermique :

- murs extérieurs bien isolés : $K_1 = 0,4\ W.m^{-2}.K^{-1}$;
- baies vitrées en double vitrage : $K_2 = 2,6\ W.m^{-2}.K^{-1}$;
- verre de la porte : $K_3 = 5\ W.m^{-2}.K^{-1}$.

L'aération de cette salle, assurée par ventilation mécanique contrôlée, renouvelle l'air une fois par heure.

Sachant qu'il fait 35 °C dans la rue, on désire que la température de la salle soit de 21 °C.

1. Calculer le flux thermique Φ_1 entrant dans la salle par conduction. Seule sera considérée la chaleur pénétrant par les 2 faces extérieures, la chaleur échangée par les autres parois (plafond, sol et faces intérieures) étant négligée. On présentera les calculs sous forme de tableau.

2. Calculer la quantité de chaleur Q_2 entrant dans la salle en une heure à cause de la ventilation forcée, l'air frais rejeté étant remplacé par de l'air chaud provenant de la rue.

En déduire le flux thermique Φ_2 pénétrant dans la salle à cause de l'aération.

On donne :

– masse volumique de l'air : $\rho_{air} = 1,3\ kg.m^{-3}$.

– capacité thermique massique de l'air : $c_{air} = 10^3\ J.kg^{-1}.K^{-1}$.

3. En déduire quelle doit être la puissance P de la climatisation pour assurer une température inférieure de 21 °C (P représente la puissance thermique qui doit être absorbée par l'appareil).

Corrigés des exercices

Exercice 1

1. La relation entre la résistance thermique et la conductivité thermique est :

$$R = \frac{e}{\lambda}.$$

Pour une épaisseur donnée, la résistance thermique R est inversement proportionnelle à la conductivité thermique λ. C'est donc le matériau de plus faible conductivité thermique, ici le PPMA, qui a la résistance thermique la plus élevée.

2. La résistance thermique R_{verre} vaut : $R_{verre} = \frac{e}{\lambda_{verre}}$

e = 12 mm = 0,012 m.

résumés de cours
exercices
contrôles
corrigés

$$R_{verre} = \frac{0,012}{1}$$

$$\boxed{R_{verre} = 0,012 m^2.K.W^{-1}}$$

3. La résistance thermique $R_{Altuglas}$ vaut : $R_{Altugas} = \frac{e}{\lambda_{Altugas}}$

e = 4 mm = 0,004 m.

$$R_{Altugas} = \frac{0,004}{0,17}$$

$$\boxed{R_{Altugas} = 0,024 \ m^2.K.W^{-1}}$$

4. $R_{Altugas} = 2R_{verre}$, la plaque d'Altuglas de 4 mm est donc le meilleur isolant thermique.

Exercice 2

L'isolation thermique de deux vitrages A et B utilise des plaques de verre de 4 mm d'épaisseur. Les deux vitrages ont même épaisseur (24 mm au total).

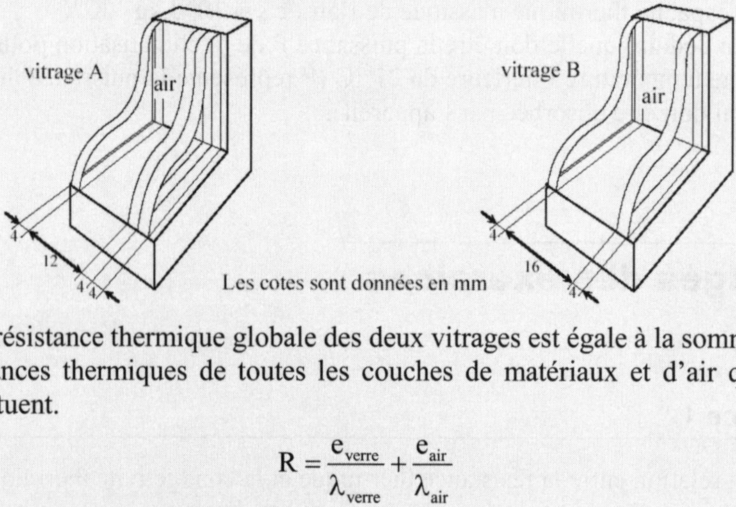

Les cotes sont données en mm

1. La résistance thermique globale des deux vitrages est égale à la somme des résistances thermiques de toutes les couches de matériaux et d'air qui les constituent.

$$R = \frac{e_{verre}}{\lambda_{verre}} + \frac{e_{air}}{\lambda_{air}}$$

Double vitrage A :
$e_{verre} = 3 \times 4 = 12$ mm = 0,012 m
$e_{air} = 12$ mm = 0,012 m

$$R_A = \frac{0,012}{0,81} + \frac{0,012}{0,025}$$

$$R_A = 0,50 \ m^2.K.W^{-1}$$

Double vitrage B :
$e_{verre} = 2 \times 4 = 8$ mm = 0,008 m
$e_{air} = 16$ mm = 0,016 m

$$R_B = \frac{0,008}{0,81} + \frac{0,016}{0,025}$$

$$\boxed{R_B = 0,65 \text{ m}^2.\text{K.W}^{-1}}$$

2. $R_B > R_A$, le double vitrage a donc la meilleure performance thermique.
3. L'air est remplacé par de l'argon dans le double vitrage B.
$E_{verre} = 0,008$ m
$e_{argon} = 0,016$ m

$$R_B = \frac{0,008}{0,81} + \frac{0,016}{0,018}$$

$$\boxed{R_B = 0,90 \text{ m}^2.\text{K.W}^{-1}}$$

La résistance thermique est améliorée.

Exercice 3

1. Le transfert thermique se fait de la face chaude vers la face froide.
2. La chaleur se propage par conduction à travers le mur.
3. La résistance thermique du polystyrène vaut : $R_{\text{polystyrène}} = \dfrac{e}{\lambda_{\text{polystyrène}}}$

e = 2 cm = 0,02 m

$$R_{\text{polystyrène}} = \frac{0,02}{0,039}$$

$$\boxed{R_{\text{polystyrène}} = 0,5\text{m}^2.\text{K.W}^{-1}}$$

Exercice 4

1. Le matériau le plus isolant est celui qui a la conductivité thermique la plus faible.

2. Flux thermique : $\Phi = \dfrac{Q}{\Delta t} = \dfrac{S(\Theta_C - \Theta_f)}{R}$ et $R = \dfrac{e}{\lambda}$

D'où $R = \dfrac{S(\Theta_C - \Theta_f)}{\Phi}$ et $\lambda = \dfrac{e}{R} = \dfrac{e \times \Phi}{S(\Theta_C - \Theta_f)}$

e = 4 cm = 0,04 m

$$\lambda = \frac{0,04 \times 27,6}{1,6 \times (22 - 19)}$$

$$\boxed{\lambda = 0,23 \text{ W.m}^{-1}.\text{K}^{-1}}$$

3. La porte est constituée de bois naturel.

4. Pour une isolation équivalente pour une porte en pin maritime, la résistance thermique est la même :

$$R = \frac{S(\Theta_C - \Theta_f)}{\Phi}$$

$$R = \frac{1,6 \times (22-90)}{27,6}$$

$$\boxed{R = 0,17\ m^2.K.W^{-1}}$$

L'épaisseur de la porte serait :

$e = \lambda \times R \quad \Rightarrow e = 0,15 \times 0,17$

$$\boxed{e = 0,026\ m = 2,6\ cm}$$

Exercice 5

1. Pour compléter la ligne 2, il est nécessaire de calculer la résistance thermique de l'induit :

$$R_{enduit} = \frac{e}{\lambda_{enduit}} = \frac{0,01}{1,150} = 8,7.10^{-3}\ m^2.K.W^{-1}$$

1	Matériaux	e en m	λ en $W.m^{-1}.K^{-1}$	R en $m^2.K.W^{-1}$
2	Enduit	0,01	1,150	$8,7.10^{-3}$

2. La résistance totale est la somme des résistances :

$$R_T = R_{enduit} + R_{parpaings} + R_{panneau} + R_{surface}$$

On en déduit la résistance du panneau :

$R_{panneau} = R_T - R_{enduit} - R_{parpaings} - R_{surface}$

$R_{panneau} = 2,169 - 8,7.10^{-3} - 0,210 - 0,170$

$$\boxed{R_{panneau} = 1,78\ m^2.K.W^{-1}}$$

3. Le panneau correspondant au minimum d'isolation recherchée est le panneau Labelrock 10 + 60.

Exercice 6

La résistance thermique R de l'ensemble plaque de plâtre-laine de verre est :

$$R = R_{laine} + R_{plâtre}$$

$$R = \frac{e_1}{\lambda_{laine}} + \frac{e_2}{\lambda_{plâtre}}$$

$e_1 = 120\ mm = 0,120\ m$

$e_2 = 10\ mm = 0,010\ m.$

$$R = \frac{0,120}{0,035} + \frac{0,010}{0,35}$$

$$\boxed{R = 3,5\ m^2.K.W^{-1}}$$

Exercice 7

1. Calcul de la résistance thermique de la brique : $R_{brique} = \dfrac{e}{\lambda_{brique}}$

e = 20 cm = 0,20 m

$$\boxed{R_{brique} = \frac{0,20}{0,67} = 0,30\ m^2.K.W^{-1}}$$

2. Le flux thermique : $\Phi = \dfrac{S(\Theta_C - \Theta_f)}{R_{mur}}$

Surface S du mur :
S = L× h avec L = 10 m et h = 6 m.
S = 10 × 6 = 60 m²

$$\Phi = \frac{60(20-0)}{0,30}$$

$$\boxed{\Phi = 4000\ W}$$

3. Le mur est isolé par du polystyrène, la résistance thermique R_{mur} est donc modifiée :

$$R_{mur} = \frac{e_1}{\lambda_{brique}} + \frac{e_2}{\lambda_{polystyrene}}$$

$e_1 = 0,20$ m
$e_2 = 45$ mm $= 0,045$ m

$$R_{mur} = \frac{0,20}{0,67} + \frac{0,045}{0,029}$$

$$\boxed{R_{mur} = 1,9\ m^2.K.W^{-1}}$$

4. Calcul de la résistance thermique du mur contenant une couche d'air :

$$R_{mur} = \frac{e_1}{\lambda_{brique}} + \frac{e_2}{\lambda_{air}}$$

$e_1 = 2 \times 8 = 16$ cm $= 0,16$ m
$e_2 = 4$ cm $= 0,04$ cm

$$R_{mur} = \frac{0,16}{0,67} + \frac{0,04}{0,025}$$

$$\boxed{R_{mur} = 1,8\ m^2.K.W^{-1}}$$

Calcul du flux thermique :

$$\Phi = \frac{S(\Theta_C - \Theta_f)}{R_{mur}} = \frac{60 \times (20-0)}{1,8}$$

$$\boxed{\Phi = 667 \text{ W}}$$

Le flux thermique est divisé par six quand on sépare les deux parois de briques par une couche d'air.

Exercice 8

1. Le transfert de chaleur peut s'effectuer par convection, conduction et rayonnement.

2. La résistance thermique de la laine de roche s'exprime par la relation :

$$r_\ell = \frac{e}{\lambda_\ell}$$

$$r_\ell = \frac{0,15}{0,038}$$

$$\boxed{r_\ell = 3,95 \text{ m}^2.\text{K.W}^{-1}}$$

3. La résistance thermique totale de la paroi est la somme de toutes les résistances :

$$r_T = r_{int} + r_p + r_\ell + r_c + r_{ext}$$

$$r_T = 0,09 + 0,20 + 3,95 + 0,2$$

$$\boxed{r_T = 4,44 \text{ m}^2.\text{K.W}^{-1}}$$

4. Pour déterminer l'épaisseur minimale de laine de roche nécessaire pour respecter cette norme, on utilise la relation précédente :

$$r_T = r_{int} + r_p + r_\ell + r_c + r_{ext}$$

$$r_\ell = \frac{e}{\lambda_\ell}$$

$$r_T = r_{int} + r_p + \frac{e}{\lambda_\ell} + r_c + r_{ext}$$

$$\frac{e}{\lambda_\ell} = r_T - r_{int} - r_p - r_c - r_{ext}$$

$$e = \lambda_\ell \times (r_T - r_{int} - r_p - r_c - r_{ext})$$

$$e = 0,038 \times (5,50 - 0,09 - 0,20 - 0,20)$$

$$\boxed{e = 0,19 \text{ m}}$$

5. Le flux est donné par : $\Phi = \frac{S(\Theta_{int} - \Theta_{ext})}{r_T}$

$$\Phi = \frac{(19-(-6)) \times 1}{5,50}$$

$$\boxed{\Phi = 4,55 \text{ W.m}^2}$$

Corrigé du contrôle

Exercice 1

La boule est chauffée par rayonnement thermique et par conduction.

Exercice 2

1. À travers une paroi, le mode de transfert de la chaleur est la conduction.
2. La paroi étudiée est un mur, effet 0,22 + 0,17 = 0,39 m^2 °C/W.
3. Tableau

Matériaux	Épaisseur e en m	Conductivité thermique λ W/m.°C	Résistance thermique R en m^2.°C/W
$R_{Si} + R_{Se}$			0,39
Plâtre	0,04	0,35	0,114
Polystyrène	0,05	0,037	1,351
Béton plein	0,2	1,75	0,114
Mortier pour enduit	0,02	1,15	0,017
			$R_T = 1{,}986$

L'épaisseur du béton (lu sur le schéma) est de 20 cm = 0,2 m.
La lecture du tableau nous donne λ.

La résistance thermique se calcule : $R = \dfrac{e}{\lambda} = \dfrac{0{,}2}{1{,}75} = 0{,}114\ \text{m}^2.°\text{C}/\text{W}$.

4. La résistance thermique totale est la somme des résistances thermiques.
$R_T = 0{,}39 + 0{,}114 + 1{,}351 + 0{,}114 + 0{,}017$

$$\boxed{R_T = 1{,}986\ \text{m}^2.°\text{C}/\text{W}}$$

5. On applique la relation $U = 1/R_T$.

$$\boxed{U = 0{,}504\ \text{W/m}^2.°\text{C}}$$

6. U est inférieure à la valeur donnée, l'isolation est bonne.

Exercice 3

1. Calcul du flux thermique Φ_1 entrant dans la salle par conduction.
La surface des baies vitrées sera :
$3 \times 5 \times 1{,}8 = 27\ \text{m}^2$.
La surface de la porte sera :
$0{,}9 \times 2 = 1{,}8\ \text{m}^2$.
La surface du mur extérieur sera donc :
$15 \times 3 + 10 \times 3 - 27 - 1{,}8 = 46{,}2\ \text{m}^2$.
La différence de température entre l'extérieur et l'intérieur est :

$$\Delta\theta = \theta_{ext} - \theta_{int} = 35 - 21 = 14\ \text{K}.$$

Nous avons donc le tableau suivant :

Parois	Surface en m^2	K en $W.m^{-2}.K^{-1}$	$\Delta\theta$ en kelvin	$\Phi = K.S.\Delta\theta$
Mur extérieur	46,2	0,4	14	258,72 W
Baies vitrées	27	2,6	14	982,8 W
Porte	1,8	5	14	126 W

Total $\Phi_1 = 1367{,}52$ W.

2. Calculons d'abord la quantité d'air entrant dans la pièce en une heure. Elle est égale au volume de la pièce puisque l'air de la pièce est renouvelé une fois par heure.
Le volume de la pièce est :
$10 \times 15 \times 3 = 450\,m^3$.
La quantité d'air entrant dans la pièce en une heure sera donc de 450 m^3.
La masse de cet air sera :
$m = \rho.V = 1{,}3 \times 450 = 585\,Kg$.
L'air, en entrant, a une température de 35 °C et, en sortant, a une température de 21 °C.
La quantité de chaleur amenée par la ventilation en une heure sera donc :

$$Q = m.c.\Delta\theta$$

$Q = 585 \times 10^3 \times 14 = 8{,}19$ MJ.

$$\boxed{Q = 8{,}19\ MJ}$$

Cette quantité de chaleur étant amenée en une heure, le flux thermique de convection forcée sera donc :

$$\Phi_2 = \frac{Q}{t}$$

$$\Phi_2 = \frac{8190000}{3600}$$

$$\boxed{\Phi_2 = 2275\ W}$$

3. La climatisation devra absorber toute la chaleur, gagnée par la salle, due au flux thermique de conduction et de convection. Sa puissance devra alors être :

$$P = 1367{,}52 + 2275 = 3642{,}52\ W.$$

$$\boxed{P = 3{,}64\ kW}$$

6 Bilan énergétique dans un circuit électrique

PUISSANCE EN RÉGIME CONTINU

Puissance électrique fournie par un générateur ou absorbée par un récepteur

La puissance électrique fournie par un générateur, notée P_e, ou absorbée par un récepteur, notée P_a, est égale au produit de la tension U aux bornes du dipôle et de l'intensité I du courant électrique qui le traverse :

$$\boxed{P_a = UI} \qquad \boxed{P_e = UI}$$

La puissance P_a est exprimée en watts (W).
La tension U s'exprime en volts (V).
L'intensité I s'exprime en ampères (A).

Puissance thermique et effet Joule

Tout conducteur parcouru par un courant électrique s'échauffe. Ce dégagement de chaleur est appelé effet Joule.
La puissance thermique dissipée est donnée par la relation :

$$\boxed{P_j = RI^2}$$

La puissance P_j est exprimée en watts (W).
La tension U s'exprime en volts (V).
R est la résistance du conducteur en ohms (Ω).
Remarque :
Selon les dipôles, d'autres pertes (magnétiques, par frottement ou par rayonnement) peuvent apparaître. On les note p.

Bilan des puissances

a) Générateurs électrochimiques (piles, accumulateurs)
Le rendement d'un générateur électrochimique est donné par la relation :

$$\boxed{\eta = \frac{UI}{P_{chimique}}}$$

b) Photopiles (cellules photovoltaïques)
Le rendement d'une photopile est donné par la relation :

$$\boxed{\eta = \frac{UI}{P_{rayonnante}}}$$

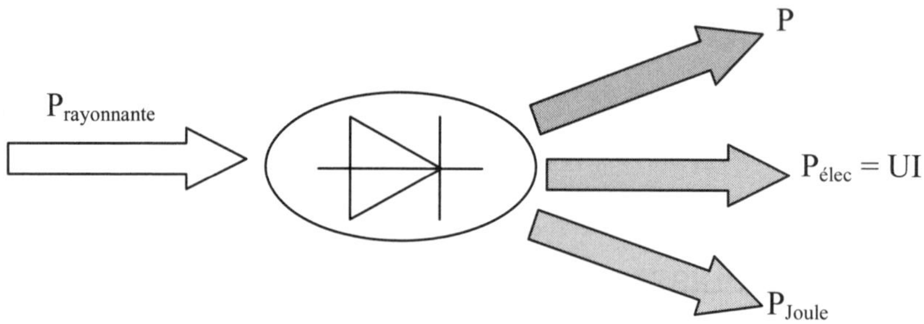

c) Moteur

Le rendement d'un moteur est donné par la relation :

$$\eta = \frac{P_{mécanique}}{UI}$$

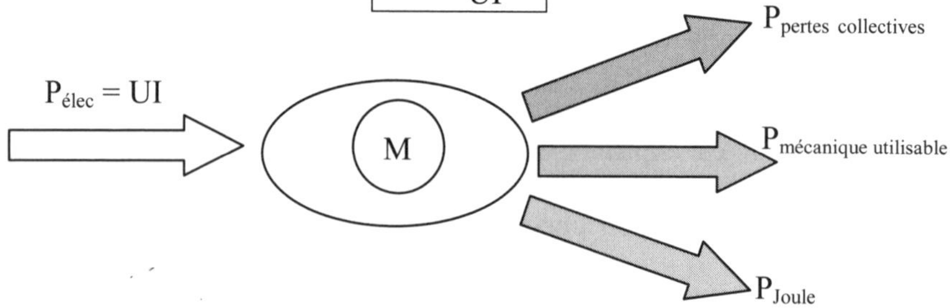

d) Conducteur ohmique de résistance R

Le rendement d'un conducteur ohmique est donné par la relation :

$$\eta = 1$$

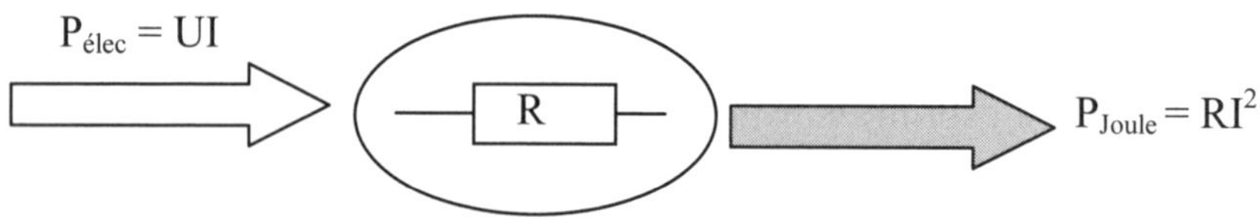

REPRÉSENTATION TEMPORELLE D'UNE TENSION ET D'UN COURANT ÉLECTRIQUE

Une tension et un courant électrique peuvent être représentés dans des systèmes d'axes u = f(t) pour les tensions et i = f(t) pour les courants. i et u représentent une valeur instantanée (valeur à un instant donné).

u = f(t) ou i = f(t) sont des représentations temporelles, puisque, dans le premier cas, il s'agit de représenter la tension u en fonction du temps t, et dans le second cas, il s'agit de représenter le courant i en fonction du temps t.

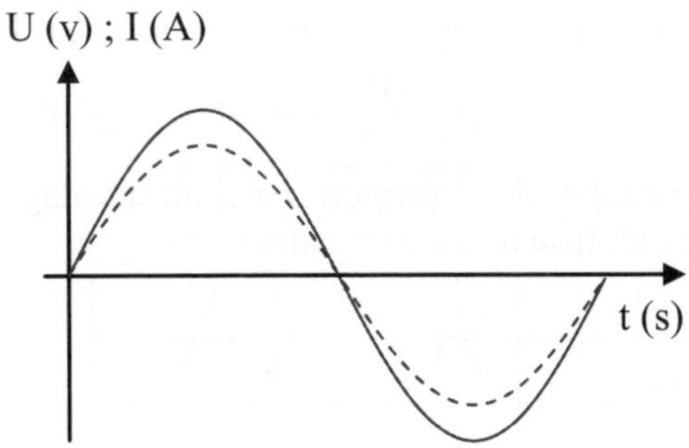

Amplitudes maximale et minimale

L'amplitude maximale est la valeur maximale de la grandeur.
L'amplitude minimale est la valeur minimale de la grandeur.

Période

Une grandeur périodique est une grandeur qui se reproduit à intervalles réguliers dans le temps.
La période représente l'intervalle de temps pendant lequel la grandeur périodique se reproduit. La période se mesure entre deux points identiques de la grandeur. Son symbole est T et son unité est la seconde (s).

Fréquence

La fréquence est le nombre de périodes par seconde. Elle se note f et s'exprime en hertz [Hz].

$$\boxed{f = \frac{1}{T}}$$

Exemple : représentation temporelle d'une tension alternative sinusoïdale :

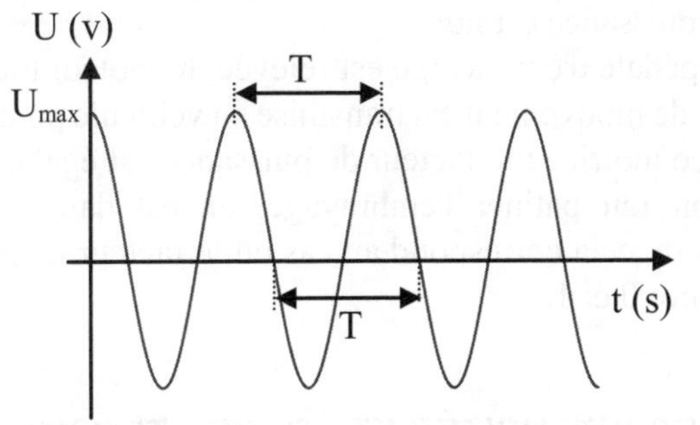

PUISSANCE EN RÉGIME ALTERNATIF MONOPHASÉ

Pour un récepteur soumis à une tension efficace U(V) et traversé par un courant d'intensité efficace I(A), la puissance active ou puissance réelle, notée P, en régime sinusoïdal est définie par la relation : $\boxed{P = UI \cos \varphi}$

Le facteur de puissance k n'a pas d'unité. On admet qu'il est donné par :

$$k = \frac{P}{UI} = \cos \varphi$$

φ est appelé déphasage. Il est proportionnel au décalage horaire ente la tension et l'intensité. Il se mesure en radian.

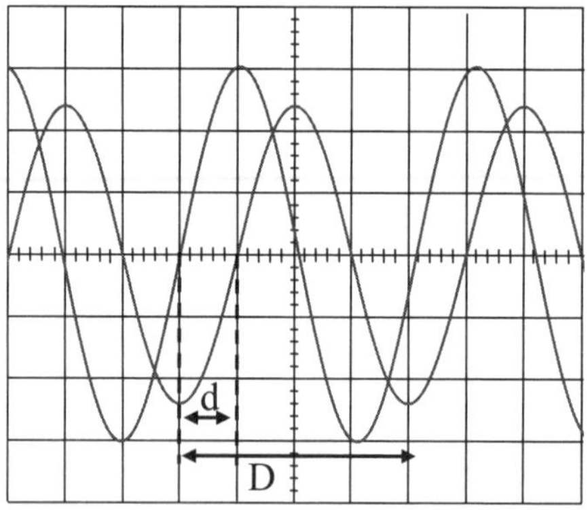

$$\varphi = \frac{d}{D} \times 2\pi$$

Le facteur de puissance est une caractéristique d'un récepteur électrique alimenté en régime de courant variable au cours du temps (sinusoïdal ou non). Il est toujours compris entre 1 et 0.

C'est un paramètre qui rend compte de l'efficacité d'un dipôle à consommer de la puissance lorsqu'il est traversé par un courant.

Une comparaison mécanique possible serait le facteur d'embrayage d'une boîte de vitesses :

- lorsque la pédale d'embrayage est enfoncée, le moteur tourne (le courant circule) mais ne transmet aucune puissance au véhicule ; le facteur de puissance est nul ;
- lorsque la pédale d'embrayage est relevée, le moteur tourne et toute sa quantité de mouvement est transmise au véhicule pour produire de la puissance motrice ; le facteur de puissance est égal à 1 ;
- lorsque l'on fait patiner l'embrayage, on est dans une situation intermédiaire, cela correspond au cas où le facteur de puissance est compris entre 0 et 1.

LOI DES INTENSITÉS ET LOI DES TENSIONS

Loi des intensités : loi des nœuds

Un nœud est un point d'un circuit où « aboutissent » plus de deux conducteurs parcourus par un courant.

Nœud A

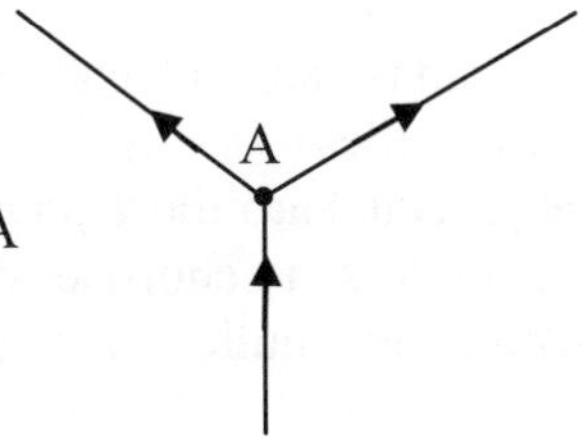

Algébrisation des intensités

Une intensité est une grandeur algébrique, elle peut être positive ou négative.

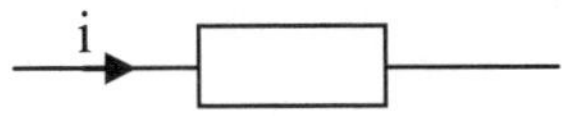

Une flèche, comme indiquée ci-dessus, n'indique pas le sens réel du courant dans le conducteur, mais le sens positif qui a été choisi pour orienter le circuit. Si le sens réel du courant est le sens indiqué par la flèche, alors cette intensité est comptée positivement.

Si le sens réel du courant est opposé à celui indiqué par la flèche, alors cette intensité est comptée négativement.

Loi des nœuds

La somme algébrique des intensités des courants en un nœud est nulle.

Exemple :

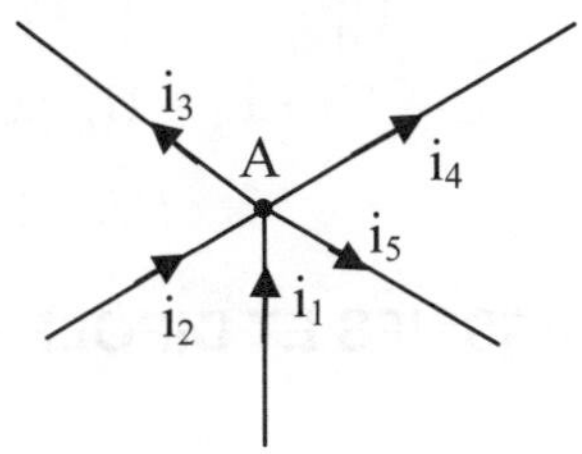

$$i_2 + i_1 - i_5 - i_3 - i_4 = 0.$$

Loi des tensions : loi des mailles

Un circuit est constitué de branches.

Une branche est une portion de circuit non fermée.

Une maille est un ensemble de branches qui forme une boucle.

Algébrisation d'une tension

Une tension est une grandeur algébrique.

La première lettre en indice correspond à la pointe de la flèche.

$U_{AB} = -U_{BA}$

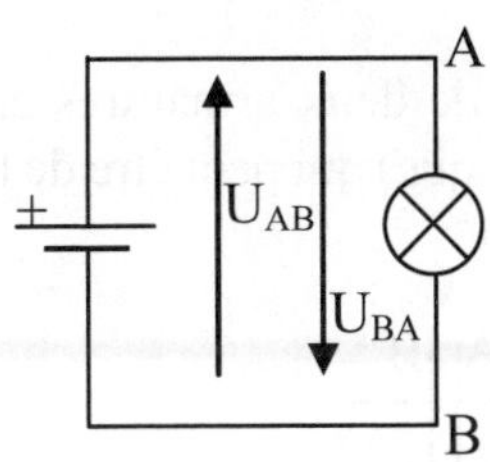

Loi des mailles

La somme algébrique des tensions dans une maille est nulle.

Règle d'écriture de la loi des mailles :

- on choisit un sens de parcours arbitraire pour la maille ;
- on décrit la maille dans le sens choisi et on écrit que la somme algébrique des tensions est nulle en respectant la convention suivante :
  - si la flèche-tension est rencontrée par la pointe, la tension est affectée du signe moins ;
  - si la flèche-tension est rencontrée par le talon, la tension est affectée du signe plus.

Exemple :

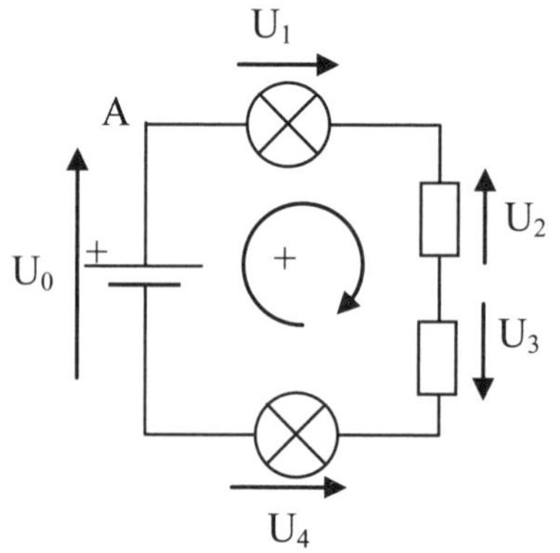

$$U_0 + U_1 - U_2 + U_3 - U_4 = 0$$

DIPÔLES PASSIFS ET DIPÔLES ACTIFS

Dipôle passif

Un dipôle passif ne peut que consommer de la puissance électrique, et cette puissance est dissipée par effet Joule.

Le conducteur ohmique

Un conducteur ohmique dissipe de l'énergie par effet Joule. Le conducteur ohmique que l'on nomme souvent résistance est défini par la loi d'Ohm :

$$U = RI$$

Avec U en volt (V) ; R en Ohm (Ω) et I en ampère (A).

On constate que U est proportionnelle à I. La caractéristique U = f(I) est une droite passant par l'origine de coefficient directeur R.

Le condensateur

Un condensateur est constitué de deux armatures conductrices (A et B) séparées par un isolant (diélectrique) qui peut être de l'air sec, de l'alumine, du mica.

Symbole :

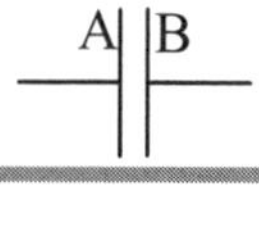

Un condensateur emmagasine de l'énergie lors de la charge, il restitue cette énergie emmagasinée lors de la décharge.
L'énergie emmagasinée a pour expression :

$$\boxed{E_{él} = \frac{1}{2}CU^2}$$

Avec $E_{él}$ en Joule (J) ; C en farad (F) et U en volt (V).

La bobine
Une bobine est constituée par un enroulement de fil conducteur.
On modélise une bobine de la façon suivante :

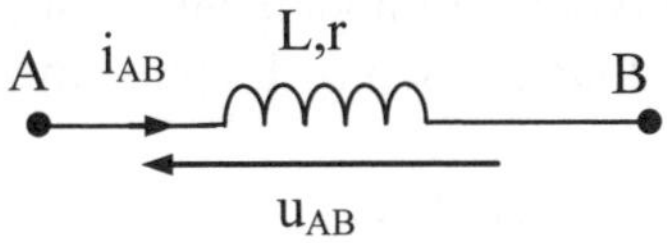

En régime permanent i_{AB} = constante, $u_{AB} = ri_{AB}$, la bobine se comporte alors comme un conducteur ohmique.
Une bobine est caractérisée par son inductance L, qui s'exprime en Henry (H) et par sa résistance interne r.
L'énergie magnétique emmagasinée dans une bobine s'exprime par la relation :

$$\boxed{E_m = \frac{1}{2}Li^2}$$

(E_m en Joule)
Cette énergie est positive.

Dipôle actif

On appelle dipôle actif tout dipôle pouvant fournir de la puissance électrique ; c'est-à-dire capable de débiter un courant dans une charge branchée à ses bornes.

✱ Exercice 1 — 5 min

Le cordage d'une raquette est tendu grâce à une machine à corder qui répartit uniformément la tension des cordes sur le tamis et lui évite de se voiler. La plaque signalétique de la machine à corder porte les indications suivantes :

230V ; 50 Hz ; 200 W ; cos φ = 0,95

1. Donner la signification de chacune des indications.
2. Calculer l'intensité du courant absorbé par la machine.

✱ Exercice 2 ⏱ 5 min

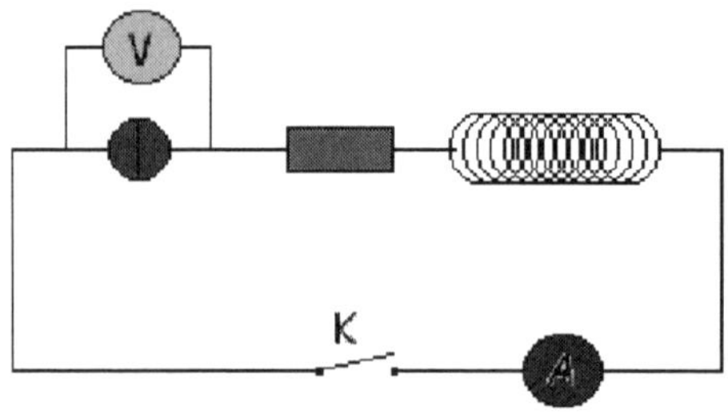

La tension efficace délivrée par un générateur est 240 V.
L'intensité efficace du courant est 3 A. La puissance consommée par ce circuit est 600 W.

Calculer le facteur de puissance.

✱ Exercice 3 ⏱ 5 min

Une plaque signalétique d'un stérilisateur servant dans les élevages porte les indications suivantes :

230 V ; 50 Hz ; 2 200 W

La puissance utile donnée par le constructeur est de 1 450 W.

Calculer le rendement η de ce stérilisateur.

✱ Exercice 4 ⏱ 10 min

Une entreprise est sollicitée pour réaliser l'aménagement de deux salles.
Dans la salle alimentée sous 230 V, chaque stand est éclairé à l'aide de 10 spots branchés en dérivation et ayant une puissance de 50 W chacun.

1. Calculer la puissance électrique totale nécessaire à l'éclairage des huit stands.

2.

a) Calculer la valeur efficace de l'intensité totale absorbée par l'ensemble des spots.

b) En déduire la valeur efficace de l'intensité circulant à travers un spot.

✱ Exercice 5 ⏱ 5 min

La plaque signalétique d'un radiateur électrique porte les indications suivantes :
230 V – 1 000 W
Le facteur de puissance du radiateur est égal à 1.

Calculer l'intensité efficace du courant nominal traversant le radiateur.

✱ Exercice 6 ⏱ 10 min

La plaque signalétique d'une scie permettant de débiter des blocs servant à usiner des pièces de jeu d'échecs est reproduite ci-dessous :

230 V – 50 Hz
Pa = 1,5 kW
$\cos\varphi = 0{,}96$
$\eta = 65\%$

1. Faire un diagramme de bilan de puissances.
2. Calculer l'intensité du courant électrique qui traverse cette machine.
3. Calculer la puissance utile.
4. En déduire les pertes p.

✱ Exercice 7 ⏱ 10 min

Pour fixer des panneaux isolants, un artisan utilise une perceuse dont la plaque signalétique donne les renseignements suivants :

$$P_u = 800 \text{ W} ; 230 \text{ V} ; 50 \text{ Hz} ; \cos\varphi = 0{,}90 ; \eta = 0{,}80$$

1. Calculer la puissance électrique absorbée par la perceuse.
2. Calculer l'intensité I du courant en ligne.
3. Calculer les pertes p.

✱✱ Exercice 8 ⏱ 10 min

En laiterie, le lait cru est pasteurisé afin de détruire les bactéries responsables de sa dégradation.
Une pompe électrique permet d'acheminer le lait qui est ensuite réchauffé dans un échangeur à plaques.
Ce dernier est constitué de trois groupements de résistances chauffantes. La tension d'alimentation est soit de 230 V soit de 400 V.
Chaque groupement de résistances est alimenté sous 400 V et parcouru par un courant d'intensité 20 A.

1. Calculer la résistance de chaque groupement de résistances.
2. Calculer la puissance dissipée par le dispositif de chauffage.
3. Sachant que la puissance thermique est de 20 kW, calculer l'énergie thermique E fournie pour une heure de fonctionnement.

✱ Exercice 9 ⏱ 10 min

On visualise les signaux suivants (voir figure).

1. Déterminer la période et la fréquence du signal 1.
2. Déterminer le déphasage entre le signal 1 et 2.

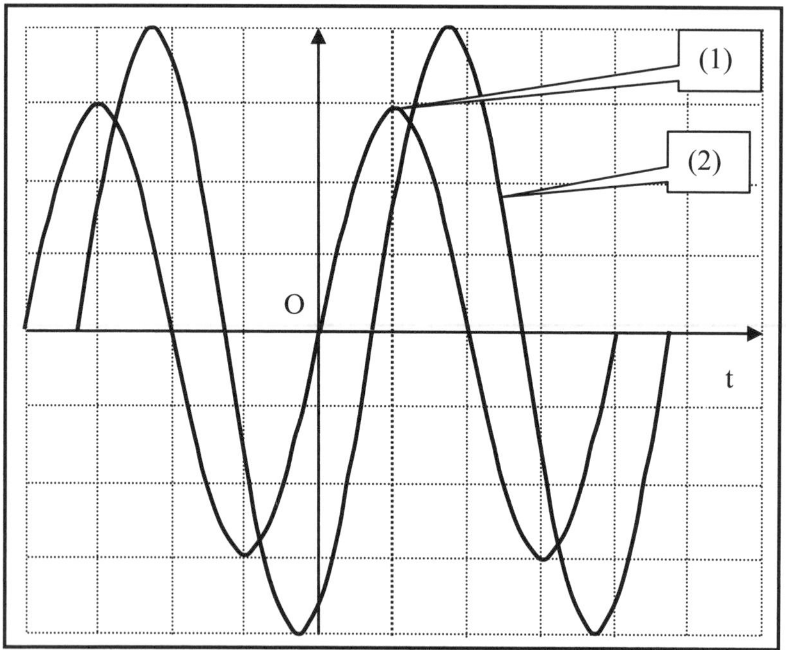

Base de temps : 1 cm pour 0,5 ms.
Sensibilité voie (1) [courbe 1] : 1 cm pour 5 V.
Sensibilité voie (2) [courbe 2] : 1 cm pour 1 V.

✱✱ Exercice 10

20 min

On donne : $i = 2{,}7$ A, $i_1 = 1{,}2$ A et $i_2 = 1$ A

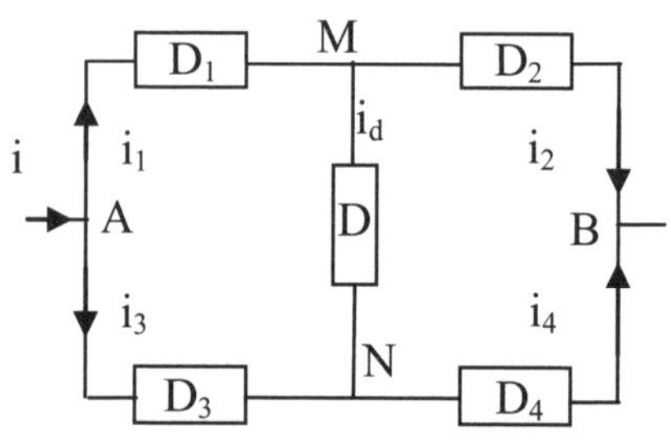

1. Écrire les lois des nœuds en A, B, M et N.
2. Calculer les intensités des courants inconnus. Conclure sur le sens du courant réel dans le dipôle « D ».

✱✱ Exercice 11 — 20 min

Soit le montage ci-contre.
On donne les valeurs des tensions suivantes : $u_g = 12$ V, $u_4 = 4$ V et $u_2 = -5$ V.

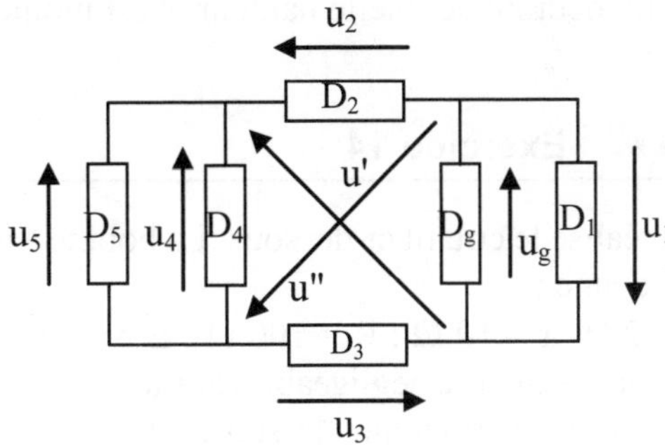

1. En déduire directement les valeurs des tensions u_5 et u_1. Justifier vos réponses.
2. Calculer u_3 de plusieurs façons. Justifier vos réponses. Comparer les résultats.
3. Déterminer les expressions littérales des tensions u' et u''. Calculer leurs valeurs numériques.

✱✱✱ Exercice 12 — 20 min

On associe deux conducteurs ohmiques R_1et R_2 en série (voir figure 1). On désire remplacer ces deux éléments par un seul conducteur $R_{éq}$ (figure 2).

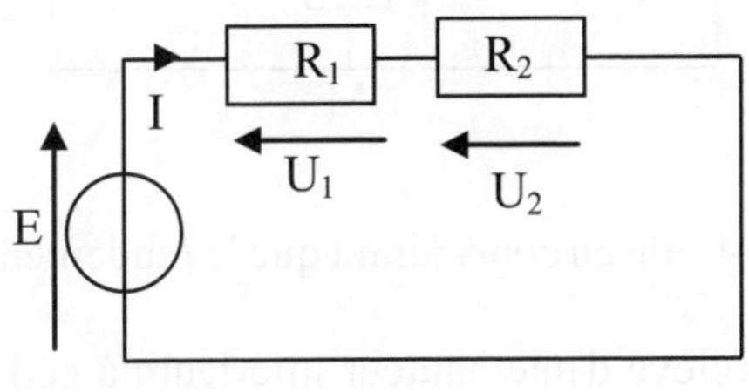

Figure 1

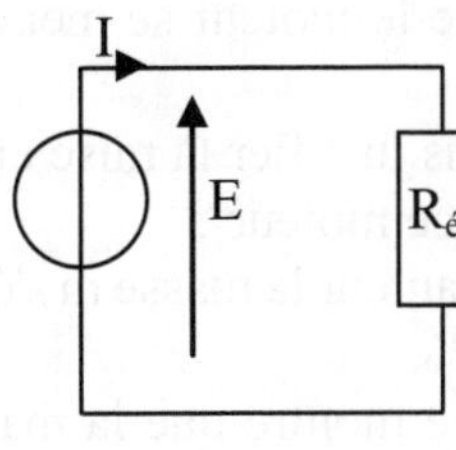

Figure 2

1. Exprimer E en fonction de U_1 et U_2.
2. Exprimer la loi d'Ohm aux bornes de chaque conducteur.
3. Exprimer E en fonction de $R_{éq}$ et I.
4. À l'aide des ces différents résultats exprimer $R_{éq}$ en fonction de R_1 et R_2.

✱✱✱ Exercice 13 — 20 min

On réalise le montage ci-contre, on bascule l'interrupteur K en position 1 et on attend le temps nécessaire à sa charge totale. Le moteur M permet de soulever une masse m = 25 g sur une hauteur de 40 cm.

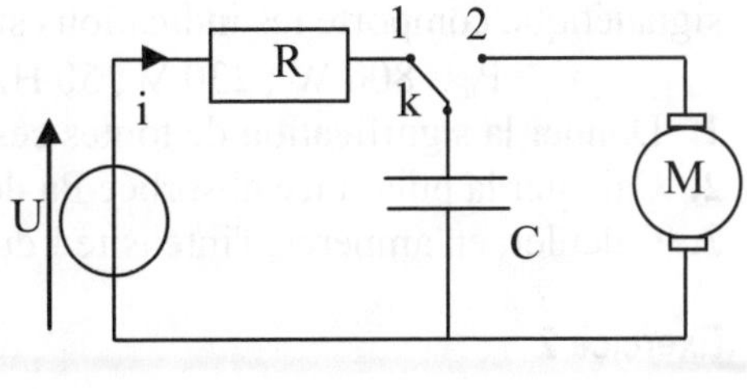

On donne : C = 100 µF ; R = 1 KΩ ; U = 24 V ; $g = 10$ m.s^{-2}.

1. Calculer l'énergie E_C emmagasinée dans le condensateur.

2. Quelle est l'énergie nécessaire pour élever la masse de 40 cm ?
3. On bascule l'interrupteur en position 2. Le moteur s'arrête lorsque la tension u_C aux bornes du condensateur vaut 4 V.
En déduire de quelle hauteur h' est montée la masse.

✱✱✱ Exercice 14 — 20 min

On réalise le circuit ci-dessous. La bobine a une résistance interne négligeable.
On donne :
L = 2 H ; r = 10 Ω ; R = 100 Ω ; E = 12 V ; M : moteur à courant continu de résistance interne négligeable relié à une poulie permettant de soulever une masse m = 10 g.

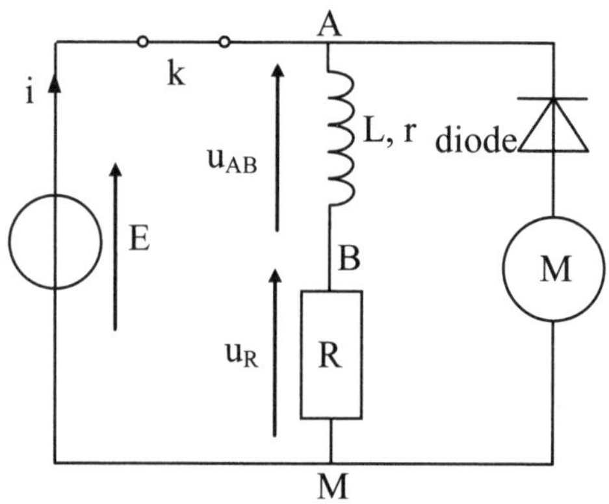

On ferme l'interrupteur k pendant un temps suffisamment long pour que le régime permanent soit établi.
1. Le moteur tourne-t-il ?
2. Calculer l'énergie emmagasinée dans la bobine.
3. On ouvre l'interrupteur k. On constate que le moteur se met à tourner.
a) Pouvez-vous justifier la mise en rotation de ce moteur ?
b) De quelle hauteur la masse m s'élève-t-elle en considérant que le rendement est de 100 %.
c) L'expérience montre que la masse s'élève d'une hauteur inférieure à celle trouvée à la question précédente. Pouvez-vous en justifier la raison ?

Contrôle — 1 h — 10 points

Exercice 1

Pour fixer des panneaux isolants, un artisan utilise une perceuse dont la plaque signalétique comporte les indications suivantes :

$$P_u = 800 \text{ W} ; 230 \text{ V} ; 50 \text{ Hz} ; \cos\varphi = 0{,}90 ; \eta = 0{,}80.$$

1. Donner la signification de toutes ces indications.
2. Calculer la puissance absorbée Pa de cette perceuse.
3. Calculer, en ampères, l'intensité I du courant en ligne.

Exercice 2

On visualise les signaux suivants (voir figure).
1. Déterminer la période et la fréquence du signal 2.

2. Déterminer le déphasage entre les signaux 1 et 2.
3. Représenter sur la figure un signal de fréquence 625 Hz et de tension maximale 4 V (sur la voie 1).

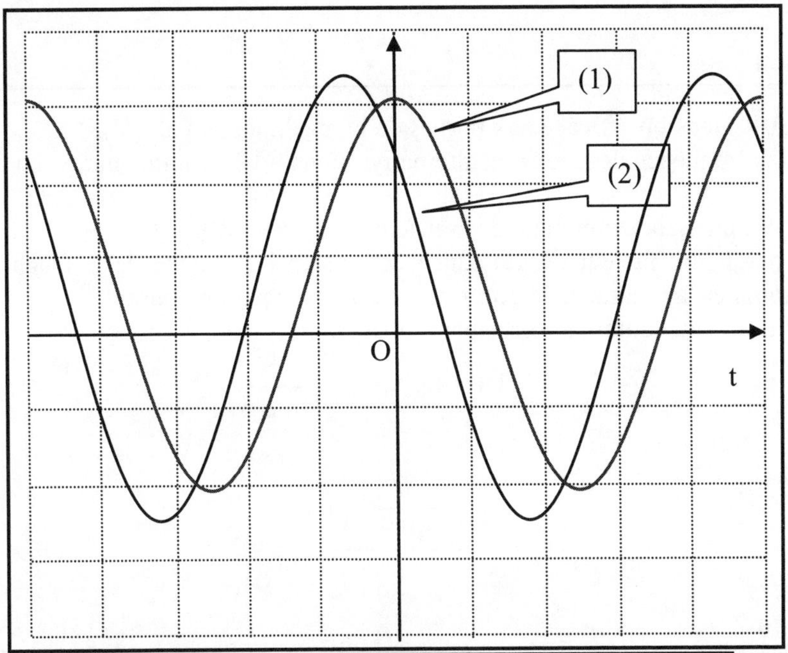

Base de temps : 1 cm pour 0,2 ms.
Sensibilité voie (1) [courbe 1] : 1 cm pour 2 V.
Sensibilité voie (2) [courbe 2] : 1 cm pour 1 V.

Exercice 3

On associe deux conducteurs ohmiques R_1et R_2 en parallèle (voir figure 1). On désire remplacer ces deux éléments par un seul conducteur $R_{éq}$ (figure 2).

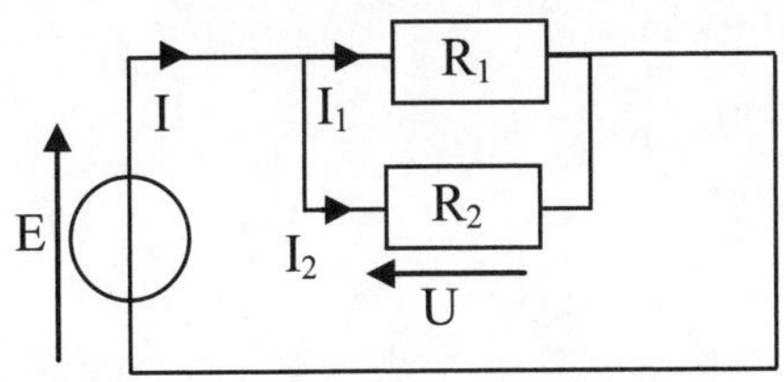

Figure 1

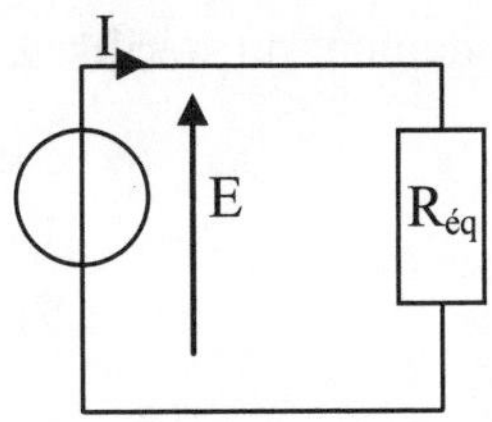

Figure 2

1. Exprimer I en fonction de I_1 et I_2.
2. Exprimer la loi d'Ohm aux bornes de chaque conducteur.
3. Exprimer E en fonction de $R_{éq}$ et I.
4. À l'aide des ces différents résultats exprimer $R_{éq}$ en fonction de R_1 et R_2.

Corrigés des exercices

Exercice 1

1. 230V : tension efficace aux bornes de la machine, en volt (V).
50 Hz : fréquence de la tension alternative sinusoïdale d'alimentation en hertz (Hz).
200 W : puissance nominale de la machine en watt (W).
cos φ = 0,95 : facteur de puissance, traduisant l'efficacité de la machine à consommer la puissance lorsqu'elle est traversée par un courant.
2. Intensité du courant absorbé par la machine :

$$P = UI\cos\varphi \Rightarrow I = \frac{P}{U\cos\varphi}$$

$$I = \frac{200}{230 \times 0,95}$$

$$\boxed{I = 0,92\ \text{A}}$$

Exercice 2

Calcul du facteur de puissance : $P = UI\cos\varphi$

$$\cos\varphi = \frac{P}{UI} = \frac{600}{240 \times 3}$$

$$\boxed{\cos\varphi = 0,83}$$

Exercice 3

Calcul du rendement du stérilisateur.

$$\eta = \frac{P_u}{P_a} = \frac{1450}{2200} = 0,66$$

Exercice 4

1. Puissance électrique totale nécessaire à l'éclairage des huit stands.

$$P_e = 8 \times 10 \times P$$

$$P_e = 8 \times 10 \times 50 = 4000\ \text{W}$$

2. a) Valeur efficace de l'intensité totale absorbée par l'ensemble des spots.

$$P = U \times I \text{ d'où } I = \frac{P}{U}$$

$$I = \frac{4000}{230}$$

$$\boxed{I = 17,4 \text{ A}}$$

b) Valeur efficace de l'intensité circulant à travers un spot.
Les spots sont montés en dérivation donc :

$$I_{spot} = \frac{I}{10 \times 8} = \frac{17,4}{80}$$

$$\boxed{I_{spot} = 0,22 \text{ A}}$$

Exercice 5

Intensité efficace du courant nominal traversant le radiateur.
$Pa = UI\cos\varphi$ or $\cos\varphi = 1$ (car il n'y pas de déphasage dans un élément résistifs)

donc $Pa = UI$ et $I = \frac{Pa}{U}$.

$$\boxed{I = \frac{1000}{230} = 4,35 \text{ A}}$$

Exercice 6

1. Bilan de puissances.
La scie absorbe de la puissance Pa, qu'elle transforme en puissance utile. Le rendement étant de 65 %, cela signifie qu'il y a des pertes.

2. Intensité du courant électrique qui traverse cette machine.
$Pa = 1,5$ kW $= 1500$ W et $\cos\varphi = 0,96$.

$Pa = UI\cos\varphi$ d'où $I = \frac{Pa}{U\cos\varphi}$.

$$I = \frac{1500}{230 \times 0,96}$$

$$\boxed{I = 6,79 \text{ A}}$$

3. Calcul de la puissance utile.

$$\eta = \frac{Pu}{Pa} \text{ d'où } Pu = \eta \times Pa$$

$$Pu = 0,65 \times 1500$$

$$\boxed{Pu = 975 \text{ W}}$$

4. Somme des pertes :

$$p = Pa - Pu$$
$$p = 1500 - 975$$

$$\boxed{p = 525 \text{ W}}$$

Exercice 7

1. Puissance électrique absorbée par la perceuse.

$$\eta = \frac{Pu}{Pa} \text{ d'où } Pa = \frac{Pu}{\eta}$$

$$Pa = \frac{800}{0,80}$$

$$\boxed{Pa = 1000\ W}$$

2. Intensité I du courant en ligne.

$$Pa = UI\cos\varphi \text{ d'où } I = \frac{Pa}{U\cos\varphi}$$

$$I = \frac{1000}{230 \times 0,90}$$

$$\boxed{I = 4,8\ A}$$

3. Pertes : p = Pa – Pu

$$p = 1000 - 800$$

$$\boxed{p = 200\ W}$$

Exercice 8

1. On utilise la loi d'Ohm : $U = R \times I \Rightarrow R = \frac{U}{I}$.

$$R = \frac{400}{20}$$

$$\boxed{R = 80\ \Omega}$$

2. Puissance : $P = R \times I^2$

$P = 80 \times 20^2$

$$\boxed{P = 32000\ W = 32\ kW}$$

3. L'énergie se détermine par la relation :

$$E = P_{thermique} \times \Delta t$$

$E = 20.10^3 \times 3600$

$$\boxed{E = 72.10^6\ J = 72\ MJ}$$

Exercice 9

1. La période correspond à 4 divisions.

$$T = \text{nombre de division} \times \text{base de temps}$$

$$T = 4 \times 0,5$$

$$\boxed{T = 2\ ms}$$

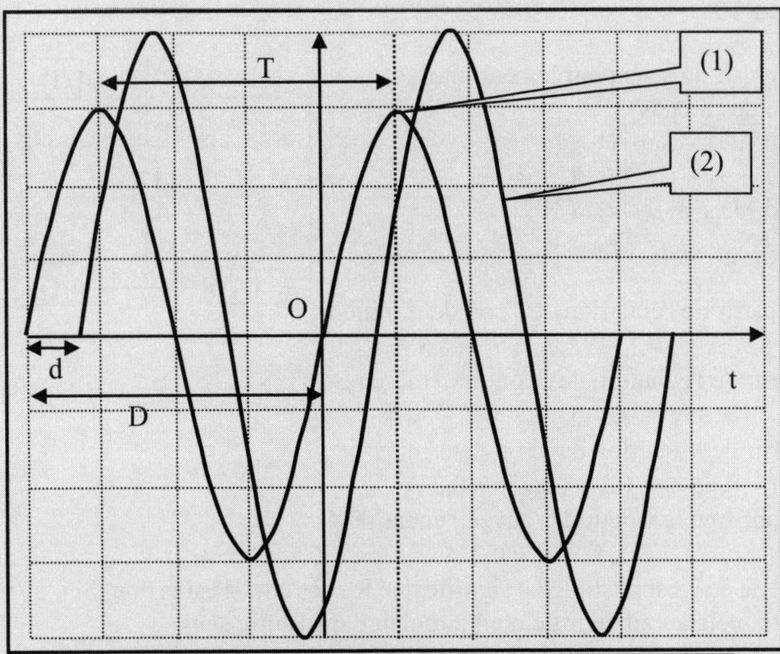

Base de temps : 1 cm pour 0,5 ms.
Sensibilité voie (1) [courbe 1] : 1 cm pour 5 V.
Sensibilité voie (2) [courbe 2] : 1 cm pour 1 V.

La fréquence est l'inverse de la période :

$$f = \frac{1}{T} \Rightarrow f = \frac{1}{2.10^{-3}}$$

$$\boxed{f = 500\ \text{Hz}}$$

2. On utilise la relation donnée dans le résumé :
La distance D correspond à une période soit 360 °.
La distance d correspond au déphasage φ, d'où :

$$D \times \varphi = 360 \times d$$

$$\varphi = \frac{360 \times d}{D}$$

$$\varphi = \frac{360 \times 0,8}{4}$$

$$\boxed{\varphi = 72°}$$

Exercice 10

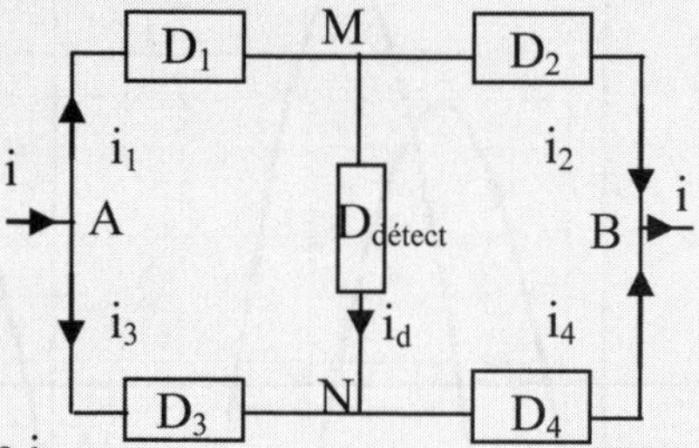

On choisit un sens pour le courant i_d.

1. Loi des nœuds

Nœud A : $i = i_1 + i_3$ (1)

Nœud B : $i = i_2 + i_4$ (2)

Nœud M : $i_1 = i_d + i_2$ (3)

Nœud N : $i_4 = i_d + i_3$. (4)

2. À partir de l'équation de 1, on détermine i_3.

$i_3 = i - i_1 \Rightarrow i_3 = 2{,}7 - 1{,}2 \Rightarrow i_3 = 1{,}5$ A.

À partir de l'équation de 2, on détermine i_4.

$i_4 = i - i_2 \Rightarrow i_4 = 2{,}7 - 1 \Rightarrow i_4 = 1{,}7$ A.

À partir de l'équation de 3, on détermine i_d.

$i_d = i_1 - i_2 \Rightarrow i_d = 1{,}2 - 1 \Rightarrow i_d = 0{,}2$ A.

On confirme la valeur de i_d avec l'équation 4.

$i_d = i_4 - i_3 = 1{,}7 - 1{,}5 \Rightarrow i_d = 0{,}2$ A.

Le signe de i_d est positif cela signifie que le sens choisi est le bon. Si i_d avait été négatif, cela aurait signifié qu'il circulait dans l'autre sens.

Exercice 11

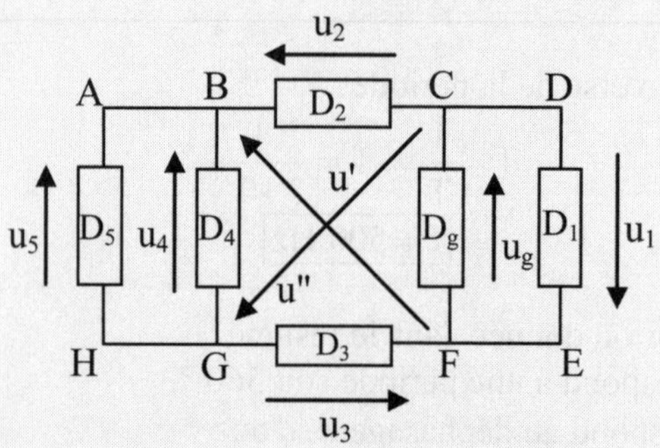

1. Pour déterminer les tensions, il est nécessaire de choisir la maille ainsi que le sens de parcours.

Maille HABGH : On rencontre u_5 dans le sens de la flèche, on l'affecte donc du signe plus, par contre on prend la flèche de u_4 par la pointe, on l'affecte donc du signe moins, d'où :

$$u_5 - u_4 = 0 \ \Rightarrow u_5 = u_4 = 4 \text{ V}$$

Maille DEFCD : on procède de la même façon :

$$u_1 + u_g = 0 \Rightarrow u_1 = -u_g = -12 \text{ V}$$

2. On choisit la maille extérieure HABCDEFGH :

$$u_5 - u_2 + u_1 - u_3 = 0$$

$$u_3 = u_5 - u_2 + u_1$$

$$u_3 = 4 - (-5) - 12$$

$$\boxed{u_3 = -3\ V}$$

Pour vérifier, on choisit la maille intérieure GBCFG :

$$u_4 - u_2 - u_g - u_3 = 0$$
$$u_3 = u_4 - u_2 - u_g$$
$$u_3 = 4 - (-5) - 12$$
$$\boxed{u_3 = -3\ V}$$

3. Valeur de u' : on choisit la maille FBCF :

$$u' - u_2 - u_g = 0$$
$$u' = u_2 + u_g$$
$$u' = -5 + 12$$
$$\boxed{u' = 7\ V}$$

Valeur de u' : on choisit la maille CGFC :

$$u'' + u_3 + u_g = 0$$
$$u'' = -u_3 - u_g$$
$$u'' = -(-3) - 12$$
$$\boxed{u'' = -9\ V}$$

Exercice 12

1. On applique la loi des mailles :

$$E - U_1 - U_2 = 0$$
$$\boxed{E = U_1 + U_2}$$

2. On applique la loi d'Ohm :

$$\boxed{U_1 = R_1 I} \text{ et } \boxed{U_2 = R_2 I}$$

3. On applique de nouveau la loi d'Ohm (figure 2) :

$$\boxed{E = R_{éq}\, I}$$

4. On remplace E, U_1 et U_2 par leur expression dans l'équation trouvée à la question 1 :

$$E = U_1 + U_2$$
$$R_{éq}I = R_1 I + R_2 I$$

On simplifie par I :

$$\boxed{R_{éq} = R_1 + R_2}$$

En série la valeur des conducteurs ohmiques s'ajoute.

résumés de cours exercices contrôles corrigés

Exercice 13

1. L'énergie emmagasinée par le condensateur est donnée par la relation :

$$E = \frac{1}{2}CU^2$$

Application numérique : $E = \frac{1}{2} \times 100.10^{-6} \times 24^2 = 29.10^{-3}$ J

$$\boxed{E = 29.10^{-3}\ \text{J}}$$

2. L'énergie nécessaire pour soulever la masse de 40 cm correspond à l'énergie potentielle de pesanteur :

$$E_{pp} = mgh$$

Application numérique : $E_{pp} = 25.10^{-3} \times 10 \times 0,4 = 0,1$ J

$$\boxed{E_{pp} = 0,1\ \text{J}}$$

3. L'énergie réellement disponible $E = E_{initiale} - E_{finale}$:

$$E = \frac{1}{2}C(U_{initiale}{}^2 - U_{finale}{}^2)$$

Application numérique : $E = \frac{1}{2} \times 100.10^{-6} \times (24^2 - 4^2) = 0,028$ J

C'est l'énergie dont on dispose pour élever la masse m (en négligeant toutes les pertes), d'où $E_{pp} = 0,028$ J. On en déduit la hauteur h' :

$0,028 = 0,025 \times 10 \times h' \Rightarrow h' = 0,112$ m

$$\boxed{h' = 11,2\ \text{cm}}$$

Exercice 14

1. Le moteur ne tourne pas car aucun courant ne le traverse du fait de la présence de la diode qui est bloquée.

2. On considère que le régime permanent est établi. La loi d'additivité des tensions donne :

$$E = u_{AB} + u_R \Rightarrow E = ri + Ri \Rightarrow i = \frac{E}{r + R}$$

(En régime permanent $\frac{di}{dt} = 0$.)

Application numérique : $i = \frac{12}{100 + 10} = 0,11$ A

$$\boxed{i = 0,11\ \text{A}}$$

L'énergie emmagasinée s'écrit : $E_{mag} = \frac{1}{2}Li^2$

Application numérique : $E_{mag} = \frac{1}{2} \times 2 \times 0{,}11^2 = 1{,}2.10^{-2}$ J

$$\boxed{E_{mag} = 1{,}2.10^{-2}\ \text{J}}$$

3. a) L'énergie emmagasinée dans la bobine est libérée, un courant circule dans la bobine dans le même sens que précédemment, la diode est cette fois passante, un courant traverse le moteur celui-ci se met à tourner.
b) Si le rendement est de 100 %, cela signifie que toute l'énergie libérée par la bobine est utilisée pour soulever la masse m.
L'énergie potentielle de pesanteur :

$$E_{pp} = mgh \text{ et } E_{pp} = E_{mag}$$

D'où : $h = \frac{E_{mag}}{mg}$.

Application numérique : $h = \frac{1{,}2.10^{-2}}{0{,}01 \times 10} = 0{,}12$ m

$$\boxed{h = 0{,}12\ \text{m}}$$

c) Du fait de la présence des conducteurs ohmique, une partie de l'énergie libérée par la bobine va être dissipée par effet Joule dans ceux-ci. Le rendement sera inférieur à 100 % et par conséquent la hauteur h sera inférieure.

Corrigé du contrôle

Exercice 1

1. P_u : la puissance utile.
230 V : la tension d'alimentation.
50 Hz : la fréquence du secteur.
cos φ : le facteur de puissance.
η : le rendement.

2. La puissance absorbée se détermine à partir du rendement :

$$\eta = \frac{P_u}{P_a} \Rightarrow P_a = \frac{P_u}{\eta}$$

$$P_a = \frac{800}{0{,}8}$$

$$\boxed{P_a = 1000\ \text{W} = 1\ \text{kW}}$$

3. La puissance utile est donnée par la relation :

$$P_u = UI\cos\varphi$$

résumés de cours
exercices
contrôles
corrigés

On en tire la valeur de I :

$$I = \frac{P_u}{U \cos \varphi}$$

$$I = \frac{800}{230 \times 0,9}$$

$$\boxed{I = 3,87 \text{ A}}$$

Exercice 2

1. La période correspond à 5 divisions, soit :

$$T = 5 \times 0,2$$

$$\boxed{T = 1 \text{ ms}}$$

La fréquence est l'inverse de la période :

$$f = \frac{1}{T} = \frac{1}{1.10^{-3}}$$

$$\boxed{f = 1000 \text{ Hz}}$$

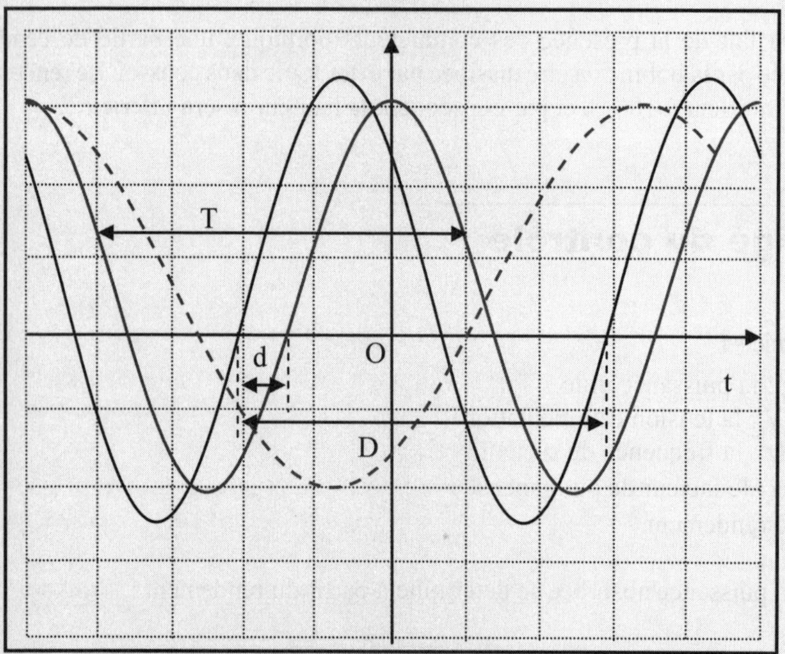

Base de temps : 1 cm pour 0,2 ms.
Sensibilité voie (1) [courbe 1] : 1 cm pour 2 V.
Sensibilité voie (2) [courbe 2] : 1 cm pour 1 V.

2. La distance D correspond à une période soit 360 °.
La distance d correspond au déphasage φ, d'où :

$$D \times \varphi = 360 \times d$$

$$\varphi = \frac{360 \times d}{D}$$

$$\varphi = \frac{360 \times 0,7}{5}$$

$$\boxed{\varphi = 50°}$$

3. Pour représenter le signal, il faut déterminer sa période, puis le nombre de divisions :

$$T = \frac{1}{f} = \frac{1}{625} \Rightarrow T = 1,6.10^{-3} \text{ s} = 1,6 \text{ ms}$$

T = nombre de division × base de temps ⇒

$$\text{nombre de divisions} = \frac{T}{\text{base de temps}}$$

$$\text{nombre de division} = \frac{1,6}{0,2} = 8.$$

La période du signal correspond à 8 divisions.
4 V correspond à 2 divisions sur la voie 1.
Voir le tracé sur la figure.

Exercice 3

1. La loi des nœuds nous donne :

$$I = I_1 + I_2$$

2. La loi d'Ohm permet d'écrire :

$$U = R_1 I_1 \text{ et } U = R_2 I_2$$

3. On applique de nouveau la loi d'Ohm (figure 2) :

$$\boxed{E = R_{éq} I}$$

4. On exprime I, I_1 et I_2 en fonction des différentes données :

$$I = \frac{E}{R_{éq}} \;;\; I_1 = \frac{U}{R_1} \;;\; I_1 = \frac{U}{R_1}$$

La loi des mailles permet d'écrire que E = U, d'où en utilisant l'équation trouvée à la première question :

$$\frac{E}{R_{éq}} = \frac{U}{R_1} + \frac{U}{R_2}$$

On simplifie :

$$\boxed{\frac{1}{R_{éq}} = \frac{1}{R_1} + \frac{1}{R_2}}$$

En parallèle l'inverse de la valeur des conducteurs ohmiques s'ajoute.

7 Transport et distribution de l'énergie électrique Sécurité électrique

TRANSPORT ET DISTRIBUTION DE L'ÉNERGIE ÉLECTRIQUE

L'électricité ne se stocke pas à l'échelle industrielle : à tout instant, la production d'électricité doit être égale à celle qui est consommée. Il faut donc assurer, en permanence, un équilibre entre les offres de production et les besoins de consommation qui varient avec la saison, la météo du jour, de l'heure... Des prévisions définissent les besoins théoriques nécessaires et les ajustements ont lieu en permanence pendant la journée.

Le réseau électrique

Un réseau électrique est un ensemble d'infrastructures qui permet d'acheminer l'énergie électrique des centres de production vers les différents consommateurs d'électricité.
Il est constitué de lignes électriques exploitées sous différentes tensions et connectées entre elles dans des postes électriques. Ces derniers permettent de répartir l'électricité et de modifier la valeur de la tension grâce à des transformateurs.
Le réseau électrique doit assurer la gestion de l'ensemble production-transport-consommation, mettant en œuvre des réglages qui permettent la stabilité de l'ensemble.

Le rôle du transformateur de tension

Un transformateur est constitué d'un noyau de fer, circuit magnétique fermé, autour duquel on a placé deux enroulements électriques indépendants (primaire : N_1 spires et secondaire : N_2 spires).
Symbole du transformateur :

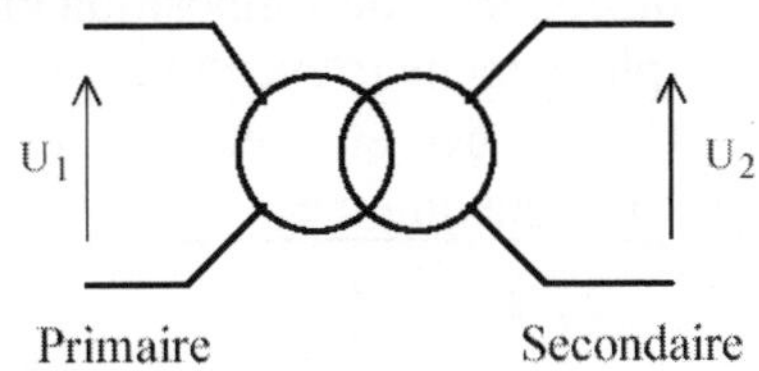

Le rapport de transformation noté $m = \frac{N_2}{N_1} = \frac{U_2}{U_1}$.

Si $m < 1$, le transformateur abaisse la tension
Si $m > 1$, le transformateur élève la tension.
Un transformateur de tension est un convertisseur qui permet d'augmenter ou d'abaisser la valeur d'une tension délivrée par une

source d'énergie électrique alternative, tout en gardant la même fréquence et la même forme que la tension initiale. Son rendement est élevé.

Après production par une centrale, l'électricité est transportée sous haute tension pour éviter les pertes trop importantes, puis elle est distribuée au réseau domestique à basse tension. On utilise alors après la centrale un transformateur élévateur de tension et avant l'utilisation domestique, on utilise un transformateur abaisseur de tension.

PROTECTION CONTRE LES RISQUES DU COURANT ÉLECTRIQUE

Les principaux effets physiologiques du courant électrique

Le passage du courant alternatif dans le corps humain peut avoir différents effets

Intensité du courant (en mA) *Valeurs approximatives, variant selon la personne*	**Perception des effets dans le corps**
0,5 à 1	Seuil de perception suivant l'état de la peau
8	Choc au toucher, réaction brutale
10	Choc électrique + Contraction des muscles des membres – Crispation durable
20	Choc électrique + Début de tétanisation de la cage thoracique
30	Choc électrique + Tétanisation du thorax
40	Choc électrique + Tétanisation + Fibrillation ventriculaire : survie limitée à 3 minutes par arrêt ventriculaire
70 à 100	Comme précédemment+ brûlures
1 000	Arrêt cardiaque immédiat – brûlures profondes – décomposition chimique du sang (phénomène irréversible = mort certaine)
> 1 000	Centres nerveux détruits – décomposition chimique interne.

L'influence du temps :

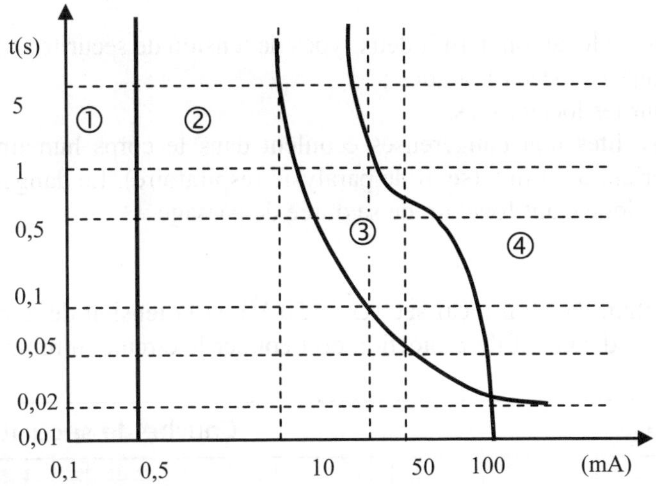

Principales zones :

1. pas de sensation.
2. sensation.
3. limite du courant de « lâcher », douleurs, sans effets irréversible.
4. risque de fibrillation ventriculaire.

Seuil de dangerosité des tensions

Chaque année, on compte plusieurs accidents d'origine électrique dans le monde du travail dont beaucoup sont mortels. En milieu domestique il faut largement multiplier ces valeurs par 4 ou 5. Le danger est présent partout, à partir d'une tension de 50 V il y a danger de mort. Au quotidien, nous côtoyons une tension qui vaut 230 V. Ce danger est souvent protéger par seulement un petit demi-millimètre d'isolant. Il faut savoir que cet isolant à une durée de vie limitée (environ 30 ans dans les meilleures conditions). Il n'est pas présent partout ; dès que l'on ouvre ou démonte un appareil électrique des fils peuvent être dénudés. Le danger est bien présent partout ! Le non-respect des prescriptions et textes réglementaires peuvent être la cause :

a. De graves accidents pour les personnes qui peuvent avoir pour conséquence :

- des électrisations : réactions du corps dues à un contact accidentel avec l'électricité ;
- des brûlures de contact et internes ;
- des brûlures thermiques par arc électrique ou projection de métal en fusion ;
- l'électrocution : c'est l'électrisation qui débouche sur une issue fatale.

b. De détériorations de matériel par casse mécanique, incendie ou explosion.

Selon le type de local, on définit deux types de tension de sécurité :

– 25 V pour les locaux humides ;
– 50V pour les locaux secs.

Ces tensions dites non dangereuses écoulent dans le corps humain un courant inférieur à 30 mA (seuil de paralysie respiratoire). Le danger du courant électrique étant fonction de sa durée de passage.

Exemple :

Lors d'un défaut dans un local sec (U_c = 50 V), si la tension de contact vaut 120 V, le dispositif de protection doit couper le circuit en moins de 0,2 secondes.

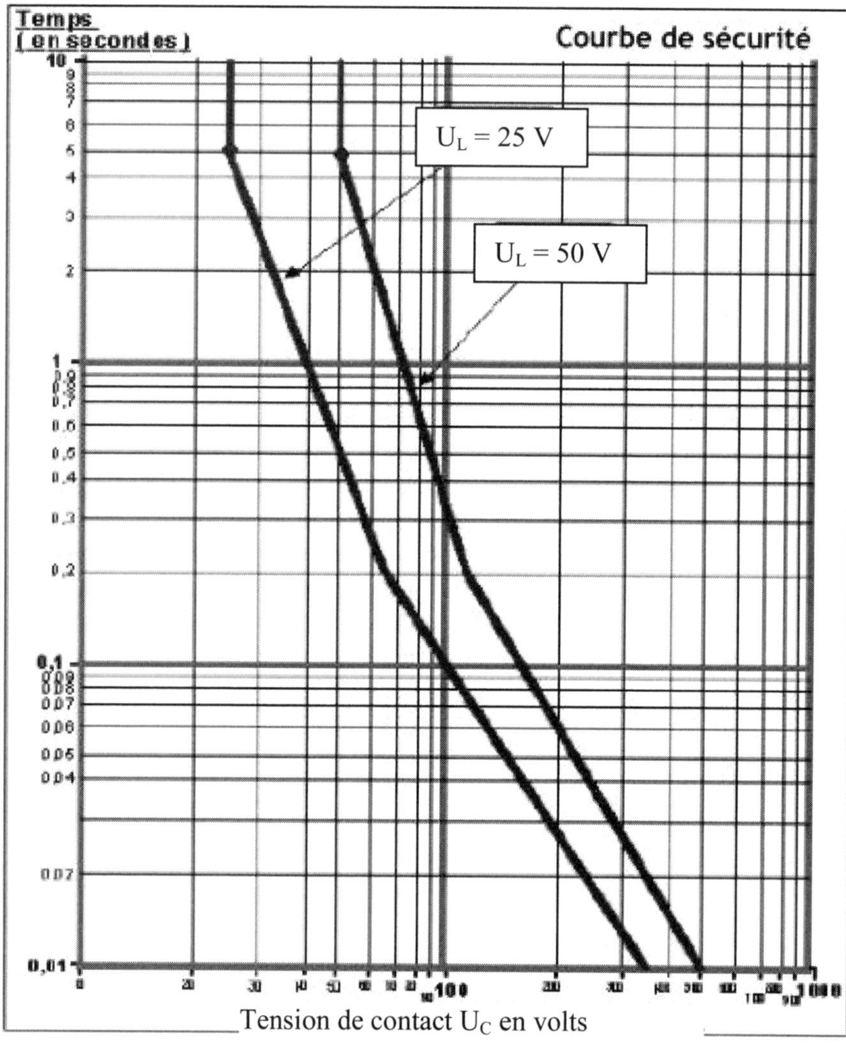

Temps de coupure maximal du dispositif de protection en fonction de la tension

Dispositifs de protection contre les risques du courant électrique

1. Les classes des appareils

Les appareils utilisés doivent être de classe I, c'est-à-dire reliés à la terre, pour cela, ils doivent être équipés d'un conducteur de protection (de couleur vert/jaune dit conducteur de terre).

On trouve aussi des appareils de classe II qui possèdent un double isolement. Dans ce cas, ils ne doivent pas être reliés à la terre.

Les appareils de classe III fonctionnent sous une tension alternative de 48 volts dite très basse tension de sécurité.

Les appareils de classe 0 (zéro), ne sont ni reliés à la terre ni munis d'un double isolement sont formellement interdits sur les lieux de travail.

2. L'équipotentialité

Pour prévenir l'électrisation, toutes les masses métalliques accessibles doivent être reliées entre elles par des conducteurs adaptés de façon à ce qu'elles soient au même potentiel. S'il n'existe pas de tension électrique entre deux masses métalliques, l'électrisation devient impossible car aucun courant ne peut circuler entre ces masses.

3. Les disjoncteurs

– Disjoncteur divisionnaire

Appareillage électromécanique coupant l'alimentation du circuit à la suite d'une surcharge ou d'un court-circuit afin de protéger la durée de vie des isolants entourant les conducteurs de la canalisation.

– Dispositif différentiel

Appareil électromécanique destiné à provoquer l'ouverture d'un ou plusieurs circuits par suite d'un défaut d'isolement (disjoncteur différentiel ou interrupteur différentiel).

✱ Exercice 1 — 10 min

1. Préciser la nature et le rôle du dispositif 1.

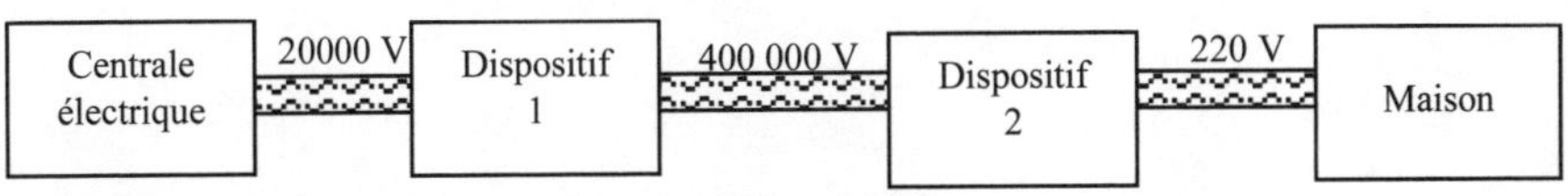

2. Préciser la nature et le rôle du dispositif 2.

3. Pourquoi utilise-t-on la très haute tension pour le transport de l'énergie électrique ?

✷ Exercice 2 — 10 min

Le transport de l'énergie électrique d'une centrale électrique vers des installations domestiques s'effectue au moyen de lignes électriques :

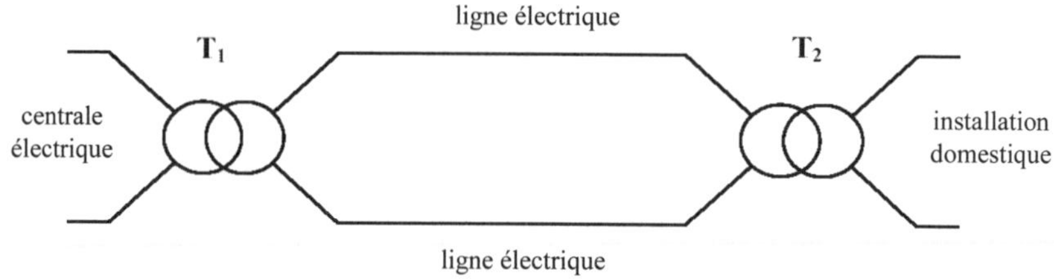

À la sortie de la centrale électrique la valeur de la tension est de 20 000 V.
La ligne électrique transporte l'énergie sous une tension de 400 000 V.
L'installation domestique utilise l'énergie sous une tension de 230 V.
Les transformateurs T_1 et T_2 élèvent ou abaissent la tension.

1. Quel est le rôle du transformateur T_1 ?
2. Quelle est la valeur de la tension au secondaire de T_1 ?
3. Déterminer le rapport de transformation de T_1.
4. Quelle est la valeur de la tension au primaire de T_2 ?
5. Déterminer le rapport de transformation de T_2.

✷ Exercice 3 — 10 min

1. Qu'est-ce qu'une électrisation ?
2. Quelle est la conséquence de l'électrocution ?
3. Donner des exemples de situations pour lesquelles il y peut y avoir électrocution.

✷ Exercice 4 — 5 min

Un dispositif laser est muni d'un fusible de calibre 10 A. Le courant qui circule, dans l'appareil, lorsque celui-ci fonctionne normalement est de 9,6 A.

Parmi les trois fusibles suivants : 8 A, 10 A, 15 A le(s)quel(s) peut-on choisir ? Justifier.

✱ Exercice 5 ⏱ 10 min

Le fusible usagé d'un moteur nécessite d'être changé.
Il n'y a pas de fusible neuf à disposition. Pour bricoler un « fusible » on enroule une feuille d'aluminium autour du fusible, avant de le replacer dans le circuit électrique.
Le moteur redémarre !

1. Expliquer pourquoi ce bricolage fonctionne.
2. Est-ce dangereux ? Justifier.

✱✱ Exercice 6 ⏱ 20 min

Le principe d'un dispositif différentiel à courant résiduel (DDR) est de *comparer* les intensités sur les différents conducteurs qui le traversent. En monophasé, il compare l'intensité circulant dans le conducteur de phase, et celle du conducteur de neutre. C'est un appareil de protection des personnes qui limite les risques d'électrocution en détectant les fuites de courant à la terre de l'installation électrique.

Principe : dans une installation normale, le courant électrique qui arrive par un conducteur doit ressortir par un autre. Dans une installation monophasée, si le courant dans le conducteur de phase au départ d'un circuit électrique est différent de celui du conducteur neutre, c'est qu'il y a une fuite. La différence d'intensité du courant à laquelle réagit un disjoncteur est appelée la « sensibilité différentielle du disjoncteur » (obligatoirement 30 mA sur les circuits terminaux domestiques selon la norme électrique française).

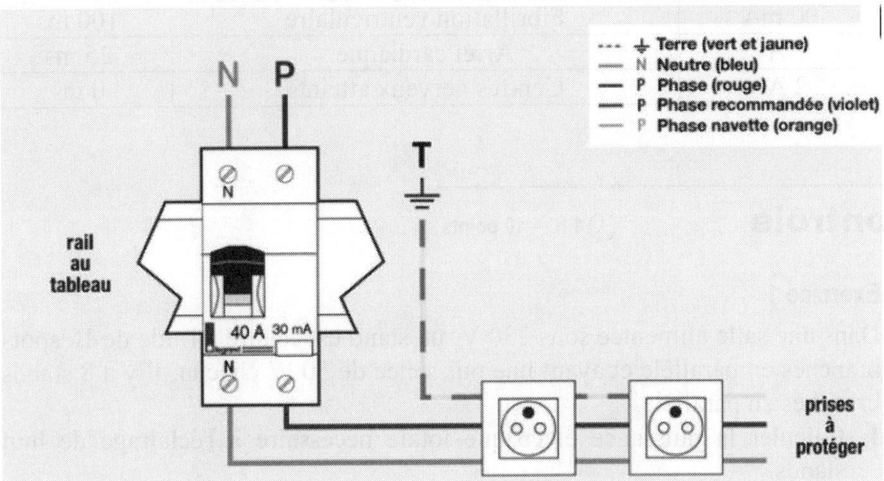

Pour un soin sur une cliente, une esthéticienne utilise un appareil à désincrustation.

1. Sur la plaque signalétique de cet appareil, on trouve les indications suivantes :

220 V – 230 V   50 Hz

Pour chaque valeur, quelle est la grandeur mesurée ?

2. Le disjoncteur différentiel de l'installation électrique du salon d'esthétique porte les indications suivantes : I_{max} = 45 A ; Sensibilité : 500 mA

a) Quel est le rôle d'un disjoncteur différentiel ?

b) Que représente l'indication « 45 A » ?

3. Lors d'une mauvaise manipulation, on constate l'apparition d'un courant de fuite d'intensité 75 mA.

a) Le disjoncteur différentiel ne s'est pas déclenché. Expliquer.

b) À l'aide du tableau donné ci-dessous, quel effet percevrait l'esthéticienne en utilisant cet appareil dans ces conditions ?

c) Dans quelles conditions les effets ne seraient-ils pas dangereux ?

d) L'installation est-elle aux normes ?

Intensité	Perception des effets	Temps
0,5 à 1 mA	Seuil de perception suivant l'état de la peau	
8 mA	Choc au toucher	
10 mA	Contraction des membres (crispation durable)	4 min 30
20 mA	Début de tétanisation de la cage thoracique	60 s
30 mA	Paralysie ventilatoire	30 s
40 mA	Fibrillation ventriculaire	3 s
75 mA	Fibrillation ventriculaire	1 s
300 mA	Paralysie ventilatoire	110 ms
500 mA	Fibrillation ventriculaire	100 ms
1 A	Arrêt cardiaque	25 ms
2 A	Centres nerveux atteints	0 ms

Contrôle

1 h — 10 points

Exercice 1

Dans une salle alimentée sous 230 V, un stand est éclairé à l'aide de 10 spots branchés en parallèle et ayant une puissance de 50 W chacun. Il y a 8 stands branchés en parallèle.

1. Calculer la puissance électrique totale nécessaire à l'éclairage de huit stands.
2. Calculer la valeur efficace de l'intensité totale absorbée par l'ensemble des spots. En déduire la valeur efficace de l'intensité circulant à travers un spot.

3. On dispose de disjoncteurs de différents calibres : 10 A ; 16 A ; 20 A et 32 A.

a) Indiquer le rôle et le principe de fonctionnement du disjoncteur.

b) Quel doit être le calibre du disjoncteur pour une protection efficace de l'installation ?

Exercice 2

Afin d'obtenir des jets d'eau, un réservoir est vendu équipé d'une motopompe électrique immergée.

Par mesure de sécurité, cette motopompe est alimentée par un transformateur abaisseur de tension. La plaque signalétique du transformateur est la suivante :

TRANSFORMATEUR MONOPHASE
TYPE TS MONO 200 V.A
Pri : 230 V 50/60 Hz
Sec : 24 V NF EM 7654

1. Sous quelle tension est alimenté le primaire ?
2. Sous quelle tension est alimentée la motopompe au secondaire ?
3. Quel est le rapport de transformation de ce transformateur ?
4. On suppose que le transformateur, supposé parfait, fonctionne dans les conditions nominales. Le secondaire du transformateur est traversé par un courant d'intensité efficace I_2.
   Calculer la valeur efficace de l'intensité I_2.
5. Le rendement du moteur est $\eta = 70$ %. On considère que la puissance absorbée par le moteur est égale à la puissance nominale du transformateur, disponible au secondaire. Calculer la puissance utile du moteur.
6. La carcasse métallique du transformateur doit être reliée à la terre. Justifier pourquoi.
7. Quel appareil doit-on utiliser sur la ligne d'alimentation, conjointement avec la mise à la terre des masses métalliques, pour protéger les personnes contre les contacts directs ? Justifier la réponse.

Corrigés des exercices

Exercice 1

1. Le dispositif 1 est un transformateur élévateur de tension :

$$400\,000\text{ V} > 20\,000\text{ V}$$

il est donc utilisé pour le transport de l'électricité.

2. Le dispositif 2 est un transformateur abaisseur de tension :

$$220\text{ V} < 400\,000\text{ V}$$

il est donc utilisé pour la distribution de l'électricité.

3. Après production par une centrale, l'électricité est transportée sous haute tension pour éviter les pertes (effet Joule) trop importantes, puis elle est distribuée au réseau domestique à basse tension.

Exercice 2

1. Le transformateur T_1 est un transformateur permettant le transport de l'électricité, c'est donc un transformateur élévateur de tension.

2. La valeur de $U_2(T_1)$ est celle transportée par la ligne électrique :

$$U_2(T_1) = 400\,000\text{ V}.$$

3. Rapport de transformation :

$$m = \frac{U_2}{U_1} = \frac{400000}{20000} = 20 > 1$$

4. La valeur $U_1(T_2)$ de la tension à l'autre extrémité de la ligne :

$$U_1(T_2) = 400000\text{V}.$$

5. Rapport de transformation :

$$m = \frac{U_2}{U_1} = \frac{230}{400000} = 6.10^{-4} < 1$$

Exercice 3

1. Il y a électrisation si le corps est traversé par un courant électrique.

2. La conséquence de l'électrocution est la mort par arrêt cardiaque.

3. Des situations pour lesquelles il y a risque d'électrocution : toucher un fil dénudé, mettre ses doigts dans une prise, brancher un aspirateur…

Exercice 4

Le calibre 8 A est trop faible, il ne supportera un courant d'intensité de 9,6 A.
Les calibres 10 A et 15 A conviennent car ils supportent des courants d'intensité supérieures à 9,6 A.

Exercice 5

1. L'aluminium étant un matériau conducteur, il va remplacer le fil cassé du fusible et permettre à nouveau le passage du courant.
2. L'aluminium supportant de très fort courant, si le moteur est défectueux, il ne jouera pas son rôle de coupe circuit.

Exercice 6

1.

Données	220 – 230 v	50 Hz
Grandeur mesurée	Tension efficace	Fréquence

2. a) Le disjoncteur différentiel est un appareil de protection des personnes et des appareils qui limite les risques d'électrocution.
b) L'indication « 45 A » correspond à l'intensité maximale supportée par l'installation électrique du salon.
3. Lors d'une mauvaise manipulation, on constate l'apparition d'un courant de fuite d'intensité 75 mA.
a) Le disjoncteur coupe le circuit s'il détecte une intensité de fuite au moins égale à 500 mA. Ici l'intensité étant de 75 mA < 500 mA, le disjoncteur différentiel ne se déclenche pas. La personne n'est pas protégée.
b) Pour une utilisation de l'appareil supérieure à 1s, l'esthéticienne serait en fibrillation ventriculaire.
c) Pour un courant de fuite de 8 mA, l'esthéticienne ne risque rien.
d) L'installation n'est pas aux normes, il faudrait rajouter un disjoncteur de sensibilité 30 mA pour protéger les personnes.

Corrigé du contrôle

Exercice 1

1. Pour un stand la puissance nécessaire vaut :

$$P = 10 \times 50 = 500 \text{ W}$$

Pour 8 stands la puissance totale sera de :

$$P_t = 8 \times P$$

$$\boxed{P_t = 4000 \text{ W} = 4 \text{ kW}}$$

2. Les spots sont des éléments résistifs, donc ; $P = U \times I$ car $\cos \varphi = 1$.
L'intensité totale vaut :

$$I_t = \frac{P_t}{U} \Rightarrow I_t = \frac{4000}{230}$$

$$I_t = 17{,}4 \text{ A}$$

Il y a 8 stands (équivalents) l'intensité nécessaire pour un stand est :

$$I_{stand} = \frac{I_t}{8} = \frac{17{,}4}{8} = 2{,}18 \text{ A.}$$

Dans les stands les spots sont branchés en parallèle, l'intensité du courant traversant alors un spot vaut :

$$I_{spot} = \frac{I_{stand}}{10}$$

$$\boxed{I_{spot} = 0{,}22 \text{ A}}$$

3. a) Le rôle d'un disjoncteur est de couper l'alimentation du système. Lorsque qu'une surintensité apparaît, le disjoncteur coupe l'alimentation, évitant ainsi une destruction de l'installation.
b) L'intensité du courant totale vaut 17,4 A, on choisira un disjoncteur ayant un calibre de valeur juste supérieure, soit 20 A.

Exercice 2

1. Le primaire est alimenté sous $U_1 = 230$ V.

2. Le secondaire délivre une tension de $U_2 = 24$ V.

3. Le rapport de transformation vaut :

$$m = \frac{U_2}{U_1} \Rightarrow m = \frac{24}{230}$$

$$\boxed{m \simeq 0{,}10}$$

4. Sur la plaque signalétique, on peut lire 200 V.A, ce qui correspond à la puissance nominale S, d'où :

$$I_2 = \frac{S}{U_2} \Rightarrow I_2 = \frac{200}{24}$$

$$\boxed{I_2 = 8{,}33 \text{ A}}$$

5. La puissance utile est donnée par :

$$P_u = S \times \eta$$

$$P_u = 200 \times 0{,}7$$

$$\boxed{P_u = 140 \text{ W}}$$

6. La carcasse est reliée à la terre pour des raisons d'isolation et de sécurité.

7. On utilise un disjoncteur différentiel qui va détecter les éventuelles fuites de courant à la terre et interrompre alors le passage du courant.

8 Énergie chimique

COMBUSTIONS

Définition

Les réactions de combustions sont nécessaires pour fournir de l'énergie qui permettra par exemple : le chauffage d'une maison, produire de l'eau chaude, chauffer des aliments… Elles mettent en jeu des combustibles (pétrole, gaz, bois, alcool…), un comburant, le dioxygène O_2 et nécessitent une énergie d'activation (flamme, étincelle…).

Équation

L'équation de la réaction chimique d'une combustion peut se mettre sous la forme suivante :

combustible + comburant = eau + dioxyde de carbone (+ libération d'énergie)

Exemple : combustion du propane

$$C_3H_{8\,(g)} + 5O_{2\,(g)} \rightarrow 3CO_{2\,(g)} + 4H_2O_{\,(g)}$$

$_{(g)}$ signifie gaz.

Bilan de matière

On étudie la combustion complète du propane (n_i mol) dans le dioxygène. Le but est de déterminer la quantité de dioxygène nécessaire ainsi que la quantité d'eau et de dioxyde de carbone formés. Pour cela on utilise un tableau d'avancement.

Équation		$C_3H_{8\,(g)}$ +	$5O_{2\,(g)}$ →	$4H_2O_{\,(g)}$ +	$3CO_{2\,(g)}$
État initial	$x = 0$	n_i	n_{O2}	0	0
État intermédiaire	x	$n_i - x$	$n_{O2} - 5x$	$4x$	$3x$
État final	$x = x_f$	$n_i - x_f$	$n_{O2} - 5x_f$	$4x_f$	$3x_f$

À la fin de la combustion le propane est totalement consommé, c'est le réactif limitant, d'où on peut en déduire x_f.

$$n_i - x_f = 0 \Rightarrow n_i = x_f$$

La quantité de dioxygène nécessaire est donc :

$$n_{O2} = 5n_i$$

Il se forme : $4n_i$ d'eau et $3n_i$ de dioxyde de carbone.

EFFETS THERMIQUES

Au cours d'une réaction de combustion, il y a libération d'énergie thermique vers l'extérieur du système chimique. Ce type de réaction chimique est appelée exothermique.

Pouvoir calorifique

Le pouvoir calorifique, est l'énergie que peut fournir lors de la combustion complète d'une unité de masse de combustible ou l'énergie obtenue par la combustion d'un kilogramme de combustible, exprimée en général en kilojoule par kilogramme (noté $kJ.kg^{-1}$).

La combustion engendre un dégagement d'eau à l'état vapeur. On distinguera alors deux types de pouvoir calorifique :

- le pouvoir calorifique supérieur (PCS) : c'est la quantité d'énergie libérée par la combustion complète de un kilogramme de combustible, la vapeur d'eau étant supposée condensée et la chaleur récupérée (chaudière à condensation) ;
- le pouvoir calorifique inférieur (PCI) : c'est la quantité de chaleur libérée par la combustion complète d'un kilogramme de combustible, l'eau étant à l'état de vapeur.

DANGERS

Combustion incomplète

Lorsque la combustion d'un comburant est incomplète par manque de dioxygène (c'est alors le réactif limitant), elle libère du monoxyde de carbone CO qui est un gaz incolore, toxique et inodore. Il se fixe sur l'hémoglobine à la place du dioxygène.

Exemple :

$$2CH_4 + 2O_2 \rightarrow 3H_2 + CO + H_2O + CO_2$$

Le dégagement de monoxyde de carbone peut causer des accidents mortels.

Autres risques

La manipulation des combustibles est dangereuse, il est nécessaire de bien s'informer sur leur emploi. La dangerosité est indiquée par des pictogrammes (inflammables, explosifs…).

Prévention, protection

Il faut régulièrement faire vérifier les appareils de chauffage. Bien faire attention que les pièces soient ventilées.

Les moyens de protection classiques sont les alarmes, les extincteurs, les sprinklers (tête d'extinction automatique à eau)…

✱ Exercice 1 — 10 min

Équilibrer les équations suivantes :

a) $C_5H_{12} + O_2 \rightarrow CO_2 + H_2O$ (C_5H_{12} pentane)

b) $C_2H_6O + O_2 \rightarrow CO_2 + H_2O$ (C_2H_6O ethanol)

c) $C_{19}H_{34}O_2 + O_2 \rightarrow CO_2 + H_2O$ ($C_{19}H_{34}O_2$ ether méthylique de colza)

d) $C_2H_2 + O_2 \rightarrow CO_2 + H_2O$ (C_2H_2 acetylene).

✱ Exercice 2 — 20 min

On étudie la combustion de 290 g de butane (C_4H_{10}). Le dioxygène est en excès.

1. Écrire et équilibrer l'équation chimique de la réaction.

2. À l'aide d'un tableau d'avancement déterminer :

a) Le volume de dioxygène nécessaire.

b) Le volume de dioxyde de carbone formé.

c) La masse d'eau obtenue.

Donnée :

– volume molaire à 25 °C : $V_M = 24$ L.mol^{-1}.

– masse molaire en g.mol^{-1} : $M_O = 16$; $M_H = 1$; $M_C = 12$.

✱ Exercice 3 — 20 min

On étudie la combustion de 4 g de méthane (CH_4) dans un volume de 4,8 L de dioxygène, on obtient uniquement de l'eau et du dioxyde de carbone.

1. Écrire et équilibrer l'équation chimique de la réaction.

2. À l'aide d'un tableau d'avancement déterminer :

a) La masse de méthane restante.

b) Le volume de dioxyde de carbone formé.

c) La masse d'eau obtenue.

3. Quel volume de dioxygène manque-t-il pour réaliser une combustion complète ?

Données :

– volume molaire à 25 °C : $V_M = 24$ L.mol^{-1}.

– masse molaire en g.mol^{-1} : $M_O = 16$; $M_H = 1$; $M_C = 12$.

✱ Exercice 4 — 20 min

Un des principaux constituants du gasoil a pour formule brute $C_{16}H_{34}$.
La combustion complète de ce composé a pour équation :

$$C_{16}H_{34} + \frac{49}{2}O_2 \rightarrow 16CO_2 + 17H_2O$$

Données :

– volume molaire dans les conditions de l'expérience : $V_M = 25\ L.mol^{-1}$.

– masse molaire en $g.mol^{-1}$: $M_O = 16$; $M_H = 1$; $M_C = 12$.

1. Calculer le volume de dioxygène nécessaire pour brûler 1 kg de carburant assimilé à $C_{16}H_{34}$.
2. Sachant que l'air contient 20 % en volume de dioxygène O_2, déduire de la question précédente le volume d'air utile.
3. En fait une partie du gasoil subit une combustion incomplète. À quelle condition une combustion est-elle incomplète ?
4. Dans certaines conditions, la combustion de $C_{16}H_{34}$ produit uniquement du monoxyde de carbone et de l'eau. Écrire l'équation chimique de cette réaction.

✷ Exercice 5 — 20 min

On fait fonctionner un appareil de chauffage au butane dans une pièce de 5 m de long, 3,5 m de large et 2,5 m de haut.

1. Quel est le volume de dioxygène contenu dans cette pièce (l'air contient 20 % en volume de dioxygène O_2) ?
2. Sachant que la combustion du butane consomme 0,8 m^3 de dioxygène par heure, au bout de combien de temps le dioxygène sera-t-il épuisé ?
3. Que risque-t-il de se passer et que doit-on faire pour remédier à ce problème ?

Données :

– volume molaire dans les conditions de l'expérience : $V_M = 25\ L.mol^{-1}$;

– masse molaire en $g.mol^{-1}$: $M_O = 16$; $M_H = 1$; $M_C = 12$.

✷ Exercice 6 — 20 min

On fait bruler 0,85 g de propane (C_3H_8) dans un local fermé. Le dioxygène est en quantité insuffisante, on obtient alors une combustion incomplète.

La réaction chimique s'écrit :

$$C_3H_8 + 3O_2 \rightarrow 2H_2 + 2CO + 2H_2O + CO_2$$

1. Comment nomme-t-on la molécule CO.
2. Déterminer la masse de CO obtenue.
3. Le local a un volume de 25 m^3. On donne les valeurs de seuils à partir desquelles le CO est dangereux :
   – 10 $mg.m^{-3}$, pour une exposition de 8 h ;
   – 30 $mg.m^{-3}$, pour une exposition d'1 h ;
   – 60 $mg.m^{-3}$, pour une exposition de 30 min ;
   – 100 $mg.m^{-3}$, pour une exposition de 15 min.

   Est-il dangereux de respirer l'air de ce local pendant 1 h ?

Données :

– volume molaire dans les conditions de l'expérience : $V_M = 25$ L.mol^{-1} ;
– masse molaire en g.mol^{-1} : $M_O = 16$; $M_H = 1$; $M_C = 12$.

✱ Exercice 7 — 20 min

Le chauffage d'un bâtiment est assuré par une chaudière à condensation. Son principe repose sur le refroidissement des fumées qui provoque la condensation de la vapeur d'eau et permet de récupérer la chaleur dégagée par cette condensation. Le combustible utilisé est du gaz naturel, le méthane CH_4 dont le pouvoir calorifique est égal à 50 MJ.kg^{-1}.

1. Écrire l'équation de la combustion complète du méthane dans le dioxygène.

2. Cette chaudière consomme 1,6 kg de méthane par heure. Calculer pour un an :

a) La quantité de matière de méthane consommée.

b) La masse de dioxyde de carbone rejetée.

c) La masse d'eau rejetée et la quantité de chaleur récupérée par condensation de la vapeur.

3. Comparer la quantité de chaleur récupérée par condensation à la quantité de chaleur dégagée par le gaz naturel pendant le même temps. Donner le résultat en pourcentage.

Données :

– volume molaire dans les conditions de l'expérience : $V_M = 25$ L.mol^{-1} ;
– masse molaire en g.mol^{-1} : $M_O = 16$; $M_H = 1$; $M_C = 12$;
– chaleur dégagée lors de la condensation de 1 kg d'eau : L = 2,26 MJ.

Contrôle — 45 min — 10 points

Exercice 1

L'utilisation de combustible fossile provoque un accroissement de la concentration de dioxyde de carbone CO_2 dans l'atmosphère, qui peut conduire à des changements climatiques.

La combustion du bois garantit des rejets dans l'atmosphère avec moins de polluants que la plupart des combustions fossiles. De plus, la quantité de CO_2 dégagée lors de la combustion du bois est comparable à celle produite naturellement lors de sa décomposition, cette quantité de CO_2 correspond à celle qui a été extraite de l'air pour la photosynthèse au cours de la croissance de l'arbre. Un équilibre est de la sorte obtenu. Le bilan théorique sur le CO_2 produit est donc neutre.

1. À quel phénomène fait-on allusion dans la première partie du texte ?

On choisit donc pour cette habitation un chauffage à l'aide d'un poêle à bois. On s'intéresse alors à la combustion du bois dans ce poêle.

On considèrera que le bois est principalement constitué de cellulose $C_6H_{10}O_5$.

2. Calculer la masse molaire de la cellulose.

3. Écrire l'équation complète de la combustion de la cellulose.

4. On souhaite déterminer le volume de CO_2 obtenu par combustion d'une masse de m = 1 620 g de cellulose contenue dans une bûche.

a) Calculer le nombre de moles n contenues dans 1620 g de cellulose.

b) En déduire le nombre de moles de CO_2 que produit la combustion.

c) En déduire le volume de CO_2 dégagé.

Données :

– volume molaire dans les conditions de l'expérience : $V_M = 32$ L.mol^{-1}.

– masse molaire en g.mol^{-1} : $M_O = 16$; $M_H = 1$; $M_C = 12$.

Exercice 2

On se propose d'étudier la combustion dans un moteur à explosion.

1. On étudie la combustion de l'octane C_8H_{18} dans l'air composé à 20 % de O_2.

a) Écrire l'équation de la combustion de l'octane dans l'air.

b) Calculer la masse d'air nécessaire pour réaliser la combustion de 1 g d'octane.

2. On réalise la combustion de 1 L d'un mélange gazeux octane - air contenant 0,075 g d'octane.

a) Calculer l'énergie calorifique dégagée au cours de la combustion sachant que le pouvoir calorifique de l'octane est de 5,55 MJ par mole d'octane.

b) Calculer le rapport r entre l'énergie recueillie sur l'arbre qui est de 1 250 J et l'énergie calorifique dans la question 2. a.

Données :

– volume molaire dans les conditions de l'expérience : $V_M = 26$ L.mol^{-1}.

– masse molaire en g.mol^{-1} : $M_O = 16$; $M_H = 1$; $M_C = 12$.

Corrigés des exercices

Exercice 1

a) Pour équilibrer les équations de combustion, on procède de la manière suivante :

$$C_5H_{12} + O_2 \rightarrow CO_2 + H_2O$$

– On équilibre en premier les atomes de carbone.

On multiplie CO_2 par 5 pour avoir 5 carbones.

$$C_5H_{12} + O_2 \rightarrow 5CO_2 + H_2O$$

– On équilibre ensuite les atomes d'hydrogènes.

On multiplie H_2O par 6 pour avoir $6 \times 2 = 12$ H comme dans le membre de gauche.

$$C_5H_{12} + O_2 \rightarrow 5CO_2 + 6H_2O$$

– On termine par les atomes d'oxygènes.

$$C_5H_{12} + 8O_2 \rightarrow 5CO_2 + 6H_2O$$

b)

$$C_2H_6O + O_2 \rightarrow CO_2 + H_2O$$
$$C_2H_6O + O_2 \rightarrow 2CO_2 + H_2O$$
$$C_2H_6O + O_2 \rightarrow 2CO_2 + 3H_2O$$

$$C_2H_6O + 3O_2 \rightarrow 2CO_2 + 3H_2O$$

c)

$$C_{19}H_{34}O_2 + O_2 \rightarrow CO_2 + H_2O$$
$$C_{19}H_{34}O_2 + O_2 \rightarrow 19CO_2 + H_2O$$
$$C_{19}H_{34}O_2 + O_2 \rightarrow 19CO_2 + 17H_2O$$
$$C_{19}H_{34}O_2 + \frac{53}{2}O_2 \rightarrow 19CO_2 + 17H_2O$$

Si on ne désire pas de fraction, il suffit de multiplier l'équation par 2.

$$2C_{19}H_{34}O_2 + 53O_2 \rightarrow 38CO_2 + 34H_2O$$

d)

$$C_2H_2 + O_2 \rightarrow CO_2 + H_2O$$
$$C_2H_2 + O_2 \rightarrow 2CO_2 + H_2O$$

$$2C_2H_2 + 5O_2 \rightarrow 4CO_2 + 2H_2O$$

Exercice 2

1. On équilibre l'équation avec la même méthode que précédemment :

$$C_4H_{10} + \frac{13}{2}O_2 \rightarrow 4CO_2 + 5H_2O$$

ou $$2C_4H_{10} + 13O_2 \rightarrow 8CO_2 + 10H_2O$$

2. a) Tableau d'avancement :

Équation		$2C_4H_{10\,(g)}$ +	$13O_{2\,(g)}$ →	$10H_2O_{(g)}$ +	$8CO_{2\,(g)}$
État initial	x = 0	n_i	n_{O2}	0	0
État intermédiaire	x	$n_i - 2x$	$n_{O2} - 13x$	10x	8x
État final	$x = x_f$	$n_i - 2x_f$	$n_{O2} - 13x_f$	$10x_f$	$8x_f$

Le butane est le réactif limitant car le dioxygène est en excès. On détermine la quantité initiale (n_i) de butane.

$$n_i = \frac{m}{M_{butane}} = \frac{290}{58} = 5 \text{ mol}$$

La valeur de l'avancement final x_f vaut :

$$n_i - 2x_f = 0 \Rightarrow x_f = \frac{n_i}{2} = 2{,}5 \text{ mol}$$

Volume de dioxygène nécessaire :

$n_{O2} - 13x_f = 0 \Rightarrow n_{O2} = 13x_f = 13 \times 2{,}5 = 32{,}5$ mol

$V_{O2} = n_{O2} \times V_M = 32{,}5 \times 24 = 780$ L

$$\boxed{V_{O2} = 780 \text{ L}}$$

b) Volume de dioxyde de carbone formé

Le nombre de mole de CO_2 obtenu vaut : $n_{CO_2} = 8x_f = 8 \times 2{,}5 = 20$ mol.

On en déduit le volume :

$V_{CO_2} = n_{CO_2} \times V_M = 20 \times 24 = 480$ L

$$\boxed{V_{CO_2} = 480 \text{ L}}$$

c) Masse d'eau

Le nombre de mole de H_2O obtenu vaut : $n_{H_2O} = 10x_f = 10 \times 2{,}5 = 25$ mol.

On en déduit la masse :

$m_{H_2O} = n_{H_2O} \times M = 25 \times 18 = 450$ g

$$\boxed{m_{H_2O} = 450 \text{ g}}$$

Exercice 3

1. Équation de la réaction

$$CH_4 + 2O_2 \rightarrow CO_2 + 2H_2O$$

2. a) Tableau d'avancement :

Équation		$CH_{4\,(g)}$ +	$2O_{2\,(g)}$ →	$2H_2O_{(g)}$ +	$CO_{2\,(g)}$
État initial	$x = 0$	n_i	n_{O2}	0	0
État intermédiaire	x	$n_i - x$	$n_{O2} - 2x$	$2x$	x
État final	$x = x_f$	$n_i - x_f$	$n_{O2} - 2x_f$	$2x_f$	x_f

On commence par calculer les quantités de matière en méthane et dioxygène.

Pour le méthane : $n_i = \frac{m}{M_{CH_4}} = \frac{4}{16} = 0{,}25$ mol.

Pour le dioxygène : $n_{O_2} = \frac{V}{V_M} = \frac{4{,}8}{24} = 0{,}2$ mol.

On détermine le réactif limitant :

$n_i - x_f = 0 \Rightarrow n_i = x_f = 0{,}25$ mol

$n_{O2} - 2x_f = 0 \Rightarrow x_f = \dfrac{n_{o2}}{2} = \dfrac{0,2}{2} = 0,1$ mol.

On prend la valeur de x_f la plus faible d'où $x_f = 0,1$ mol. C'est le dioxygène qui est le réactif limitant.

Masse de méthane restante :

On détermine la quantité de matière de méthane restante :

$n_{restante} = n_i - x_f = 0,25 - 0,1 = 0,15$ mol

On en déduit la masse : $m = n_{restante} \times M_{CH_4}$

$m = 0,15 \times 16 = 2,4$ g

$$\boxed{m = 2,4 \text{ g}}$$

b) Volume de dioxyde de carbone libéré :

$n_{CO_2} = x_f$ d'où : $V_{CO_2} = n_{CO_2} \times V_M$

$V_{CO_2} = 0,1 \times 24 = 2,4$ L

$$\boxed{V_{CO_2} = 2,4 \text{ L}}$$

c) Masse d'eau obtenue

$n_{H_2O} = 2x_f = 0,2$ mol

$m_{H_2O} = n_{H_2O} \times M_{H_2O} = 0,2 \times 18 = 3,6$ g

$$\boxed{m_{H_2O} = 3,6 \text{ g}}$$

3. Il reste 0,15 mol de méthane. Une mole de méthane régit avec 2 moles de dioxygène, donc pour 0,15 mol il faut 0,3 mol de dioxygène. On peut en déduire le volume nécessaire :

$V_{O_2} = 0,3 \times V_M = 0,3 \times 24 = 7,2$ L

$$\boxed{V_{O_2} = 7,2 \text{ L}}$$

Exercice 4

1. On commence par calculer la quantité de matière n_c de carburant :

$n_c = \dfrac{m}{M}$ avec M la masse molaire du carburant.

$M = 16 \times M_c + 34 \times M_H = 16 \times 12 + 34 \times 1 = 226$ g.mol^{-1}.

$n_c = \dfrac{1000}{226} = 4,42$ mol.

Le rapport des coefficients stœchiométriques donne :

$\dfrac{n_C}{1} = \dfrac{n_{O_2}}{49/2} \Rightarrow n_{O_2} = \dfrac{49}{2} n_c$; on en tire le volume, $V_{O_2} = \dfrac{49}{2} n_c \times V_M$

$V_{O_2} = \dfrac{49}{2} \times 4,42 \times 25$

$$\boxed{V_{O_2} = 2707 \text{ L} \simeq 2,71 \text{ m}^3}$$

2. Volume d'air utile : $V_{air} = 5 \times 2,71 = 13,6$ m^3

$$\boxed{V_{air} = 13,6 \text{ m}^3}$$

résumés de cours

exercices

contrôles

corrigés

3. La combustion est incomplète lorsque le dioxygène est en défaut.

4. Équation chimique

$$C_{16}H_{34} + O_2 \rightarrow CO + H_2O$$

On équilibre les atomes de carbones :

$$C_{16}H_{34} + O_2 \rightarrow 16CO + H_2O$$

On équilibre les atomes d'hydrogènes :

$$C_{16}H_{34} + O_2 \rightarrow 16CO + 17H_2O$$

On équilibre les atomes d'oxygènes :

$$\boxed{C_{16}H_{34} + \frac{33}{2}O_2 \rightarrow 16CO + 17H_2O}$$

Exercice 5

1. Volume d'air : $V_{air} = 5 \times 3,5 \times 2,5 = 43,75\ m^3$.

$$V_{O_2} = \frac{20}{100} V_{air}$$

$$\boxed{V_{O_2} = 8,75\ m^3}$$

2. Le dioxygène est épuisé au bout d'un temps t de : $t = \frac{V_{O_2}}{0,8} = \frac{8,75}{0,8}$

$$\boxed{t = 10,94\ h \simeq 11\ h}$$

3. La combustion du butane sera incomplète. Nous aurons un dégagement de monoxyde de carbone. Il est donc nécessaire que la pièce soit munie d'une aération.

Exercice 6

1. C'est du monoxyde de carbone.

2. On peut écrire :

$$\frac{n_{C_3H_8}}{1} = \frac{n_{CO}}{2} \Rightarrow n_{CO} = 2n_{C_3H_8}$$

Masse molaire du butane :

$M = 3 \times M_C + 8 \times M_H = 12 \times 3 + 8 \times 1 = 44\ g.mol^{-1}$

$$n_{C_3H_8} = \frac{m}{M} = \frac{0,85}{44} = 0,019\ mol.$$

$$n_{CO} = 2 \times 0,019 = 0,038\ mol$$

On en tire la masse : $m_{CO} = n_{CO} \times M_{CO} = 0,038 \times 32 = 1,22\ g$

$$\boxed{m_{CO} = 1,22\ g}$$

3. La teneur t_{CO} en CO dans le local est de :

$$t_{CO} = \frac{m_{CO}}{25} = \frac{1,22}{25}$$

$$\boxed{t_{CO} = 0,049\ g.m^{-3} = 49\ mg.m^{-3}}$$

On est au-dessus de la valeur de seuil (30 $mg.m^{-3}$), il sera donc dangereux de respirer l'air de ce local.

Exercice 7

1. Équation de la combustion :

$$CH_4 + 2O_2 \rightarrow CO_2 + 2H_2O$$

2. a) Quantité de méthane consommée

On commence par calculer la masse de méthane consommée sur une année (365 jours).

Nombre d'heures pour une année : 24 × 365 = 8 760 heures.

Masse de méthane : m = 8760 × 1,6 = 14 016 kg ≈ 14,0 tonnes.

D'où une quantité de matière, sachant que la masse molaire du méthane vaut 16 $g.mol^{-1}$:

$$n_{CH_4} = \frac{m}{M} = \frac{14,0.10^6}{16}$$ (attention à mettre la masse en gramme).

$$\boxed{n_{CH_4} = 875.10^3\ mol}$$

b) D'après l'équation :

$$\frac{n_{CH_4}}{1} = \frac{n_{CO_2}}{1} \Rightarrow n_{CO_2} = n_{CH_4}$$ d'où :

$$m_{CO_2} = n_{CO_2} \times M_{CO_2} = 875.10^3 \times 44$$

$$\boxed{m_{CO_2} = 38,5.10^6\ g = 38,5\ tonnes}$$

c) D'après l'équation :

$$\frac{n_{CH_4}}{1} = \frac{n_{H_2O}}{2} \Rightarrow n_{H_2O} = 2n_{CH_4}$$ d'où :

$$m_{H_2O} = 2n_{CH_4} \times M_{H_2O} = 2 \times 875.10^3 \times 18$$

$$\boxed{m_{CO_2} = 77,0.10^6\ g = 77\ tonnes}$$

Chaleur récupérée : $Q_{recup} = 77.10^3 \times 2,26 = 174,0.10^3$ MJ.

3. Chaleur dégagée par le gaz naturel : Q_d = masse × Pouvoir Calorifique

$Q_d = 14,0.10^3 \times 50 = 700.10^3$ MJ

Le pourcentage vaut :

$$\frac{174,0.10^3}{700.10^3} \times 100 = 24,8\ \%$$

On récupère presque 25 % de la chaleur. On voit bien l'intérêt d'une chaudière à condensation.

résumés de cours

exercices

contrôles

corrigés

Corrigé du contrôle

Exercice 1

1. Ce phénomène se nomme « l'effet de serre ».

2. Masse molaire :

$M = 6 \times M_C + 10 \times M_H + 5 \times M_O$

$M = 6 \times 12 + 10 \times 1 + 5 \times 16$

$$\boxed{M = 162\ g.mol^{-1}}$$

3. Équation chimique

$$C_6H_{10}O_5 + O_2 \rightarrow CO_2 + H_2O$$

On équilibre les atomes de carbones :

$$C_6H_{10}O_5 + O_2 \rightarrow 6CO_2 + H_2O$$

On équilibre les atomes d'hydrogènes :

$$C_6H_{10}O_5 + O_2 \rightarrow 6CO_2 + 5H_2O$$

On équilibre les atomes d'oxygènes :

$$\boxed{C_6H_{10}O_5 + 6O_2 \rightarrow 6CO_2 + 5H_2O}$$

4. a) Nombre de moles : $n = \dfrac{m}{M} = \dfrac{1620}{162}$

$$\boxed{n = 10\ mol}$$

b) Nombre de moles de CO_2 :

$$\boxed{n_{CO_2} = 6n = 60\ mol}$$

c) Volume de CO_2 :

$V_{CO_2} = n_{CO_2} \times V_M \Rightarrow V_{CO_2} = 60 \times 32$

$$\boxed{V_{CO_2} = 1920\ L}$$

Exercice 2

1. a) Équation de la combustion :

$$C_8H_{18} + \frac{25}{2}O_2 \rightarrow 8CO_2 + 9H_2O$$

On ne note pas N_2 puisque qu'il n'intervient pas dans la réaction chimique.

b) Tableau d'avancement :

Au préalable on calcule la quantité de matière en octane :

$$n_{C_8H_{18}} = \frac{m}{M_{octane}} = \frac{1}{8 \times 12 + 18 \times 1}$$

$$n_{C_8H_{18}} = 8,77.10^{-3}\ mol$$

Équation		$C_8H_{18\,(g)}$ +	$\frac{25}{2}O_{2\,(g)}$ →	$9H_2O_{(g)}$ +	$8CO_{2\,(g)}$
État initial	$x = 0$	$n_{C_8H_{18}}$	n_{O2}	0	0
État intermédiaire	x	$n_{C_8H_{18}} - x$	$n_{O2} - \frac{25}{2}x$	$9x$	$8x$
État final	$x = x_f$	$n_{C_8H_{18}} - x_f$	$n_{O2} - \frac{25}{2}x_f$	$9x_f$	$8x_f$

$$x_f = n_{C_8H_{18}} \Rightarrow n_{O2} = \frac{25}{2}x_f = \frac{25}{2}\times 8,77.10^{-3}$$

$$\boxed{n_{O2} = 0,11 \text{ mol}}$$

Le volume de dioxygène vaut : $V_{O2} = n_{O2} \times V_M$.
$V_{O2} = 0,11 \times 26 = 2,86$ L
Volume d'air correspondant : $V_{air} = 5 \times V_{O2}$

$$\boxed{V_{air} = 14,3 \text{ L}}$$

2. a) On détermine le nombre de moles d'octane :

$$n_{C_8H_{18}} = \frac{m}{M_{octane}} = \frac{0,075}{8\times 12 + 18\times 1}$$

$$n_{C_8H_{18}} = 6,58.10^{-4} \text{ mol}$$

L'énergie calorifique dégagée vaut : $E_C = n_{C_8H_{18}} \times$ pouvoir calorifique
$E_C = 6,58.10^{-4} \times 5,55.10^6$

$$\boxed{E_C = 3651 \text{ J}}$$

b) Rapport r : $r = \dfrac{\text{énergie recueillie}}{\text{énergie calorifique}}$.

$$r = \frac{1250}{3651}$$

$$\boxed{r = 0,34}$$

résumés de cours
exercices
contrôles
corrigés

9 L'éclairage

SPECTRE

Un spectre est obtenu par décomposition de la lumière à travers un prisme ou un réseau.
La lumière blanche est polychromatique, c'est-à-dire qu'elle est constituée par une infinité de radiations lumineuses.
Le spectre visible est situé dans les longueurs d'ondes comprises entre 400 et 800 nm.

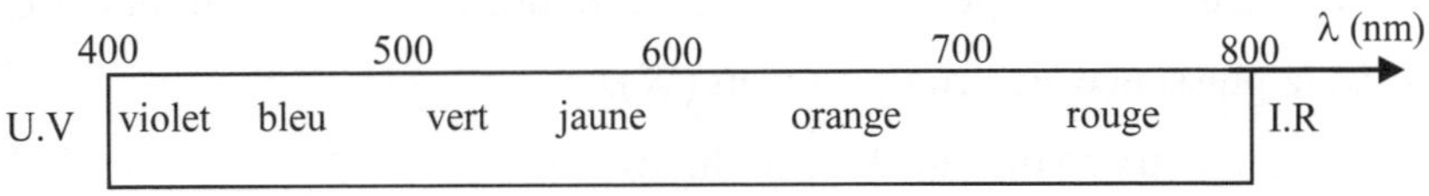

Température de couleur

Une source de lumière émet un rayonnement, lié à sa couleur. On associe à cette couleur une température (attention ce n'est pas la température de la source). La température de couleur, exprimée en kelvins (K avec 273 K = 0 °C), permet d'établir un classement des divers types de sources lumineuses, allant des teintes chaudes (de 1 000 K à environ 3 000 K) aux teintes bleutées (de 6 000 K à 10 000 K) en passant par la teinte intermédiaire, le blanc :

– la bougie : environ 1 500 K ;
– lampe à incandescence (tungstène) : 2 800 à 3 200 K ;
– lumière du jour au lever et au coucher du soleil : 2 500 à 3 800 K ;
– lumière d'un flash électronique : environ 6 000 K ;
– led de puissance : 6 000 K ;
– lumière du jour à midi : environ 6 500 K.

Indice de rendu des couleurs (IRC)

L'IRC est une valeur numérique qui nous indique la capacité d'une source lumineuse à restituer les couleurs d'un objet.
L'indice 100 correspond aux couleurs observées en plein soleil (ou une lumière blanche). Si l'IRC est inférieur à 80, le rendu des couleurs est médiocre.

PHOTOMÉTRIE VISUELLE

La photométrie est la science qui étudie quantitativement les diverses grandeurs relatives au rayonnement lumineux. On définit les grandeurs suivantes.

Flux lumineux

La puissance lumineuse émise par une lampe est caractérisée par son flux lumineux. Il est fonction de la puissance électrique reçue par la lampe.

$$\boxed{\phi = k \times P}$$

ϕ c'est le flux lumineux en lumen (lm).

k représente le facteur de visibilité de l'œil, il s'exprime en lumen par watt ($lm.W^{-1}$), k est aussi appelé efficacité énergétique ou efficacité lumineuse.

P c'est la puissance électrique en watt (W).

Le flux lumineux se mesure avec un luxmètre.

Intensité lumineuse

L'intensité lumineuse (I) mesure l'éclat d'une source lumineuse. Elle s'exprime en candela (cd).

$$\boxed{I = \frac{\phi}{\Omega}}$$

Ω est l'angle solide, il s'exprime en stéradian (sr).

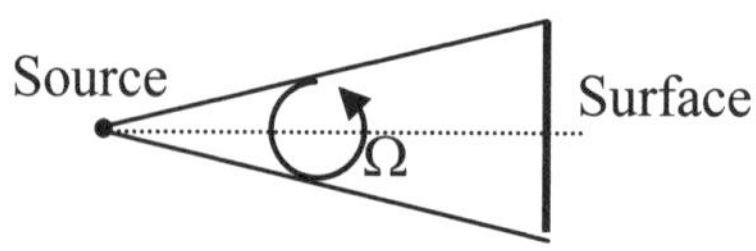

Une source de lumière éclaire une surface S. Le cône de lumière éclairant cette surface est caractérisé par l'angle solide Ω. Si une source émet dans toutes les directions $\Omega = 4\pi$.

Éclairement

L'éclairement lumineux E en lux (lx) correspond au flux lumineux reçu par unité de surface.

$$\boxed{E = \frac{\phi}{S}}$$

On peut relier l'intensité lumineuse à l'éclairement :

$$\phi = I \times \Omega \Rightarrow E = \frac{I \times \Omega}{S} \Rightarrow E = \frac{I}{d^2} \text{ avec } \Omega = S/d^2$$

Efficacité énergétique

L'efficacité énergétique d'une lampe est classée à l'aide d'un label.

Le label, qui s'exprime par une lettre, va de A, très économique, à G, peu économique. Les lampes se répartissent donc sur 7 classes énergétiques.

Pour donner un ordre d'idée, la classe énergétique caractérise la dépense énergétique que génère un appareil pour une tache donnée.

L'étiquette énergie est complétée par trois indications :

– le flux lumineux de la lampe (exprimé en lumen) ;

– la puissance électrique (exprimée en Watt) ;

– la durée de vie (exprimée en heures).

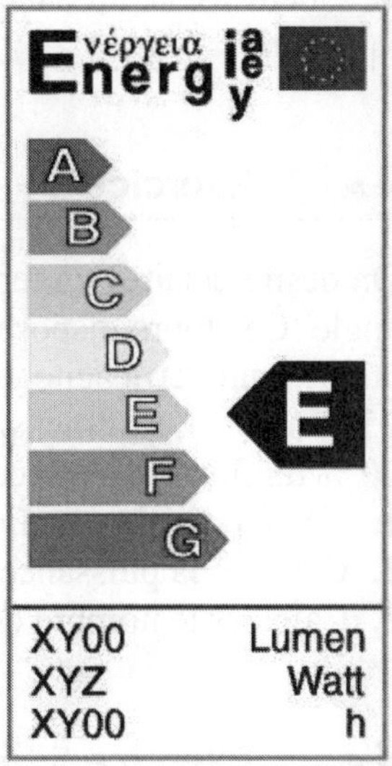

✱ Exercice 1 — 5 min

Une lampe émet une intensité lumineuse de I = 650 cd. Elle éclaire de façon uniforme une table de 4 m^2. Cette table est éclairée sous un angle solide de 3 stéradians.

Calculer l'éclairement de la table.

✱ Exercice 2 — 10 min

a) Sur une échelle graduée en longueur d'onde, indiquer le domaine des ultraviolets, des infrarouges et du visible.

b) Quelle est la couleur associée à ces différentes radiations :
500 nm ; 385 nm ; 870 nm ; 750 nm ; 580 nm.

✱ Exercice 3 — 10 min

Sur l'étiquette énergétique d'une lampe, on peut lire 20 lm.W^{-1}. Cette lampe est placée à 3 m au-dessus d'un tapis à la verticale. On désire recevoir au centre du tapis un éclairement de 100 lux. L'angle solide vaut 4π.

1. Quel appareil de mesure utilise-t-on pour mesurer cette éclairement ?
2. Quelle est la puissance électrique à fournir à la lampe pour obtenir le résultat désiré ?

⁕⁕ Exercice 4 — 20 min

On désire éclairer un terrain de rugby, pour cela on dispose 4 tours à chaque angle. Ces tours disposent de lampes à incandescence de 1000 W et chaque lampe à une efficacité de 25 $lm.W^{-1}$. L'éclairement sur le terrain doit être de 250 $lm.m^{-2}$. Les dimensions du terrain sont : longueur 100 m et largeur 55 m. 60 % du flux émis par ces lampes atteint le terrain.

1. Calculer le flux lumineux émis par les lampes.
2. Calculer la puissance électrique totale.
3. Calculer le nombre de lampes par tour.

⁕⁕ Exercice 5 — 20 min

Une source lumineuse est placée à la verticale d'une table circulaire de rayon R = 1 m et à une distance d de 2 m. L'angle solide dans lequel rayonne cette source est $\Omega = \pi$ st. La source a une puissance électrique de 100 W et une efficacité lumineuse k = 45 $lm.W^{-1}$.

1. Calculer le flux lumineux émis par cette source.
2. Calculer la valeur de l'intensité lumineuse reçue au centre de la table.
3. Calculer l'éclairement reçu au centre de la table.

⁕⁕ Exercice 6 — 15 min

Une ampoule électrique de puissance P = 60 W et d'efficacité lumineuse k = 14 $lm.W^{-1}$ est suspendue à une hauteur h = 3 m au-dessus d'une table et envoie toute la lumière émise dans cette direction.

1. Quel est l'éclairement E de la table juste sous l'ampoule ?
2. À quelle hauteur h_1 devrait-on mettre l'ampoule pour doubler l'éclairement de la table ?

⁕⁕ Exercice 7 — 20 min

Une ampoule électrique de puissance P = 75 W et d'intensité lumineuse constante I = 90 cd est suspendue à la verticale à une hauteur h_0 = 3 m au-dessus d'une surface S. La source émet dans toutes les directions. Calculer :

1. L'éclairement E_0 du point du plan situé juste à la verticale sous la lampe.
2. L'efficacité lumineuse k de cette lampe.
3. La hauteur h_1 à laquelle il faut placer la lampe pour augmenter l'éclairement précédent de 30 %.

** Exercice 8 — 20 min

On donne les caractéristiques de deux lampes :

Lampe	puissance	efficacité lumineuse	durée de vie	IRC	prix
Incandescence	60 W	10 $lm.W^{-1}$	1 000 h	95	1€ 50
Fluorescente	10 W	55 $lm.W^{-1}$	7 500 h	70	12 €

Le prix du kilowatt heure est de 0,12 €.

1. Calculer le coût pour 7 000 h d'éclairage avec chaque lampe.
2. Calculer le prix d'achat des lampes.
3. Calculer le coût total pour chaque lampe et conclure.
4. On considère chaque lampe comme une source ponctuelle émettant dans toutes les directions avec la même intensité lumineuse. Calculer l'éclairement au centre O d'une table situé à 1,5 m au-dessous de la lampe.
5. Citer les avantages et les inconvénients pour chaque type de lampe.

** Exercice 9 — 15 min

Pour réaliser l'éclairage d'un local, on a deux solutions.

- un éclairage par incandescence : spots lumineux de 40 W et d'efficacité lumineuse 15 $lm.W^{-1}$;
- un éclairage par fluorescence : tubes fluorescents de 40 W et d'efficacité lumineuse 70 $lm.W^{-1}$.

L'éclairement minimal de la surface S ($S = 48\ m^2$) au sol est de 200 lux. Dans les deux cas, les lampes ou tubes fluorescents étant régulièrement répartis au plafond, on suppose que tout le flux lumineux est dirigé vers le sol.

1. Quel doit être le flux lumineux total pour obtenir l'éclairement minimal ?
2. Calculer pour chaque type d'éclairage le nombre de lampes ou de tubes nécessaires. Comparer les deux solutions envisagées.

*** Exercice 10 — 20 min

Dans un restaurant, chaque table est éclairée par une lampe halogène basse tension 12 V – 20 W équipée d'un réflecteur de sorte que l'éclairement soit à peu près uniforme dans un cône d'angle au sommet $\alpha = 38°$, tout le flux lumineux étant contenu dans ce cône. La lampe est placée à la verticale du centre de la table à une distance d = 2,20 m au-dessus de celle-ci.

L'efficacité lumineuse des lampes utilisées est $k = 15\ lm.W^{-1}$.

1. Calculer le flux lumineux Φ émis par chaque lampe.
2. Calculer l'intensité lumineuse I dans le cône d'émission de chaque lampe. On rappelle que l'angle solide Ω d'un cône de demi-angle au sommet α est donné par la relation : $\Omega = 2\pi(1 - \cos\alpha)$, Ω étant exprimé en stéradian.
3. Calculer l'éclairement E au centre de la table.

4. La table mesurant 0,80 m × 1,20 m, sera-t-elle complètement éclairée par la lampe ? (Il faut déterminer le diamètre de la tache lumineuse émise par la lampe à la distance de 2,20 m et le comparer avec les dimensions de la table.)
5. La lumière émise par ces lampes, est-elle chaude ou froide ? Justifier la réponse.

Corrigés des exercices

Exercice 1

On calcule le flux lumineux :

$$\phi = I \times \Omega$$

A.N : $\phi = 650 \times 3 \Rightarrow \phi = 1950$ Lm.

On en déduit l'éclairement : $E = \dfrac{\phi}{S}$

A.N : $E = \dfrac{1950}{4}$

$$\boxed{E = 487{,}5 \text{ lx} \simeq 490 \text{ lx}}$$

Exercice 2

a) Échelle graduée :

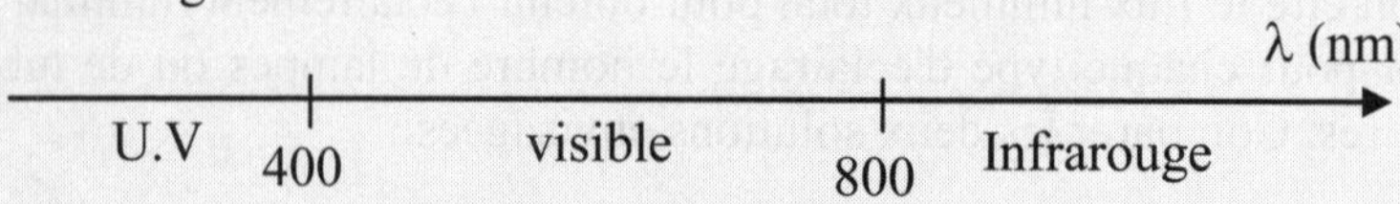

b) 500 nm correspond à une couleur bleu-vert.
385 nm correspond aux ultra-violets.
870 nm correspond aux infrarouges.
750 nm correspond à une couleur rouge.
580 nm correspond à une couleur jaune.

Exercice 3

1. Pour mesurer un éclairement on utilise un luxmètre.

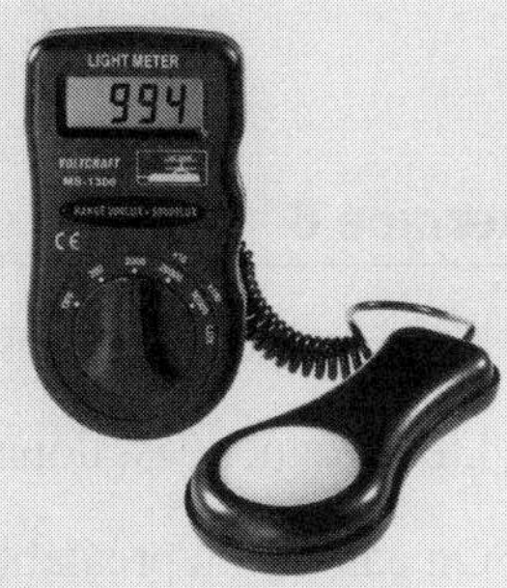

2. On détermine l'intensité lumineuse :

$I = E \times d^2 = 100 \times 3^2 = 900$ cd

On en déduit le flux lumineux :

$\phi = \Omega \times I = 4\pi \times I = 4\pi \times 900 = 11\ 300$ lm.

Puis on en tire la puissance électrique :

$$P = \frac{\phi}{k} = \frac{11300}{20}$$

$$\boxed{P = 565 \text{ W}}$$

Exercice 4

1. On calcule le flux lumineux qui doit arriver sur le terrain.

$\phi = E \times S = 250 \times (110 \times 55) = 1\ 512\ 500 \text{ lm} \approx 1{,}51.10^6$ lm

Comme il n'arrive que 60 % du flux sur le terrain, le flux émis par les lampes vaut :

$$\phi_l = \frac{\phi}{0{,}6} = \frac{1{,}51.10^6}{0{,}6}$$

$$\boxed{\phi_l = 2{,}42.10^6 \text{ lm}}$$

2. La puissance électrique totale émise par les lampes vaut :

$$P = \frac{\phi_l}{k} = \frac{2{,}42.10^6}{25} = 96\ 800 \text{ W}$$

$$\boxed{P = 96{,}8 \text{ kW}}$$

3. Chaque lampe à une puissance de 1000 W, donc il faut :

$$\text{lampes} = \frac{P}{1000} = \frac{96{,}8.10^3}{1000} = 96{,}8$$

On prendra donc 97 lampes.

Sur chaque tour on aura : 97/4 = 24,25 soit 25 lampes par tour.

Exercice 5

1. Flux lumineux : $\phi = k \times P = 45 \times 100$

$$\boxed{\phi = 4500 \text{ lm}}$$

2. Intensité lumineuse : $I = \dfrac{\phi}{\Omega} = \dfrac{4500}{\pi}$

$$\boxed{I = 1430 \text{ cd}}$$

3. Éclairement : $E = \frac{I}{d^2} = \frac{1430}{2^2}$

$$\boxed{E = 357{,}5 \text{ lx} \approx 358 \text{ lx}}$$

Exercice 6

1. La lampe émet dans toutes les directions, l'intensité I est constante.

L'éclairement est donné par la relation : $E = \frac{I}{h^2}$.

On calcule au préalable I. On utilise les deux relations suivantes :

$\phi = k \times P$ et $I = \frac{\phi}{\Omega} \Rightarrow I = \frac{k \times P}{\Omega}$. On reporte l'expression de I dans l'expression de l'éclairement, d'où : $E = \frac{k \times P}{\Omega \times h^2}$

$\Omega = 4\pi$ car la source émet dans toutes les directions.

A.N : $E = \frac{14 \times 60}{4\pi \times 3^2}$

$$\boxed{E = 7{,}43 \text{ lx}}$$

2. On désire doubler l'éclairement : E' = 2E.

$$E' = 2E = \frac{k \times P}{\Omega \times h_1^2}$$

$$2E \times \Omega \times h_1^2 = k \times P$$

$$h_1^2 = \frac{k \times P}{2E \times \Omega}$$

$$h_1 = \sqrt{\frac{k \times P}{2E \times \Omega}}$$

A.N : $h_1 = \sqrt{\frac{14 \times 60}{2 \times 7{,}42 \times 4\pi}}$

$$\boxed{h_1 = 2{,}12 \text{ m}}$$

Exercice 7

1. L'éclairement est donné par : $E_0 = \frac{I}{h^2}$.

A.N : $E_0 = \frac{90}{3^2}$

$$\boxed{E_0 = 10 \text{ lx}}$$

2. On utilise les deux relations suivantes :

$$\phi = k \times P \text{ et } I = \frac{\phi}{\Omega} \Rightarrow k \times P = I \times \Omega \Rightarrow k = \frac{I \times \Omega}{P}$$

A.N : $k = \dfrac{90 \times 4\pi}{75}$

$$\boxed{k = 15{,}1 \text{ lm.W}^{-1}}$$

3. On désire obtenir un éclairement E_1 30 % plus important, d'où :
$E_1 = 1{,}3E$

$$1{,}3E = \frac{I}{h_1^2} \Rightarrow h_1 = \sqrt{\frac{I}{1{,}3E}}$$

A.N : $h_1 = \sqrt{\dfrac{90}{1{,}3 \times 10}}$

$$\boxed{h_1 = 2{,}63 \text{ m}}$$

Exercice 8

1. Coût pour 7 000 h d'éclairage :
durée × puissance de la lampe × prix du Wh (penser à bien mettre le prix en Wh).
$7\,000 \times 60 \times 0{,}12.10^{-3} = 50{,}4$ € pour les lampes à incandescence.
$7\,000 \times 10 \times 0{,}12.10^{-3} = 8{,}4$ € pour les lampes fluorescentes.
2. Prix des lampes
Pour 7 000 h on a besoin de 7 lampes à incandescence, d'où :

$$7 \times 1{,}5 = 10{,}5 \text{ €}$$

Pour 7 000 h on a besoin de 1 lampe fluorescente, soit : 12 €.
3. Coût total :
Lampes à incandescence : 60,9 €.
Lampe fluorescente : 20,4 €.
Le rapport entre les deux est presque de 4. On voit bien l'intérêt d'utiliser des lampes fluorescentes.

4. L'éclairement est donné par : $E = \dfrac{I}{h^2}$.

$$\phi = k \times P \text{ et } I = \frac{\phi}{\Omega} \Rightarrow k \times P = I \times \Omega \Rightarrow I = \frac{k \times P}{\Omega} \text{ d'où :}$$

$$E = \frac{k \times P}{\Omega \times h^2}$$

A.N :

Lampes à incandescence : $E = \dfrac{10 \times 60}{4\pi \times 1{,}5^2} \Rightarrow E = 21{,}2$ lx.

Lampe fluorescente : $E = \dfrac{60 \times 10}{4\pi \times 1{,}5^2} \Rightarrow E = 21{,}2$ lx. On obtient le même résultat.

résumés de cours
exercices
contrôles
corrigés

5. Avantages, inconvénients :
Les lampes à incandescence
Avantages : coût peu élevé, bon rendu des couleurs.
Inconvénients : durée de vie faible, efficacité lumineuse faible, dégagement de chaleur.
Les lampes fluorescentes
Avantages : durée de vie importante, bonne efficacité lumineuse, peu de dégagement de chaleur
Inconvénients : coût élevé, médiocre rendu des couleurs.

Exercice 9

1. Le flux lumineux total vaut : $\phi = E \times S = 200 \times 48 = 9\ 600$ lm.
2. Un spot lumineux a un flux de : $\phi_s = k \times P = 15 \times 40 = 600$ lm.
On a donc besoin de : 9 600/600 = 16 spots.
Un tube fluorescent a un flux de : $\phi_s = k \times P = 70 \times 40 = 2\ 800$ lm.
On a donc besoin de : 9 600/2 800 = 3,5, on prendra 4 tubes.
Le branchement des tubes sera plus simple et de plus le prix de revient sur le long terme sera moins élevé. Il est préférable d'utiliser des tubes fluorescents même si le rendu des couleurs est moins bon.

Exercice 10

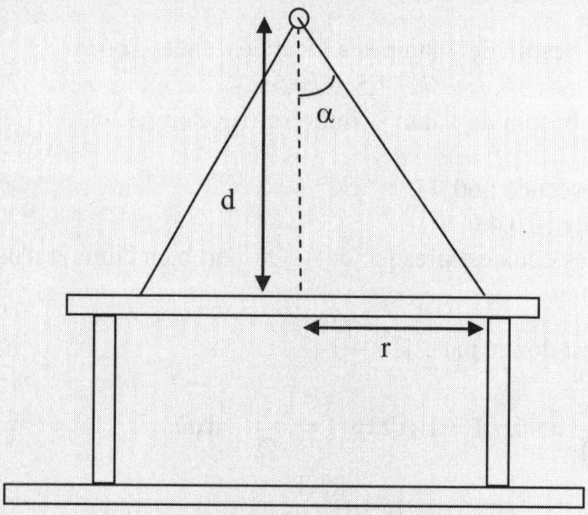

1. Le flux lumineux s'exprime par la relation : $\phi = k \times P$.

$$\phi = 15 \times 20 = 300 \text{ lm.}$$

$$\boxed{\phi = 300 \text{ lm}}$$

2. La mesure de l'angle solide d'un cône de demi angle au sommet α est donnée par la formule : $\Omega = 2\pi(1 - \cos\alpha)$. On calcule cette valeur :

$$\Omega = 2\pi\left(1-\cos\frac{38}{2}\right) = 0,3423 \text{ sr.}$$

On détermine l'intensité lumineuse : $I = \dfrac{\Phi}{\Omega} = \dfrac{300}{0,3423}$

$$\boxed{I = 876 \text{ cd}}$$

3. La lampe étant placée à la verticale du centre de la table, l'éclairement est donné par la relation :

$$E = \frac{I}{d^2} = \frac{876}{2,2^2} \approx 181 \text{ lx.}$$

$$\boxed{E = 181 \text{ lx}}$$

4. On calcule le rayon r de la tache lumineuse.

On a : $\tan\alpha = \dfrac{r}{d}$ d'où $r = d.\tan\alpha = 2,2 \times \tan\dfrac{38}{2} = 0,76$ m.

Le diamètre de la tache vaut 1,52 m et elle couvre une surface $S = \pi r^2 = 1,81$ m^2.

Surface de la table $S_t = 0,8 \times 1,2 = 0,96$ m^2 et la plus grande dimension de la table est la dimension transversale.

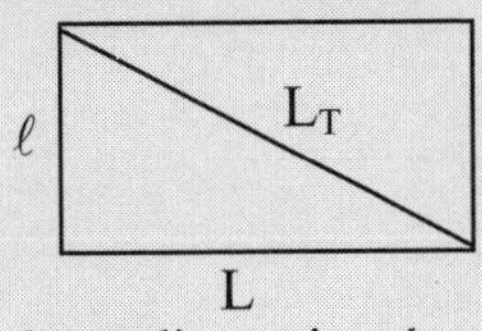

$L_T{}^2 = L^2 + \ell^2 \Rightarrow L_T{}^2 = \sqrt{0,8^2 + 1,2^2} = 1,44$ m.

Cette dimension étant inférieure au diamètre de la tache, la table sera éclairée entièrement.

5. La température du filament d'une lampe halogène basse tension étant relativement faible, la lumière sera riche en radiations rouges et par conséquent la lumière émise sera chaude.

10 Son

LE SON

Définition

Un son est produit par la vibration d'un objet (corde d'un instrument de musique, corde vocale, membrane d'un tambour, d'un haut parleur…). La propagation du son se fait sous la forme d'une onde mécanique. Cette propagation nécessite un support matériel, le son ne se propage pas dans le vide.

Caractéristique d'un son

Hauteur d'un son

Un son paraît d'autant plus aigu (plus haut) que sa fréquence est élevée. La hauteur d'un son dépend donc de sa fréquence. Les basses fréquences sont appelées graves, à l'inverse on appellera les fréquences plus élevées les aigus. La hauteur d'un son sera mesurée par la fréquence de son fondamental. Un son pur correspondra à une vibration purement sinusoïdale.
À noter que l'oreille humaine peut percevoir des fréquences comprises entre 20 Hz et 20 kHz ; avant 20 Hz on parle d'infrasons et au-dessus de 20 kHz on parle d'ultrasons.

Intensité d'un son

L'intensité d'un son va correspondre au fait que l'on peut le percevoir faible ou fort. La perception du son fait intervenir la sensibilité de l'oreille, celle-ci étant différente d'un individu à un autre, on est amené à définir une grandeur : l'intensité sonore I.
L'intensité sonore est la puissance reçue par unité de surface du récepteur. Elle s'exprime en $W.m^{-2}$.

$$\boxed{I = \frac{P}{S}}$$

Pour une calotte sphérique, la surface vaut $S = 4\pi R^2$.
Le seuil de sensibilité de l'oreille vaut $I_0 = 10^{-12}\ W.m^{-2}$.
Le seuil de la douleur $1\ W.m^{-2}$.
L'échelle étant très vaste, on utilise une échelle logarithmique L, niveau sonore en dB (décibel) :

$$\boxed{L = 10 \times \log \frac{I}{I_0}} \quad \text{et} \quad \boxed{I = I_0 \times 10^{\frac{L}{10}}}$$

$L = 0$ dB pour $I = I_0$ et $L = 120$ dB pour $I = 1\ W.m^{-2}$.
On ne peut pas sommer des niveaux sonores : ainsi si deux violons émettent chacun un niveau sonore de 75 dB, la somme des deux ne fera pas 150 dB (voir exercice).

Le niveau sonore est mesuré à l'aide d'un sonomètre.

Perception d'un son

L'ensemble de courbes de la figure ci-dessous est appelée diagramme de Fletcher et Munson. Il représente les courbes d'égale sensation sonore d'une oreille humaine normale en fonction de la fréquence.

La zone d'audition normale est comprise entre la limite de la douleur (vers 120 décibels) et le seuil d'audition (0 dB à 1000 Hz). Elle est en outre limitée vers 30 Hz pour les fréquences basses et vers 15 000 Hz pour les fréquences hautes. Ce diagramme est une moyenne. Il montre que la sensibilité de d'oreille est maximale entre 1 000 et 5 000 Hz. Les limites évoluent d'un sujet à l'autre et pour un même individu en fonction de l'âge ou des maladies et accidents.

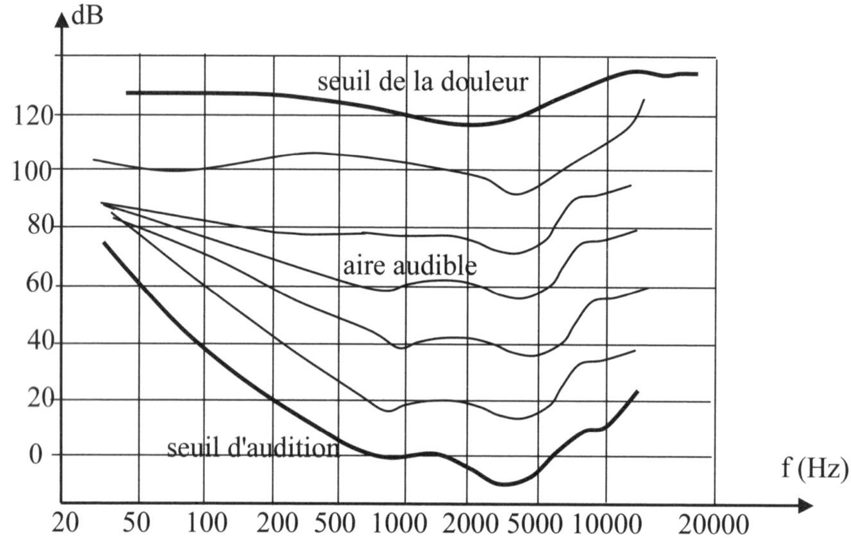

PROPAGATION DU SON

La célérité du son dépend du milieu ou il se propage.

matière	air	eau	chêne	verre	acier	cuivre
v ($m.s^{-1}$)	340	1 500	3 800	5 300	5 500	3 300

Transmission, réflexion

Lorsqu'une onde sonore rencontre une paroi, une partie de l'énergie qu'elle transporte va être réfléchie, une partie est transmise et une partie est absorbée.

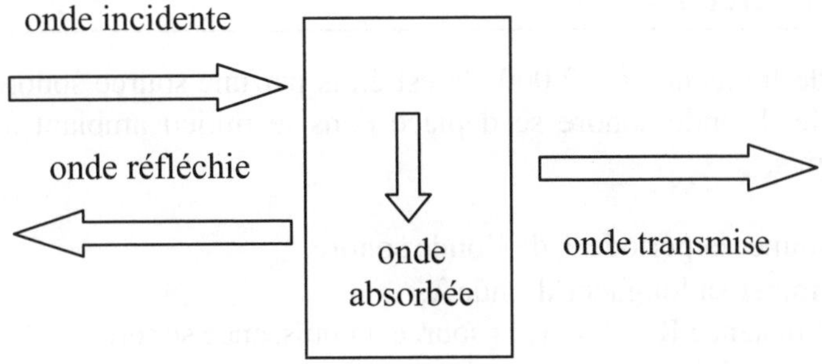

Les matériaux utilisés pour l'isolation phonique vont être classés suivant leur coefficient de transmission, d'absorption…

✱ Exercice 1

⏱ 10 min

On étudie le son restitué par un récepteur radio à l'aide d'un microphone relié à un système d'acquisition informatisé. On obtient le graphe ci-dessous.

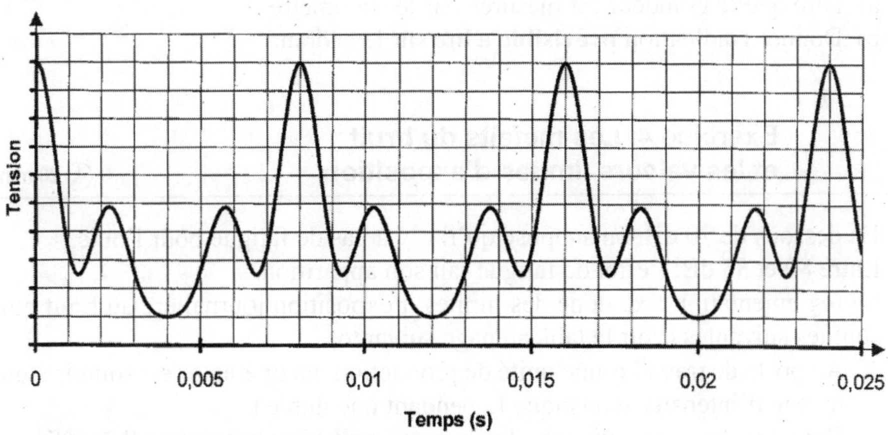

1. Quelle est la période T du signal ?
2. Déterminer la fréquence du signal.
3. Ce son est-il grave, médium ou aigu ?

✷ Exercice 2 — 10 min

Un son de fréquence f = 2 000 Hz est émis par une source sonore supposée ponctuelle. L'onde sonore se déplace dans le milieu ambiant à la vitesse v = 330 m/s.

1.

a) Déterminer la période T de l'onde sonore.

b) Déterminer sa longueur d'onde λ.

2. À une distance R = 2 m de la source, la puissance sonore est P = 20 W. On suppose qu'elle est uniformément répartie sur une sphère de surface $S = 4\pi R^2$.

Calculer l'intensité acoustique I en W/m^2 et arrondir le résultat à 0,1 W/m^2.

3. Un sonomètre enregistre à cette distance de 2 m un niveau acoustique L = 116 dB. Vérifier ce résultat par un calcul détaillé.

✷ Exercice 3 — 10 min

1. Dans une cuve à ultrasons, remplie d'eau, un son se propage avec une célérité c = 1 500 m/s. Sa fréquence est f = 20 kHz.

a) Calculer sa période T.

b) Calculer sa longueur d'onde λ.

2. Les ondes traversant la cuve se dispersent ensuite dans l'air. On place un sonomètre à environ 3 m de la cuve. A cet endroit l'intensité sonore est :

$$I = 10^{-5}\ W/m^2\ (W.m^{-2}).$$

a) Dire quelle grandeur est mesurée par le sonomètre.

b) Donner l'indication **prévisible** à lire sur le cadran.

✷ Exercice 4. Les méfaits du bruit et les valeurs limites d'exposition — 20 min

En dessous de 70 dB, on suppose qu'il n'y a pas de fatigue pour l'ouie.
Entre 80 et 85 dB, l'effet de fatigue fait son apparition.
La réglementation fixe donc des limites d'exposition journalière au bruit qui sont les suivantes (voir le tableau page suivante).

1. Au poste de travail d'une unité de production, un opérateur est soumis à un niveau d'intensité acoustique L_i pendant une durée t.

Dans les deux cas suivants, les normes sont-elles respectées ? Justifier à l'aide du tableau.

a) L_i = 90 dB pendant 3 heures.

b) L_i = 105 dB pendant 1 min.

2. On se propose de calculer l'énergie acoustique reçue par l'oreille lorsque celle-ci est soumise à un bruit de niveau d'intensité acoustique L_i = 85 dB pendant 8 heures.

a) Calculer l'intensité acoustique I correspondante.

b) En prenant $I = 3 \times 10^{-4}$ W/m², calculer la puissance acoustique P reçue par l'oreille, équivalente à une surface $S = 8 \times 10^{-5}$ m².
c) Calculer l'énergie W reçue par l'oreille pendant cette durée.

Niveau d'exposition sonore L en dB(A)	Temps d'exposition maximum
84	9 h
85	8 h
86	6 h
87	5 h
88	4 h
89	3 h
91	2 h
94	1 h
97	30 min
100	15 min
104	5 min
111	1 min

** Exercice 5 — 10 min

Une trompette émet un son dans toutes les directions avec une puissance sonore P = 0,035 W.

1. Calculer l'intensité sonore à la distance R = 10 m de la source (valeur arrondie à 10^{-6}).
2. Si la distance qui nous sépare de la source sonore est multipliée par deux, l'intensité sonore est :
   – multipliée par deux ;
   – divisée par deux ;
   – la même ;
   – divisée par quatre.
   Justifier la réponse.
3. Calculer le niveau d'intensité sonore N en admettant que :
   $I = 2{,}8.10^{-5}$ W/m². Donner l'arrondi à l'unité.

*** Exercice 6 — 20 min

On mesure le niveau sonore émis par un violon, l'appareil indique 70 dB.

1. Avec quel appareil mesure-t-on le niveau sonore ?
2. Quel est le seuil d'audibilité ?
3. Calculer l'intensité sonore correspondant à 70 dB.
4. Deux violonistes jouent un son d'un niveau sonore de 70 dB. Quel est le niveau sonore enregistré par l'appareil ?

5. Si l'on désire obtenir un niveau sonore de 80 dB, combien de violonistes doivent-ils jouer dans les mêmes conditions ?

Formule : $x = A \log \frac{I}{I_0}$ alors $I = I_0 \times 10^{\frac{x}{A}}$.

✱✱ Exercice 7 — 15 min

En fonctionnement une scie électrique émet un bruit de puissance sonore $P = 0,3$ W.
La source sonore est supposée ponctuelle et la distance entre la source et l'oreille de l'utilisateur est 0,50 m.

1.
a) Calculer l'intensité acoustique reçue par l'oreille de l'utilisateur.
b) Calculer le niveau d'intensité acoustique.

2. Au-delà d'un niveau acoustique $L = 85$ dB la norme oblige le port d'un casque anti-bruit. Celui-ci est-il obligatoire pour l'utilisation de la scie ?

✱✱ Exercice 8 — 15 min

Pour étudier l'acoustique d'une galerie, on utilise une source qui émet un signal sonore à une extrémité. Sa puissance acoustique est $P = 5.10^{-4}$ W.
On considère l'onde sonore sphérique (surface $S = 4\pi R^2$).

1. Vérifier par le calcul, que l'intensité sonore I_1 à 1 mètre de la source, est égale à 4.10^{-5} W/m^2.
2. Calculer le niveau sonore correspondant.
3. Calculer l'intensité sonore I' de la source, sachant que le niveau sonore à la distance de 10 m n'est plus que de L' = 56 dB.

✱✱ Exercice 9 — 25 min

Dans l'espace jeux, on installe un banc à proximité d'un haut-parleur qui émet de la musique.
Ce haut-parleur est placé au sommet d'un poteau vertical de hauteur $h = 4$ m ; il est considéré comme une source ponctuelle acoustique S d'ondes sphériques, de puissance sonore $P_1 = 10^{-3}$ W.
Données : Intensité sonore de référence : $I_0 = 10^{-12}$ W m^{-2}.
On rappelle : surface d'une sphère de rayon R, $S = 4\,\pi\,R^2$.

1. Étude du son reçu par la personne A.
a) Calculer l'intensité sonore I_1, reçue par la personne A assise sur le banc exprimée en W.m^{-2}. Les oreilles de cette personne se trouvent en M_1, situé à une hauteur $h_0 = 1,10$ m du sol et à la distance $d = 3,90$ m du poteau support du haut-parleur.

b) En déduire le niveau d'intensité sonore L_1 perçu par la personne A, exprimé en décibels.

2. Une autre personne, B, s'assoit à proximité de la personne A pour une conversation à deux de niveau normal, l'intensité sonore perçue est d'environ 70 dB. On admet que, lorsque deux émissions simultanées de niveaux d'intensité sonore sont séparées de 8 dB au minimum, le son le plus faible devient imperceptible.

a) Déterminer le niveau d'intensité sonore maximal L_2 qui doit provenir du haut-parleur pour que la personne A puisse entendre la personne B sans être gênée par la musique. En déduire l'intensité sonore I_2 maximale correspondante.

b) Déterminer la puissance acoustique maximale P_2, du haut-parleur, pour que les 2 personnes A et B conversent sans être gênées.

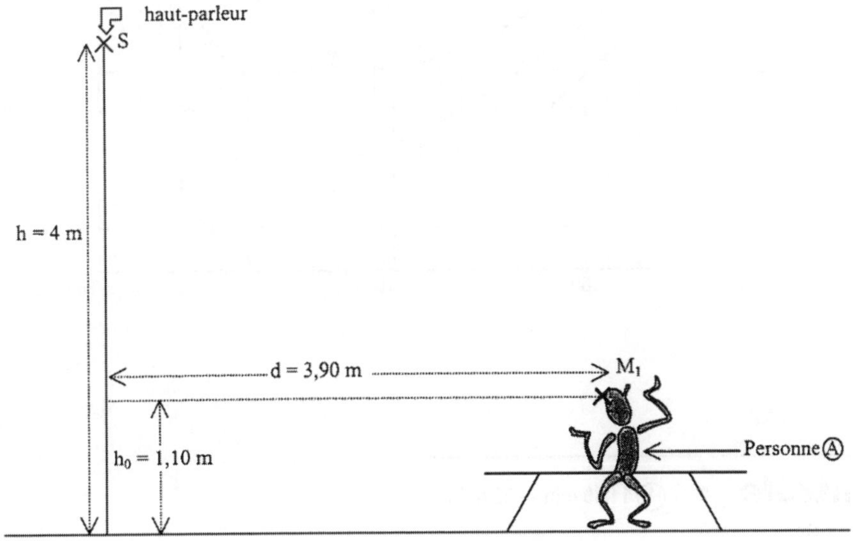

** Exercice 10 — 20 min

La sensation sonore transmise au cerveau dépend du niveau d'intensité sonore et de la fréquence de vibration. On donne les courbes d'égale sensation sonore (figure en fin d'énoncé).

1. À 1 000 Hz, quels sont les seuils d'audibilité et de douleur ?

2. Quel est le niveau sonore d'un son de 40 Hz qui produit la même sensation sonore qu'un son de 40 dB et de fréquence 1 000 Hz ?

3. Pour quel niveau de pression la sensibilité de l'oreille est-elle la moins dépendante de la fréquence ?

4. Quel est le nom de l'appareil qu'utilisent les professionnels de l'isolation phonique pour mesurer le niveau sonore ?

5. La célérité du son dans l'air étant de 340 m/s, calculer la longueur d'onde d'un son de fréquence 1 000 Hz.

6. Un son passe de l'air dans l'eau. Parmi les grandeurs suivantes, préciser celles qui ne changent pas, celles qui augmentent et celles qui diminuent.
célérité - longueur d'onde - fréquence - amplitude

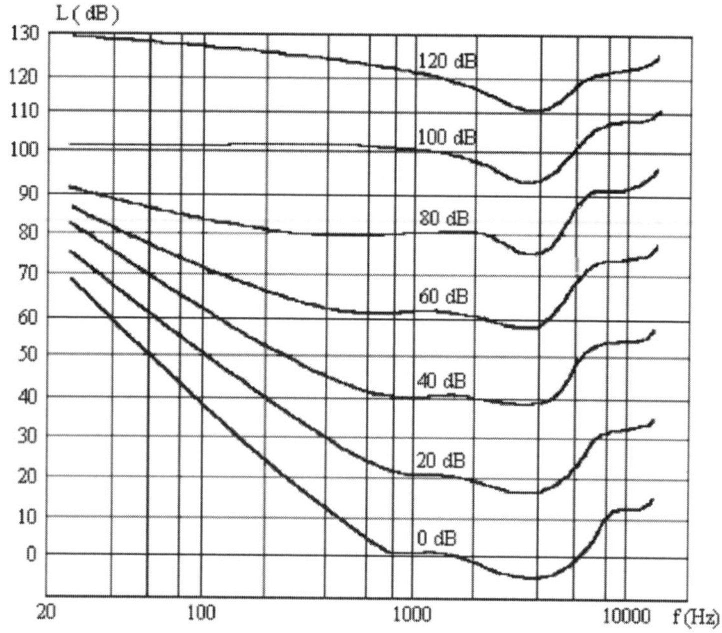

Contrôle

1 h30 min — 20 points

Exercice 1

A. Diapason

Un diapason émet un son pur d'une seule fréquence. L'intensité de ce son est amortie au cours du temps. On place un microphone devant le diapason et on enregistre la tension recueillie aux bornes du microphone grâce à un dispositif d'acquisition de données adapté.

1. Donner l'allure de la courbe représentant la tension ainsi relevée en fonction du temps. La commenter.
2. La fréquence f_d du son émis par le diapason est : $f_d = 440$ Hz.
   On admet que la célérité du son dans l'air, notée c_s est : $c_s = 330$ m.s^{-1}. En déduire la longueur d'onde de ce son.
3. On éloigne le microphone du diapason d'une distance d telle que : d = 50 m. Combien de temps faudra-t-il au son pour parcourir cette distance ?

B. Sonomètre

On place maintenant un sonomètre à une distance d_1 = 5 cm du diapason précédent. Lorsque le diapason est en train d'émettre un son, à un instant t donné, le sonomètre indique alors 80 dB.

1. Quelle est l'intensité acoustique du son émis par le diapason ?

2. On dispose maintenant de 4 diapasons identiques jouant ensemble. Quelle est la valeur lue sur le sonomètre à la distance d_1.

3. L'affaiblissement A d'un signal émis par le diapason entre deux distances d_1 et d_2 ($d_1 < d_2$) est donnée par la relation :

$$\frac{d_2}{d_1} = 10^{\frac{A}{20}}$$

Calculer la distance x dont il faut reculer le sonomètre par rapport à d_1 pour que celui-ci n'indique plus que 65 dB.

Donnée : Intensité minimale audible : $I_0 = 10^{-12}$ w.m^{-2}.

Exercice 2

Une maison en début de construction se situe à 50 m d'une autoroute. Un sonomètre placé à 5 m de l'autoroute indique un niveau sonore de 100 dB. Cette valeur correspond à une puissance acoustique P émise par l'autoroute de 3,14 W.

1.

a) Calculer l'intensité sonore I reçue devant la maison.

b) Calculer le niveau sonore correspondant.

2. On veut obtenir un niveau sonore maximal de 45 dB à l'intérieur de la maison. Calculer l'atténuation acoustique.

3. Afin d'obtenir une atténuation de 35 dB, choisir parmi les propositions du tableau ci-dessous, celles qui conviendraient le mieux.

	Mur n°1	Mur n°2	Mur n°3
	Briques creuses	Briques creuses + 50 mm de laine minérale	Parpaings + 50 mm de laine de verre
Atténuation	33 dB	54 dB	72 dB

Exercice 3

Pour satisfaire aux impératifs d'urgence médicale, le nouveau site d'un hôpital doit se trouver à une distance raisonnable d'un aérodrome pouvant accueillir un hélicoptère et un véhicule du service d'aide médicale d'urgence (SAMU).

1. Le niveau sonore d'un hélicoptère vaut $L_H = 130$ dB. Calculer l'intensité sonore I_H produite par cet hélicoptère.

2. L'intensité sonore produite par un véhicule SAMU vaut $I_S = 1$ W.m^{-2}. Calculer le niveau sonore L_S produit par ce véhicule.

3. Dans certaines circonstances les deux véhicules fonctionnement simultanément en un même lieu.

a) Calculer l'intensité sonore I_T produite dans ce cas.

b) Calculer précisément le niveau sonore L_T correspondant.

4. Lors du fonctionnement simultané de l'hélicoptère et du véhicule SAMU, la puissance acoustique totale produite est estimée à $P = 0{,}50$ W.

On souhaite que le niveau sonore dans l'enceinte de l'hôpital ne dépasse pas $L = 60$ dB. Calculer alors la distance minimale d entre l'hôpital et l'aérodrome.

Corrigés des exercices

Exercice 1

1. On mesure sur le graphique 3 périodes pour avoir plus de précision. Pour 3 T, on trouve 0,024 s, soit une période :

$$\boxed{T = 0{,}008 \text{ s} = 8 \text{ ms}}$$

2. La fréquence est l'inverse de la période :

$$f = \frac{1}{T} = \frac{1}{0{,}008}$$

$$\boxed{f = 125 \text{ Hz}}$$

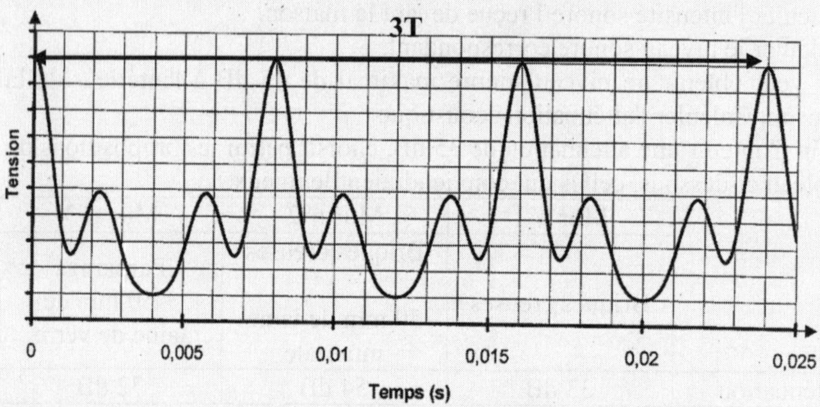

3. 125 Hz est une fréquence basse, elle correspond à un son grave.

Exercice 2

1. a) La période T de l'onde sonore se calcule à l'aide de la relation :

$$T = \frac{1}{f}$$

$$T = \frac{1}{2000}$$

$$\boxed{T = 5.10^{-4} \text{ s}}$$

b) La longueur d'onde λ de cette onde vaut :

$$\lambda = v \times T$$

$$\lambda = 330 \times 5.10^{-4}$$

$$\boxed{\lambda = 0{,}165 \text{ m}}$$

2. L'intensité acoustique I est donnée : $I = \frac{P}{S} \Rightarrow I = \frac{P}{4\pi R^2}$

A.N : $I = \frac{20}{4\pi \times 2^2}$

$$\boxed{I = 0{,}4\ W/m^2}$$

3. Le niveau sonore est donné par la relation : $L = 10\log\frac{I}{I_0}$

A.N : $L = 10\log\frac{0{,}4}{10^{-12}}$

$$\boxed{L = 116\ dB}$$

Exercice 3

1. a) La période T se calcule avec : $T = \frac{1}{f} \Rightarrow T = \frac{1}{20000}$

$$\boxed{T = 50.10^{-6}\ s = 50\ \mu s}$$

b) On en déduit la longueur d'onde λ : $\lambda = cT$

A.N : $\lambda = 1500 \times 50.10^{-6}$

$$\boxed{\lambda = 0{,}075\ m}$$

2. a) La grandeur mesurée par le sonomètre est le niveau d'intensité sonore.

b) On détermine l'indication **prévisible** à lire sur le cadran à l'aide de la relation :

$$L = 10\ \log\frac{I}{I_0}\ \text{avec}\ I_0 = 10^{-12}\ W/m^2$$

A.N : $L = 10\ \log\frac{10^{-5}}{10^{-12}}$

$$\boxed{L = 70\ dB}$$

Exercice 4

1. a) Dans ce cas, les normes ne sont pas respectées puisque le temps maximum d'exposition de 3 heures correspond à un niveau d'intensité acoustique de 89 dB.

b) Ici, les normes sont respectées puisque le temps d'exposition donné correspond à un niveau d'intensité plus élevé.

2. a) On utilise la relation $L = 10\log\frac{I}{I_0}$ à partir de laquelle on en tire la valeur de I (voir formule dans le résumé).

$$I = 10^{-12} \times 10^{\frac{L}{10}}$$

A.N : $I = 10^{-12} \times 10^{8,5}$

$$\boxed{I = 3.10^{-4}\ W/m^2}$$

b) $I = \frac{P}{S}$ donc : $P = I \times S$

$$P = 3 \times 10^{-4} \times 8 \times 10^{-5}$$

$$\boxed{P = 2,4 \times 10^{-8}\ W}$$

c) L'énergie reçue par l'oreille est égale au produit de la puissance par la durée d'exposition :

$$\boxed{W = P \times t}$$

$$W = 2,4 \times 10^{-8} \times 8 \times 3600$$

$$\boxed{W = 6,9 \times 10^{-4}\ J}$$

Exercice 5

1. On détermine l'intensité sonore à partir de la relation :

$$I = \frac{P}{4\pi R^2}$$

$$I = \frac{0,035}{4\pi.10^{-2}}$$

$$\boxed{I = 2,8.10^{-5}\ W/m^2}$$

2. Si la distance qui nous sépare de la source sonore est multipliée par deux, l'intensité sonore est divisée par quatre.

$$I' = \frac{P}{4\pi(2r)^2} = \frac{P}{4\times(4\pi R^2)} = \frac{I}{4}$$

3. Niveau d'intensité sonore :

$$N = 10\ \log\frac{I}{I_0}$$

$$N = 10\ \log\ \frac{2,8.10^{-5}}{10^{-12}}$$

$$\boxed{N = 73\ dB}$$

Exercice 6

1. Le niveau sonore se mesure à l'aide d'un sonomètre.

2. Le seuil d'audibilité est défini pour une intensité sonore de 10^{-12} W.m^{-2}.

3. L'intensité sonore est reliée au niveau sonore par la relation :

$$L = 10\log\frac{I}{I_0}$$

$$70 = 10\text{Log}\frac{I}{10^{-12}} \Rightarrow I = 10^7 \times 10^{-12}$$

$$\boxed{I = 10^{-5}\ \text{W.m}^{-2}}$$

4. Les niveaux sonores ne peuvent s'additionner, par contre il est possible d'ajouter les intensités sonores. Pour un violon émettant un son avec un niveau sonore de 70 dB on avait une intensité sonore de $I = 10^{-5}$ W.m^{-2}. Pour deux violons on aura donc :

$I' = I + I = 2.10^{-5}$ W.m^{-2}, soit un niveau sonore de :

$$L = 10\log\frac{I'}{I_0}$$

Application numérique : $L = 10\text{Log}\frac{2.10^{-5}}{10^{-12}}$

$$\boxed{L = 73\ \text{dB}}$$

5. 80 dB correspond à une intensité sonore de :

$$80 = 10\text{Log}\frac{I''}{10^{-12}} \Rightarrow I'' = 10^8 \times 10^{-12} = 10^{-4}\ \text{W.m}^{-2}$$

Il faut donc : I''/I violons, soit : $\frac{10^{-4}}{10^{-5}} = 10$ violons.

Exercice 7

1. a) L'intensité sonore est donnée la relation $I = \frac{P}{4\pi R^2}$ (R est la distance entre la source et l'oreille).

A.N : $I = \frac{0,3}{4\pi \times 0,5^2}$

$$\boxed{I = 0,096\ \text{W.m}^{-2}}$$

b) Niveau d'intensité acoustique : $L = 10\log\frac{I'}{I_0}$

A.N : $L = 10\text{Log}\frac{0,096}{10^{-12}}$

$$\boxed{L = 111 \text{ dB}}$$

2. Le niveau est nettement supérieur à 85 dB, le port du casque anti-bruit est fortement recommandé.

Exercice 8

1. L'intensité sonore est donnée la relation $I_1 = \frac{P}{4\pi R^2}$

A.N : $I_1 = \frac{5,0.10^{-4}}{4\pi \times 1^2}$

$$\boxed{I_1 = 4,0.10^{-5} \text{ W.m}^{-2}}$$

2. Niveau d'intensité acoustique : $L_1 = 10\log\frac{I_1}{I_0}$

A.N : $L_1 = 10\text{Log}\frac{4.10^{-5}}{10^{-12}}$

$$\boxed{L_1 = 76 \text{ dB}}$$

3. À 10 m de la source l'intensité sonore vaut :

$I' = I_0 \times 10^{\frac{L'}{10}} = 10^{-12} \times 10^{\frac{56}{10}}$

$$\boxed{I' = 4,0.10^{-7} \text{ W.m}^{-2}}$$

Exercice 9

1. Étude du son reçu par la personne A

a) Calculons d'abord la distance de M_1 à S. D'après le théorème de Pythagore, on a :

$SM_1^2 = d^2 + h_1^2$ avec $h_1 = h - h_0 \Rightarrow SM_1 = \sqrt{d^2 + (h - h_0)^2}$

$$SM_1 = \sqrt{3,90^2 + (4 - 1,10)^2} = 4,86 \text{ m.}$$

On peut considérer que la puissance sonore en watts, émise par le haut-parleur, s'il est omnidirectif, va se répartir sur la sphère de centre, le haut-parleur et de rayon 4,86 m.

L'aire S de cette sphère sera :

$S = 4\pi R^2 = 4\pi \times 4,86^2 = 296,8\ m^2$.

L'intensité sonore sera donc : $I = \dfrac{P}{S}$

$$I = \frac{10^{-3}}{296,8} \Rightarrow \boxed{I = 3,37.10^{-6}\ W.m^{-2}.}$$

b) Le niveau d'intensité sonore L_1 est alors donné par :

$$L_1 = 10\log\left(\frac{I}{10^{-12}}\right) = 10\log\left(\frac{3,37.10^{-6}}{10^{-12}}\right)$$

$$\boxed{L_1 = 65,3\ dB}$$

2. Une autre personne B s'assoit à côté de la personne A.
a) Pour que la personne A puisse entendre la personne B sans être gênée par la musique, il faut que la niveau sonore produit par le haut-parleur soit inférieur de 8 dB au niveau sonore produit par la personne B. C'est-à-dire :

$$L_2 = 70 - 8 = 62\ dB.$$

L'intensité sonore I_2 est alors tirée de la formule :

$$I_2 = I_0 \times 10^{\frac{L_2}{10}} = 10^{-12} \times 10^{\frac{62}{10}}$$

$$\boxed{I_2 = 1,6.10^{-6}\ W.m^{-2}}$$

b) On a vu précédemment que : $I = \dfrac{P}{S}$. On en déduit :

$$P = I_2.S = 1,6.10^{-6} \times 296,8$$

$$\boxed{P \approx 4,7.10^{-4}\ W}$$

Exercice 10

1. La lecture se fait directement sur le graphique :
– à 1 000 Hz le seuil d'audibilité est à 0 dB ;
– à 1 000 Hz le seuil de la douleur est à 120 dB.

2. On trace une droite pour f = 40 Hz, le point d'intersection avec la courbe 40 dB nous donne par lecture sur l'axe des ordonnées la valeur en dB soit environ 76 dB.

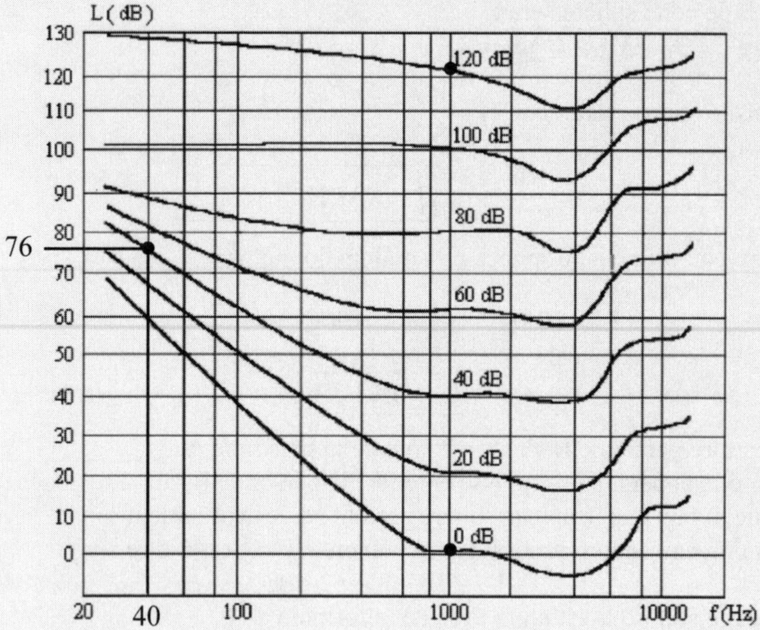

3. On regarde la courbe la plus plate sur le graphique, c'est celle qui correspond à 100 dB (entre 20 et 1 000 Hz) elle est sur ce domaine presque indépendante de la fréquence.

4. On utilise un sonomètre.

5. La longueur d'onde est donnée par la relation $\lambda = c \times T = \frac{c}{f}$ avec c la célérité.

A.N : $\lambda = \frac{340}{1000}$

$$\boxed{\lambda = 0{,}34 \text{ m}}$$

6. Lorsqu'un son passe de l'air à l'eau :

- la célérité augmente ;
- la longueur d'onde augmente (puisque la célérité augmente) et la longueur d'onde dépend du milieu de propagation ;
- la fréquence ne change pas ;
- l'amplitude diminue.

Corrigé du contrôle

Exercice 1

A. Diapason

1. Le signal va s'amortir, son amplitude va diminuer. Il prendra la forme suivante.

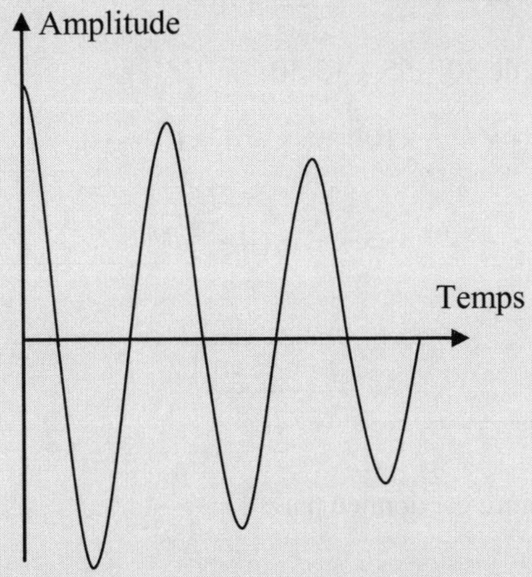

2. La longueur d'onde est donnée par la relation $\lambda = c \times T = \frac{c}{f}$ avec c la célérité.

A.N : $\lambda = \frac{330}{440}$

$$\boxed{\lambda = 0{,}75 \text{ m}}$$

3. Le temps mis pour parcourir la distance vaut : $t = \frac{d}{c_s}$.

A.N : $t = \frac{50}{330}$

$$\boxed{t = 0{,}152 \text{ s}}$$

B. Sonomètre

1. L'intensité sonore I est tirée de la formule :

$I = I_0 \times 10^{\frac{L}{10}} = 10^{-12} \times 10^{\frac{80}{10}}$

$$\boxed{I_2 = 1{,}0.10^{-4} \text{ W.m}^{-2}}$$

2. Les intensités sonores s'additionnent, d'où :

$$L = 10 \text{Log} \frac{4I}{I_0}$$

A.N : $L = 10\text{Log}\dfrac{4\times10^{-4}}{10^{-12}}$

$$\boxed{L = 86 \text{ dB}}$$

3. On recule d'une distance x, d'où $d_2 = d_1 + x$. On reporte cette valeur dans l'expression donnée dans le texte :

$$\frac{d_1 + x}{d_1} = 10^{\frac{A}{20}}$$

L'atténuation A est de 80 – 65 = 15 dB.

$$\frac{d_1 + x}{d_1} = 10^{\frac{A}{20}} \Rightarrow d_1 + x = d_1 \times 10^{\frac{A}{20}} \Rightarrow x = d_1 \times 10^{\frac{A}{20}} - d_1$$

$$\Rightarrow x = d_1(10^{\frac{A}{20}} - 1)$$

A.N : $x = 5\times(10^{\frac{15}{20}} - 1)$

$$\boxed{x = 23 \text{ cm}}$$

Exercice 2

1. a) L'intensité sonore est donnée par : $I = \dfrac{P}{4\pi d^2}$.

A.N : $I = \dfrac{3{,}14}{4\times\pi\times50^2}$

$$\boxed{I = 1{,}0.10^{-4} \text{ W.m}^{-2}}$$

b) Le niveau sonore correspondant vaut : $L = 10\text{Log}\dfrac{I}{I_0}$.

A.N : $L = 10\text{Log}\dfrac{1{,}0.10^{-4}}{10^{-12}}$

$$\boxed{L = 80 \text{ dB}}$$

2. L'atténuation acoustique est de 80 – 45 = 35 dB.
3. On choisira le mur n° 2 ou 3.

Exercice 3

1. On utilise la relation : $I_H = I_0 \times 10^{\frac{L}{10}}$.

A.N : $I_H = 10^{-12} \times 10^{\frac{130}{10}}$

$$\boxed{I_H = 10 \text{ W.m}^{-2}}$$

2. Le niveau sonore vaut : $L_s = 10\text{Log}\dfrac{I_s}{I_0}$

A.N : $L_s = 10 \times \text{Log}\dfrac{1}{10^{-12}}$

$$\boxed{L_s = 120\ \text{dB}}$$

3.

a) Les intensités sonores se somment, d'où : $I_T = I_H + I_s = 10 + 1$

$$\boxed{I_T = 11\ \text{W.m}^{-2}}$$

b) Niveau sonore : $L_T = 10\text{Log}\dfrac{I_T}{I_0}$

A.N : $L_T = 10 \times \text{Log}\dfrac{11}{10^{-12}}$

$$\boxed{L_T = 130{,}4\ \text{dB}}$$

4. On utilise la relation : $I = I_0 \times 10^{\frac{L}{10}}$

A.N : $I = 10^{-12} \times 10^{\frac{60}{10}}$

$$\boxed{I = 10^{-6}\ \text{W.m}^{-2}}$$

La distance se détermine à partir de la relation : $I = \dfrac{p}{4\pi d^2}$ d'où :

$$d = \sqrt{\frac{p}{4\pi I}}$$

A.N : $d = \sqrt{\dfrac{0{,}5}{4 \times \pi \times 10^{-6}}}$

$$\boxed{d = 200\ \text{m}}$$

11 Les ondes

ONDES MÉCANIQUES PROGRESSIVES

Définitions

Une onde mécanique progressive est la propagation d'une perturbation dans un milieu matériel.
Elle se propage sans transport de matière mais avec transport d'énergie.
L'onde est transversale si la perturbation est perpendiculaire, normale à la direction de propagation (ondes à la surface de l'eau, le long d'une corde).
Une onde est longitudinale si la perturbation est parallèle à la direction de propagation (ondes sonores, le long d'un ressort).

Propriétés

Dans un milieu matériel, une onde se propage de proche en proche (pas de discontinuité) ; cette propagation est caractérisée par sa vitesse v appelée célérité qui dépend du milieu matériel.
La perturbation du point source est une fonction du temps.
Exemple de la corde :

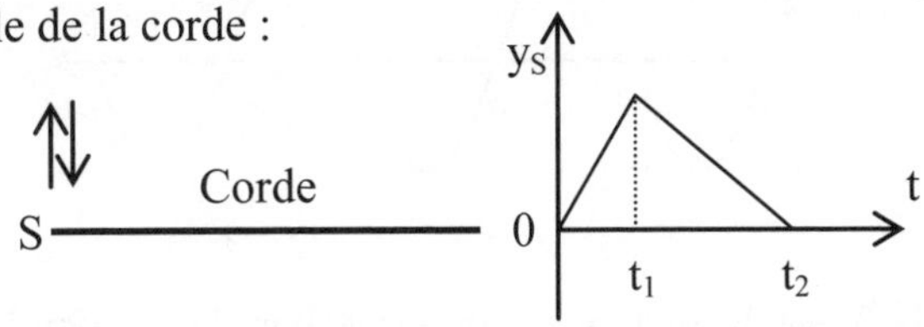

Le déplacement y appelé élongation est une fonction du temps noté $y_S(t)$.
La perturbation d'un point M est la perturbation du point source avec un retard θ. $\theta = \frac{x}{v}$ (x = SM) : $y_M(t) = y_S(t - \theta)$.
Une onde progressive peut être unidimensionnelle (le long d'une corde), bidimensionnelle (à la surface de l'eau), tridimensionnelle (ondes sonores).

Deux ondes peuvent se croiser sans se perturber.

ONDES PROGRESSIVES PÉRIODIQUES

Définitions

Une onde progressive est périodique si la perturbation de la source est reproduite à intervalles de temps égaux (vibration).
Une telle onde présente une double périodicité, temporelle et spatiale.

Périodicité temporelle

Tous les points du milieu matériel ont la même période T de vibration : celle du point source S.

Élongation d'un point de la corde au cours du temps :

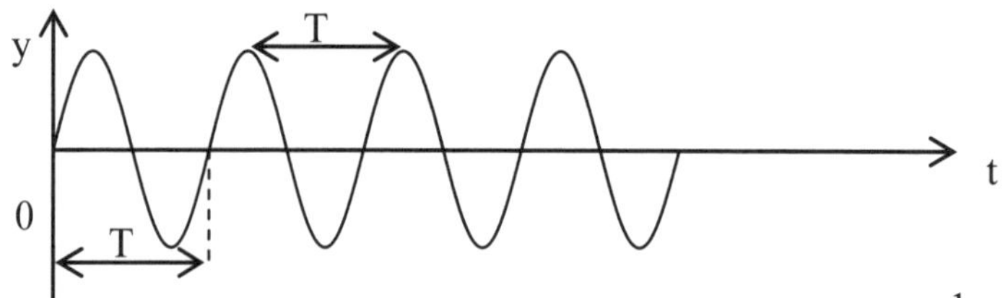

La fréquence (notation f ou ν) est l'inverse de la période $f = \frac{1}{T}$ f en Hz et T en s.

Périodicité spatiale

À une date et dans une direction de propagation données, la déformation du milieu revient identique à elle-même, à intervalles (de distance) réguliers ; cet intervalle est appelé longueur d'onde (unité : le mètre).
Allure de la corde à la date t :

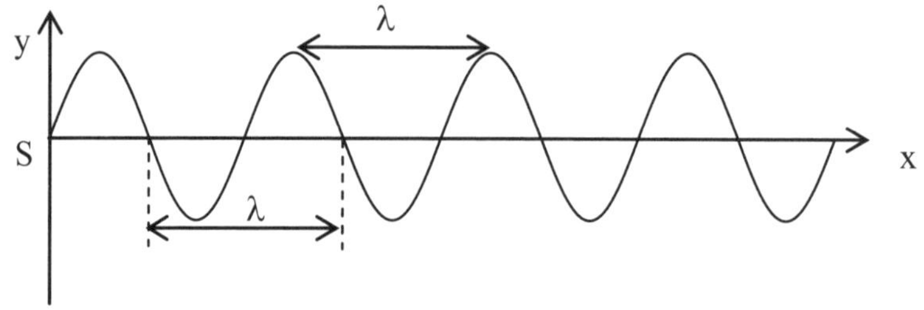

La longueur d'onde λ est la distance parcourue par l'onde pendant une période T à la célérité v :

$$\boxed{\lambda = v\,T}$$

La célérité v dépend de la nature du milieu de propagation. Elle s'exprime en $m.s^{-1}$.

Ondes sonores

Les ondes sonores ou ultrasonores sont des ondes mécaniques longitudinales. Ces ondes ont donc besoin d'un milieu matériel pour se propager, en conséquence elles ne peuvent se propager dans le vide.

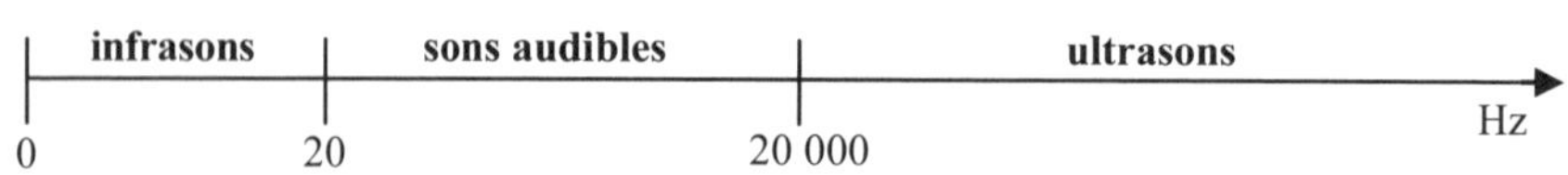

La célérité de propagation des ondes sonores dépend du milieu de propagation et de la température.

célérité en $m.s^{-1}$ à 20 °C	258	334	1450	3 560	5 050
milieu	CO_2	air	eau	cuivre	acier

Réflexion d'une onde

L'onde ultrasonore se réfléchit quand elle rencontre un obstacle en respectant les lois de Descartes. L'angle d'incidence i est égal à l'angle réfléchi r.

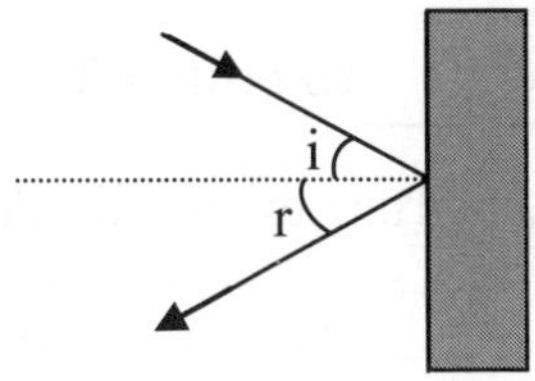

L'onde ultrasonore transporte aussi de l'énergie. Lors de la réflexion une partie de cette énergie revient vers l'émetteur, l'autre partie est transmise et peut participer à des réflexions ultérieures.

En mesurant la durée que met l'onde pour effectuer un aller retour depuis la source émettrice, on peut en déduire la distance entre l'objet et la source émettrice, ou si l'on connaît la distance on peut en déduire la célérité, selon la relation :

$$D = \frac{1}{2} \times v \times \Delta t$$

v est la vitesse de l'onde ultrasonore en mètre par seconde ($m.s^{-1}$).

Δt est la durée en secondes (s) de l'aller-retour.

D est la distance entre l'objet et la source émettrice en mètres (m).

C'est sur ce principe que fonctionnent les télémètres, les sondeurs…

L'échographie est basée sur une technique qui va utiliser la réflexion et la transmission des ondes ultrasonores. Lorsqu'une onde arrive sur un organe une partie est transmise et l'autre est réfléchie vers l'émetteur, comme chaque organe va avoir une réponse différente, il est alors possible de les identifier.

✷ Exercice 1 — 10 min

On donne plusieurs fréquences d'ondes sonores.

$f_1 = 150$ Hz ; $f_2 = 45\,000$ Hz ; $f_3 = 5$ Hz.

1. À quel domaine des sons appartiennent ces ondes sonores ?

2. Calculer leur longueur d'onde lorsqu'elles se propagent dans l'air ($v = 340\ m.s^{-1}$).

✱ Exercice 2 — 10 min

Une onde progressive se déplace le long d'une corde de longueur 1,5 m. Elle met 10 ms pour atteindre l'autre extrémité de la corde.

1. Définir une onde progressive.
2. Calculer la célérité.
3. Quelle partie de la corde a subi le passage de l'onde à la date t = 5 ms.

✱ Exercice 3 — 15 min

Lors d'une expérience de mesure de la vitesse du son dans l'air, deux micros placés sur le même axe, à 2 m l'un de l'autre, reçoivent le même son avec un décalage de 5,88 ms, on visualise le signal reçu à l'aide d'un oscilloscope (oscillogramme ci-contre).

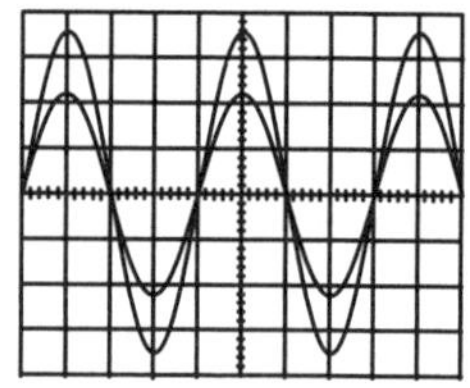

1. Caractériser l'onde sonore.
2. Calculer la célérité de l'onde sonore.
3. Les signaux reçus par les micros sont-ils en phase ?
4. Quel est la distance minimale entre les deux micros pour que ceux-ci soient en opposition de phase.

✱ Exercice 4 — 15 min

Un sonar permet de déterminer la profondeur des fonds marins, il est constitué d'un émetteur et d'un récepteur. Le sonar étudié est alimenté par une tension sinusoïdale de fréquence 20 kHz. La célérité de ces ondes dans l'eau est de 1 500 $m.s^{-1}$.

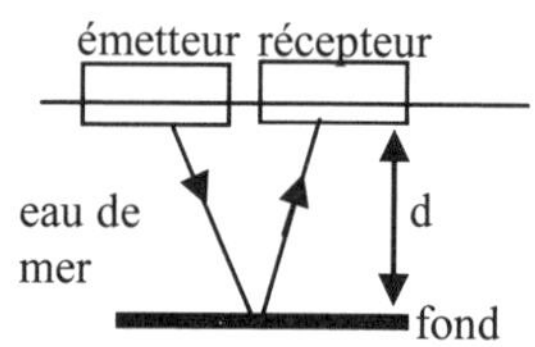

1. Calculer la période de ce son.
2. Calculer la longueur d'onde de cette vibration.
3. Avec quel retard, le récepteur reçoit les vibrations émises par l'émetteur pour d = 50 m et d = 800 m ?
(On considère que le trajet s'effectue en ligne droite.)
4. De combien c'est déplacé le navire, entre l'instant d'émission et l'instant de réception s'il se déplace à 15 nœuds (1 nœud ≈ 1,8 $km.h^{-1}$) ? Que pensez-vous des ces résultats ?

✱✱ Exercice 5 — 10 min

Un vibreur frappe la surface de l'eau d'une cuve à ondes à la fréquence de 5 Hz. 1,5 cm séparent les crêtes de deux vagues consécutives.

1. L'onde émise est-elle transversale ou longitudinale ? Calculer sa longueur d'onde.

2. Donner la position des crêtes des 5 premières vagues quand le vibreur est au plus bas de sa course.
3. Exprimer les positions des crêtes en fonction de λ.

✱✱ Exercice 6 — 60 min

Comment déterminer le relief du fond marin avec un sondeur ?

Les trois parties de l'exercice sont indépendantes.

I. Étude de l'one ultrasonore dans l'eau de mer

1. Définir une onde mécanique progressive.
2. L'onde ultrasonore est-elle une onde longitudinale ou transversale ? Justifier la réponse.
3. La lumière est une onde progressive périodique mais elle n'est pas mécanique.
   Quelle observation permet de montrer que la lumière n'est pas une onde mécanique ?

II. Détermination de la célérité des ondes ultrasonores dans l'eau

La célérité des ultrasons dans l'air $v_{air} = 340\ m.s^{-1}$ est plus faible que la célérité des ultrasons dans l'eau de mer v_{eau}.

Un émetteur produit simultanément des salves d'ondes ultrasonores dans un tube rempli d'eau de mer et dans l'air (voir figure 1). À une distance d de l'émetteur d'ondes ultrasonores, sont placés deux récepteurs, l'un dans l'air et l'autre dans l'eau de mer.

Le récepteur A est relié à l'entrée A du système d'acquisition d'un ordinateur et le récepteur B à l'entrée B. L'acquisition commence lorsqu'un signal est reçu sur l'entrée B du système.

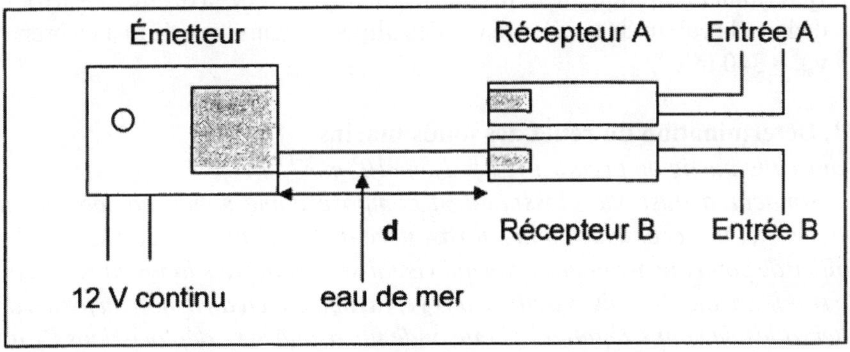

Figure 1

1. Pourquoi est-il nécessaire de déclencher l'acquisition lorsqu'un signal est reçu sur l'entrée B ?

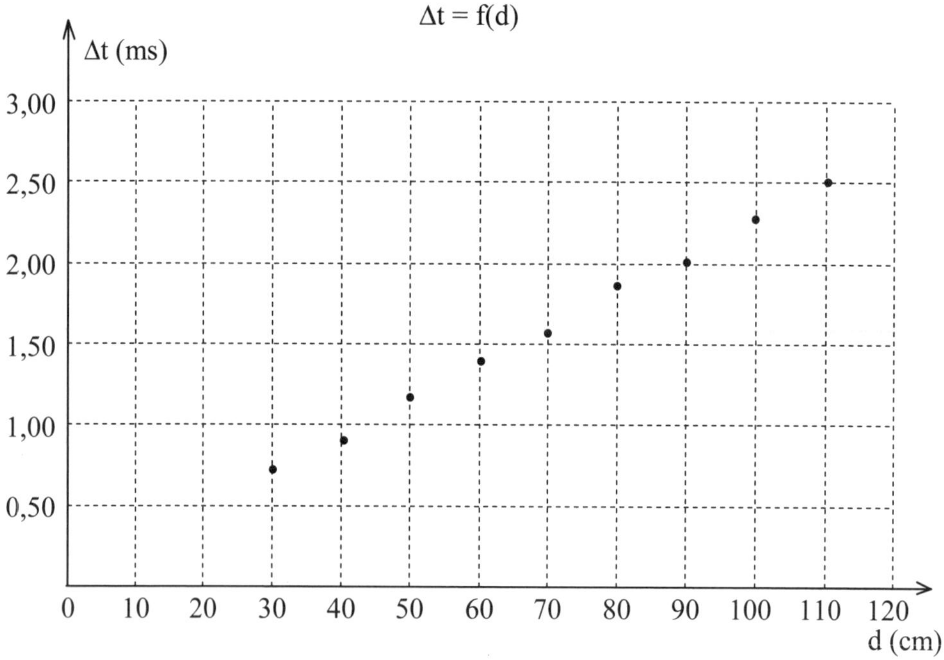

2. Donner l'expression du retard Δt entre la réception des ultrasons par les deux récepteurs en fonction de t_A et t_B, durées que mettent les ultrasons pour parcourir respectivement la distance d dans l'air et dans l'eau de mer.

3. On détermine Δt pour différentes distances d entre l'émetteur et les récepteurs. On traite les données avec un tableur et on obtient le graphe $\Delta t = f(d)$ ci-dessus.

a) Donner l'expression de Δt en fonction de d, v_{air}, v_{eau}.

b) Justifier l'allure de la courbe obtenue.

c) Déterminer graphiquement le coefficient directeur de la droite $\Delta t = f(d)$. En déduire la valeur de la célérité v_{eau} des ultrasons dans l'eau de mer en prenant $v_{air} = 340\ m.s^{-1}$.

III. Détermination du relief des fonds marins

Dans cette partie on prendra $v_{eau} = 1{,}50 \times 10^3\ m.s^{-1}$.

Un sondeur acoustique classique est composé d'une sonde comportant un émetteur et un récepteur d'onde ultrasonore de fréquence $f = 200$ kHz et d'un boîtier de contrôle ayant un écran qui visualise le relief des fonds sous-marins. La sonde envoie des salves d'ultrasons verticalement en direction du fond à des intervalles de temps réguliers ; cette onde ultrasonore se déplace dans l'eau à une vitesse constante v_{eau}. Quand elle rencontre un obstacle, une partie de l'onde est réfléchie et renvoyée vers la source. La détermination du retard entre l'émission et la réception du signal permet de calculer la profondeur p.

Un bateau se déplace en ligne droite suivant un axe x'x en explorant le fond depuis le point A $x_A = 0$ m jusqu'au point B $x_B = 50$ m (figure 2).

Le sondeur émet des salves d'ultrasons à intervalles de temps égaux, on mesure à l'aide d'un oscilloscope la durée Δt séparant l'émission de la salve de la réception de son écho.

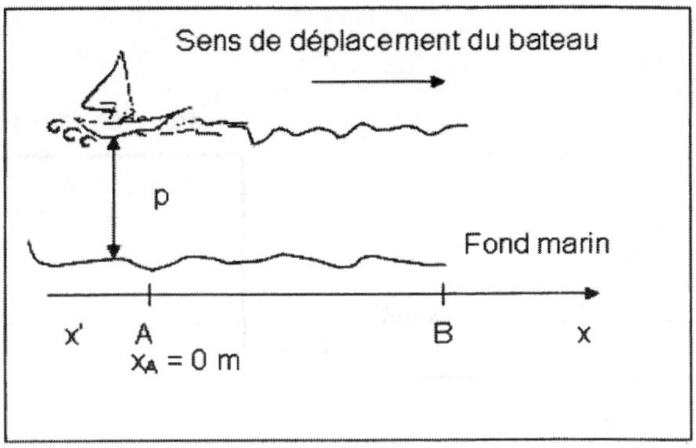

Figure 2

1. L'oscillogramme ci-dessous montre l'écran d'un oscilloscope lorsque le bateau se trouve en A (x_A = 0 m). L'une des voies représente le signal émis, l'autre le signal reçu par le récepteur. Sur l'oscillogramme, on a décalé la voie 2 vers le bas pour distinguer nettement les deux signaux.

Sensibilité Horizontale : 10 ms / div

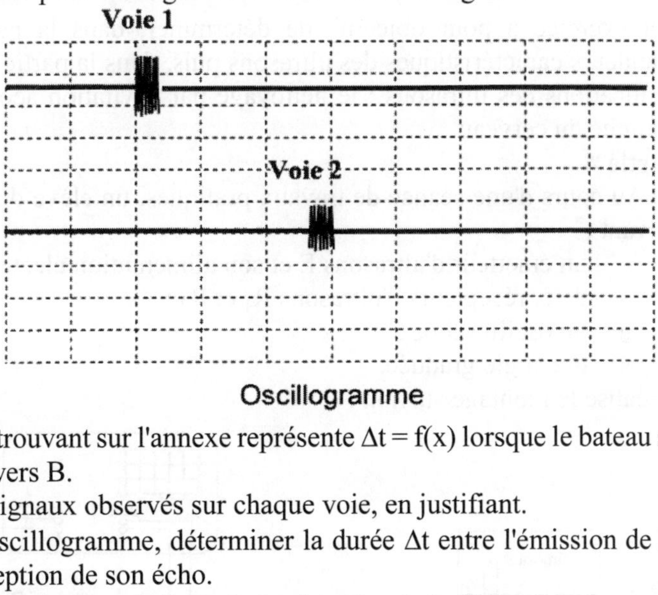

Oscillogramme

La figure 3 se trouvant sur l'annexe représente Δt = f(x) lorsque le bateau se déplace de A vers B.

a) Identifier les signaux observés sur chaque voie, en justifiant.
b) À partir de l'oscillogramme, déterminer la durée Δt entre l'émission de la salve et la réception de son écho.
c) En déduire la graduation de l'axe des ordonnées de la figure 3 se trouvant sur l'annexe représentant la durée Δt en fonction de la position x du bateau.

2. Déterminer la relation permettant de calculer la profondeur p en fonction de Δt et v_{eau}.
3. Tracer sur la figure 4, l'allure du fond marin exploré en précisant la profondeur p en mètres en fonction de la position x du bateau.
4. Le sondeur envoie des salves d'ultrasons à intervalles de temps réguliers T. Pour une bonne réception, le signal émis et son écho ne doivent pas se chevaucher. Le sondeur est utilisable jusqu'à une profondeur de 360 m.

Déterminer la période minimale T_m des salves d'ultrasons permettant ce fonctionnement.

Annexe

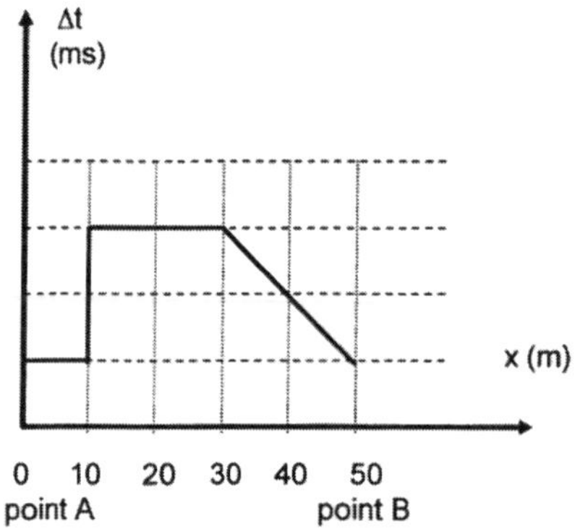

Figure 3

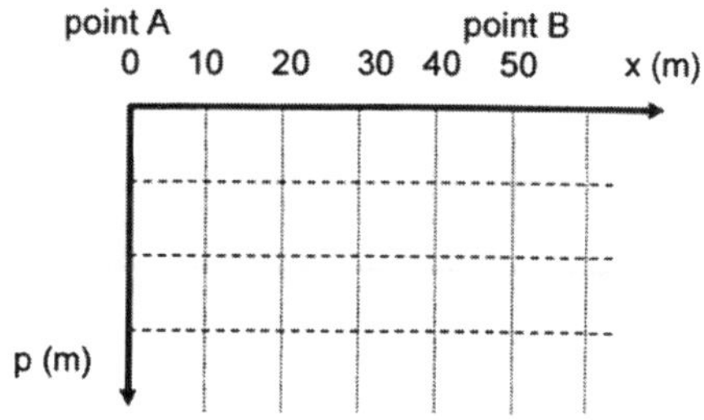

Figure 4

** Exercice 7

60 min

Cet exercice a pour objectifs de déterminer, dans la partie A, quelques grandeurs caractéristiques des ultrasons puis, dans la partie B, d'étudier deux applications des ultrasons : le nettoyage par cavitation acoustique et l'échogramme du cerveau.

Partie A

I. Au cours d'une séance de travaux pratiques, un élève dispose du matériel suivant :

– un émetteur d'ultrasons E et son alimentation électrique ;
– deux récepteurs d'ultrasons R_1 et R_2 ;
– un oscilloscope ;
– une règle graduée.

Il réalise le montage suivant :

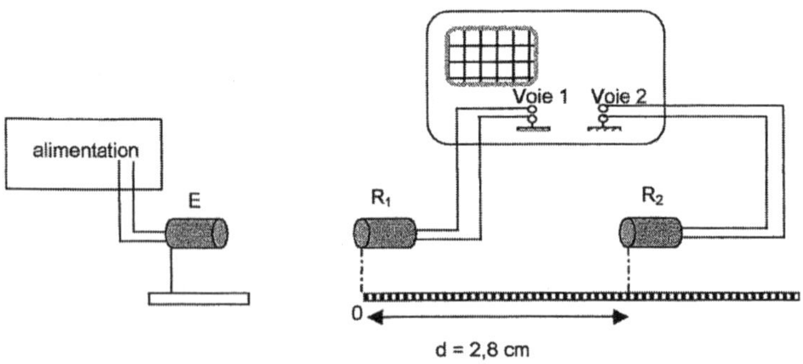

L'émetteur E génère une onde ultrasonore progressive sinusoïdale qui se propage dans l'air jusqu'aux récepteurs R_1 et R_2. L'émetteur et les deux récepteurs sont alignés. Le récepteur R_1 est placé au zéro de la règle graduée. Les signaux captés par les récepteurs R_1 et R_2 sont appliqués respectivement sur les voies 1 et 2 d'un oscilloscope pour être visualisés sur l'écran de celui-ci. Lorsque le récepteur R_2 est situé à d = 2,8 cm du récepteur R_1, les signaux reçus par les deux récepteurs sont en phase. On observe l'oscillogramme ci-dessous sur l'écran.

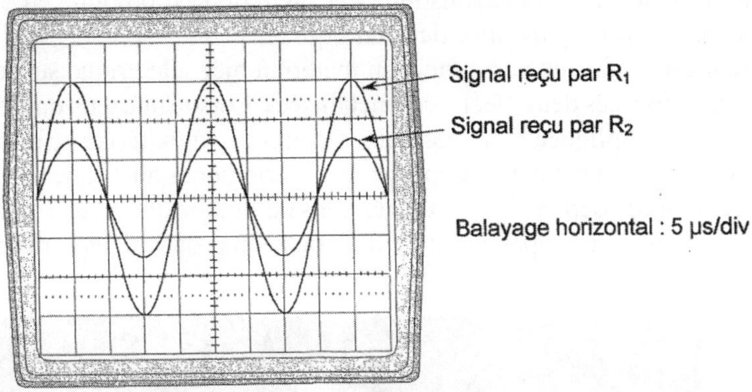

1. Déterminer la fréquence f des ultrasons émis.

On éloigne lentement R_2 le long de la règle ; on constate que le signal reçu par R_2 se décale vers la droite ; on continue à éloigner R_2 jusqu'à ce que les signaux reçus par R_1 et R_2 soient à nouveau en phase. Soit R'_2 la nouvelle position occupée par R_2. On relève la distance d' séparant désormais R_1 de R'_2 : on lit d' = 3,5 cm.

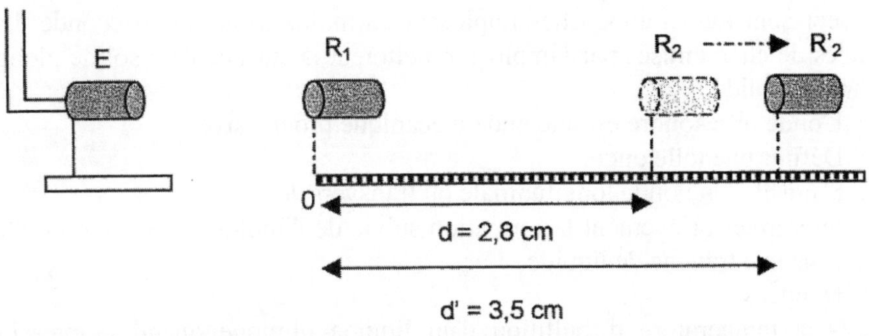

2. Définir en une phrase la longueur d'onde λ ; écrire la relation entre la longueur d'onde λ, la célérité v des ultrasons dans le milieu et la période T des ultrasons.

3. Exprimer en fonction de la période T des ultrasons le retard τ du signal reçu par R'_2 par rapport à celui reçu par R_2.
En déduire la longueur d'onde.

4. Calculer la célérité des ultrasons dans l'air.

5. On immerge, en veillant à leur étanchéité, l'émetteur et les deux récepteurs R_1 et R_2 dans l'eau contenue dans une cuve de dimensions suffisantes. Sans changer la fréquence f de l'émetteur, on constate que pour observer deux signaux successifs captés par R_2 en phase, il faut éloigner R_2 de R_1 sur une distance 4 fois plus grande que dans l'air.
Déterminer la célérité des ultrasons dans l'eau.

Partie B

II. Le nettoyage par cavitation acoustique

Le nettoyage par ultrasons est mis en œuvre dans de très nombreux secteurs d'activités : industrie mécanique, horlogerie, bijouterie, optique ... Il repose sur le phénomène de cavitation acoustique : la cavitation est produite en émettant des ultrasons de forte puissance dans un liquide.

L'émetteur est un disque constitué d'un matériau piézoélectrique sur les faces duquel sont déposées deux électrodes métallisées. Lorsqu'une tension électrique sinusoïdale est appliquée entre ces deux électrodes, le matériau se dilate et se contracte périodiquement. Ces déplacements périodiques du disque provoquent des successions de dépressions - surpressions du liquide qui est en son contact. Cette perturbation se propage ensuite de proche en proche dans l'ensemble du fluide : c'est l'onde ultrasonore.

Lors du passage de l'onde dans une « tranche » de liquide, le phénomène de cavitation se produit si la puissance de l'onde est suffisante : des microbulles de vapeur dont le diamètre peut atteindre 100 µm apparaissent. Les microbulles de vapeur sont transitoires. Elles implosent en moins d'une microseconde. Les ondes de choc émises par l'implosion nettoient la surface d'un solide plongé dans le liquide.

1. L'onde ultrasonore est une onde mécanique progressive.
   Définir une telle onde.
2. S'agit-il d'une onde longitudinale ou transversale ?
3. Interpréter brièvement la formation suivie de l'implosion des microbulles dans une tranche de liquide.
   Données :
   – la température d'ébullition d'un liquide diminue quand la pression diminue ;
   – définition d'une implosion : écrasement brutal d'un corps creux sous l'effet d'une pression extérieure supérieure à la pression intérieure.

III. L'échogramme du cerveau

Une sonde, jouant le rôle d'émetteur et de récepteur, envoie une impulsion ultrasonore de faible durée et de faible puissance en direction du crâne d'un patient. L'onde sonore pénètre dans le crâne, s'y propage et s'y réfléchit chaque fois qu'elle change de milieu. Les signaux réfléchis génèrent des échos qui, au retour sur la sonde, y engendrent une tension électrique très brève. Un oscilloscope relié à la sonde permet la détection à la fois de l'impulsion émettrice et des divers échos.

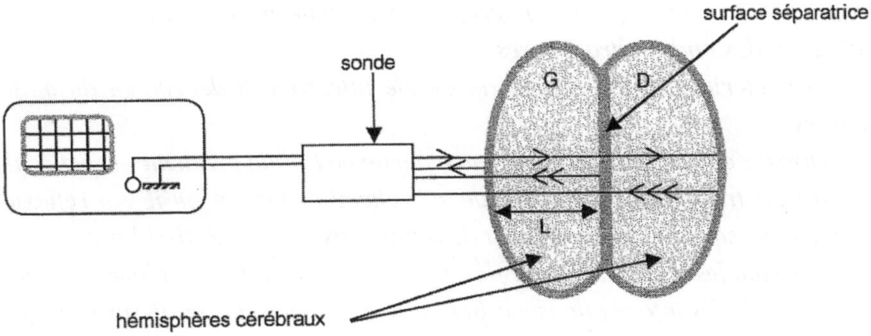

L'oscillogramme obtenu sur un patient permet de tracer l'échogramme ci-dessous : les tensions électriques étant redressées, seule la partie positive de celles-ci est envoyée sur l'oscilloscope ; la durée d'émission de l'impulsion étant très brève ainsi que celle des échos, on observe sur l'écran des pics verticaux : P_0, P_1, P_2, P_3.

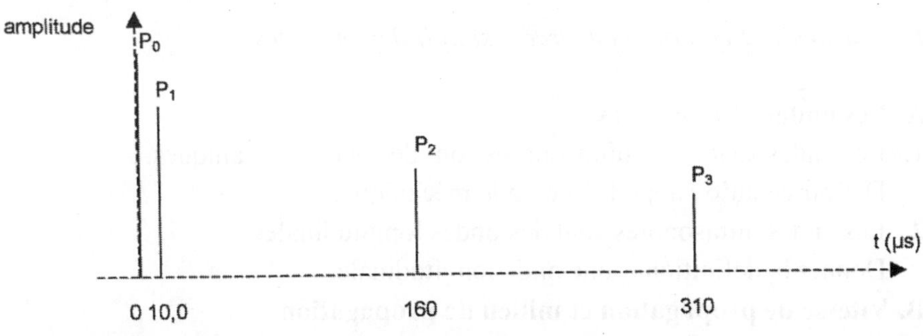

P_0 correspond à l'émission à l'instant de date t = 0 s de l'impulsion ; P_1 à l'écho du à la réflexion sur la surface externe de l'hémisphère gauche (G sur le schéma) ; P_2 à l'écho sur la surface de séparation des deux hémisphères ; P_3 à l'écho sur la surface interne de l'hémisphère droit (D sur le schéma). La célérité des ultrasons dans les hémisphères est $v = 1\,500\ m.s^{-1}$.

1. Quelle est la durée Δt du parcours de l'onde ultrasonore dans l'hémisphère gauche ainsi que dans le droit ?
2. En déduire la largeur L de chaque hémisphère.

Contrôle

1 h 30 min — 10 points

L'ÉCHOGRAPHIE : COMMENT ÇA « MARCHE » ?

En médecine, l'échographie est un examen courant, indolore et non dangereux permettant l'observation « directe » d'organes internes. La technique de l'échographie utilise des ondes ultrasonores produites par une sonde jouant le rôle d'émetteur et de récepteur. Les fréquences utilisées dépendent des organes ou des tissus biologiques à sonder (2 MHz à 15 MHz).

Pour obtenir une image par échographie on exploite entre autres, les propriétés suivantes des ondes ultrasonores :

– la célérité et l'absorption de l'onde ultrasonore dépendent du milieu traversé ;

– lorsqu'elle change de milieu, une partie de l'onde incidente est réfléchie, l'autre est transmise (elle continue son chemin). On dit qu'il y a réflexion partielle lorsqu'il y a changement de milieu aux interfaces tissulaires.

Connaissant les temps de retour des échos, leurs amplitudes et leurs célérités, on en déduit des informations sur la nature et l'épaisseur des tissus traversés. Un ordinateur compile toutes les informations et fournit des images de synthèse des organes sondés.

L'objectif de cet exercice est, après l'étude de quelques propriétés des ondes ultrasonores, d'illustrer le principe de l'échographie linéaire unidimensionnelle par la mesure de l'épaisseur d'un obstacle.

Les parties 1, 2 et 3 de cet exercice sont indépendantes.

A. Les ondes ultrasonores

1. Les ondes sonores et ultrasonores sont des ondes mécaniques.
Définir ce qu'on appelle une onde mécanique.

2. Les ondes ultrasonores sont des ondes longitudinales.
Donner la définition d'une onde longitudinale.

B. Vitesse de propagation et milieu de propagation

Un émetteur ultrasonore est relié à un générateur de salves. L'émetteur est le siège d'oscillations très brèves. Le récepteur transforme l'onde ultrasonore reçue en signal électrique de même fréquence que cette onde. L'émetteur et le récepteur, placés dans un même milieu, en regard l'un de l'autre et à une distance donnée ℓ, sont reliés à un oscilloscope à mémoire. Les acquisitions sont transférées vers un tableur grapheur scientifique.

Les graphes ci-dessous donnent le signal capté par le récepteur. L'origine des dates $t = 0$ s est l'instant de l'émission. Selon les milieux traversés on obtient les deux enregistrements figure 1 et figure 2.

1. Sans faire de calcul, expliquer à l'aide des graphiques dans quel milieu la propagation des ultrasons est la plus rapide.

2. L'émetteur et le récepteur sont séparés par une distance $\ell = 20{,}0$ cm.
Calculer la vitesse de propagation des ultrasons dans l'eau.

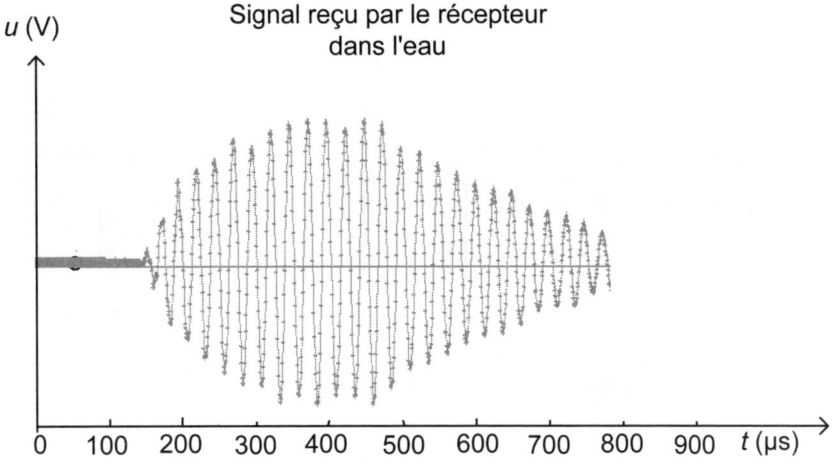

Figure 1

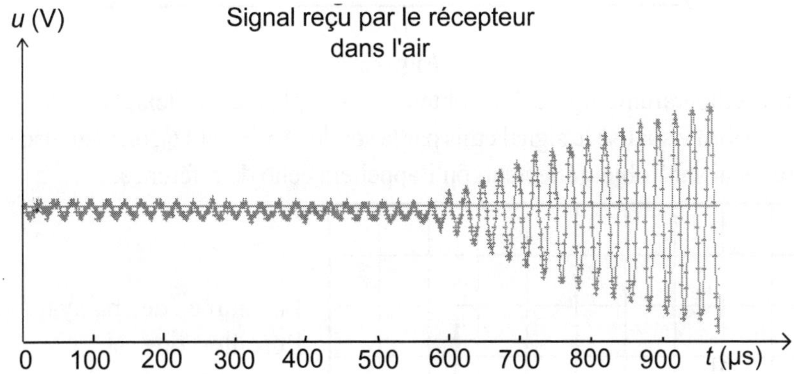

Figure 2

C. Comprendre le principe de l'échographie - Modélisation

Dans un récipient rempli d'eau, on place une plaque de Plexiglas® d'épaisseur e. L'eau simule le corps humain dont la composition est de 65 à 90 % d'eau (excepté pour les os et les dents). La plaque de plexiglas simule un muscle dense.

Une sonde échographique constituée d'un émetteur et d'un récepteur est plongée dans l'eau. Les signaux émis et reçus par la sonde sont très brefs. Sur les oscillogrammes, on représentera par un pic simple les signaux nécessaires à l'exploitation. On choisit sur les oscillogrammes l'origine des dates à l'instant de l'émission du signal.

Schéma de principe :

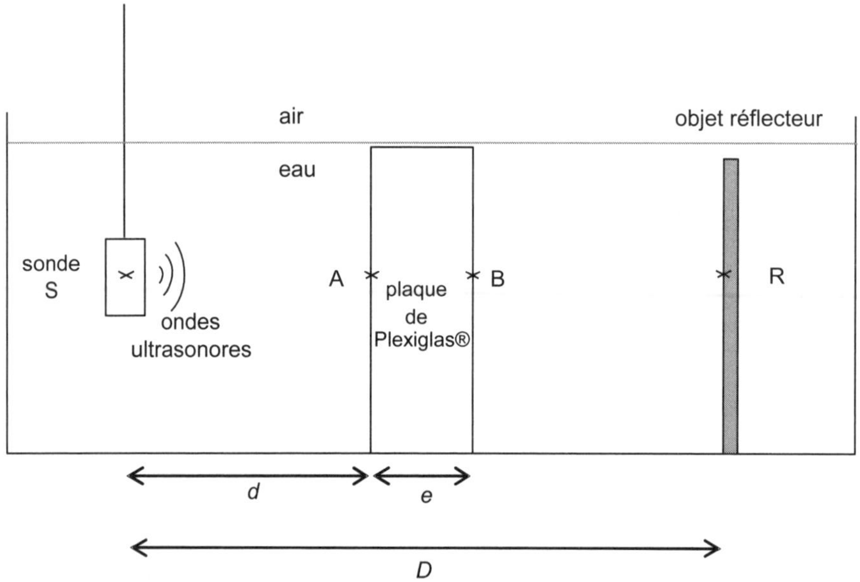

Figure 3

1. L'oscillogramme figure 4 est obtenu sans la plaque de Plexiglas®. À l'instant t = 0 s on visualise le signal émis par la sonde. À l'instant t_R, on visualise l'écho réfléchi sur l'objet réflecteur, on l'appellera écho de référence.

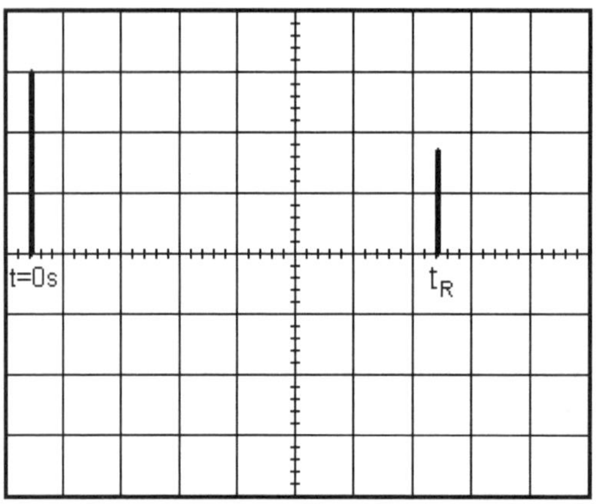

La durée de balayage de l'oscilloscope est : $\tau_{osc} = 20\ \mu s.div^{-1}$.

Figure 4

a) À l'aide de l'oscillogramme figure 4, déterminer la date t_R.

b) Établir que l'expression de la date t_R en fonction de la distance D et de la célérité v des ultrasons dans l'eau est : $t_R = \frac{2.D}{v}$.

c) L'oscillogramme figure 5 est obtenu avec la plaque de Plexiglas®. t_A et t_B sont les dates auxquelles la sonde détecte les ondes réfléchies par les faces de la plaque de Plexiglas®.
Le nouvel écho de référence arrive à la date t'_R.

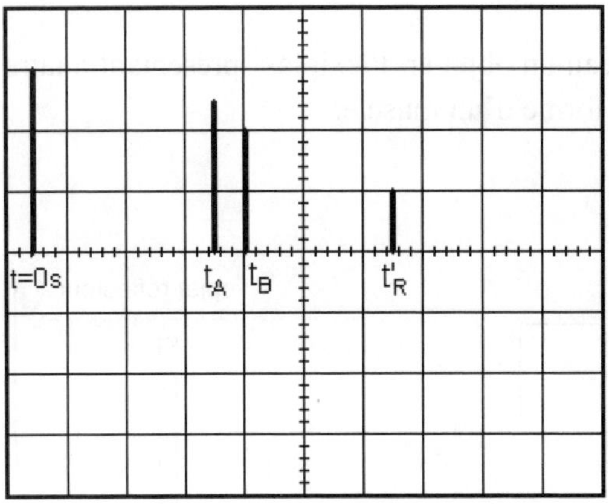

La durée de balayage de l'oscilloscope est :
$\tau_{osc} = 20\ \mu s.div^{-1}$.

Figure 5

c.1) Les ultrasons se propagent-ils plus vite dans l'eau ou dans le Plexiglas®? Justifier en comparant les résultats obtenus sur figures 4 et 5.

c.2) On appelle *v'* la vitesse de propagation des ultrasons dans le Plexiglas®.

c.2.1) Montrer que, la longueur *L* du trajet total aller-retour du signal dans l'eau uniquement est :

$$L = 2\cdot(D - e)$$

c.2.2) À l'aide de la question précédente, exprimer t'_R en fonction de D, e, v et v'.

c.3) Donner l'expression de la date t_A, date à laquelle la sonde reçoit l'écho dû à la réflexion partielle au point A, en fonction de d et v.

c.4) Donner l'expression de la date t_B, date à laquelle la sonde reçoit l'écho dû à la réflexion partielle au point B, en fonction de d, e, v et v'.

d) Exploitation des résultats :

À partir des expressions de t_R et t'_R on montre que $\boxed{t_R - t'_R = \frac{2e}{v} - \frac{2e}{v'}}$ (relation 1).

À partir des expressions de t_A et t_B on montre que $\boxed{t_B - t_A = \frac{2e}{v'}}$ (relation 2).

d.1) En utilisant les relations 1 et 2, montrer que l'épaisseur e de la plaque a pour expression : $e = \frac{v}{2}(t_R - t'_R + t_B - t_A)$.

d.2) Connaissant les dates suivantes : $t'_R = 1{,}2 \times 10^{-4}$ s ; $t_A = 6{,}2 \times 10^{-5}$ s ; $t_B = 7{,}2 \times 10^{-5}$ s, calculer la valeur de l'épaisseur de la plaque en prenant $v = 1{,}43 \times 10^{3}$ m.s^{-1}.

d.3) À partir de la relation 2, exprimer v' en fonction de e, t_A et t_B puis calculer sa valeur. Ce résultat est-il en accord avec la question c.1. ?

D. Principe de l'échographie

On place dans la cuve remplie d'eau un objet en Plexiglas® présentant quatre épaisseurs différentes simulant la forme d'un muscle.

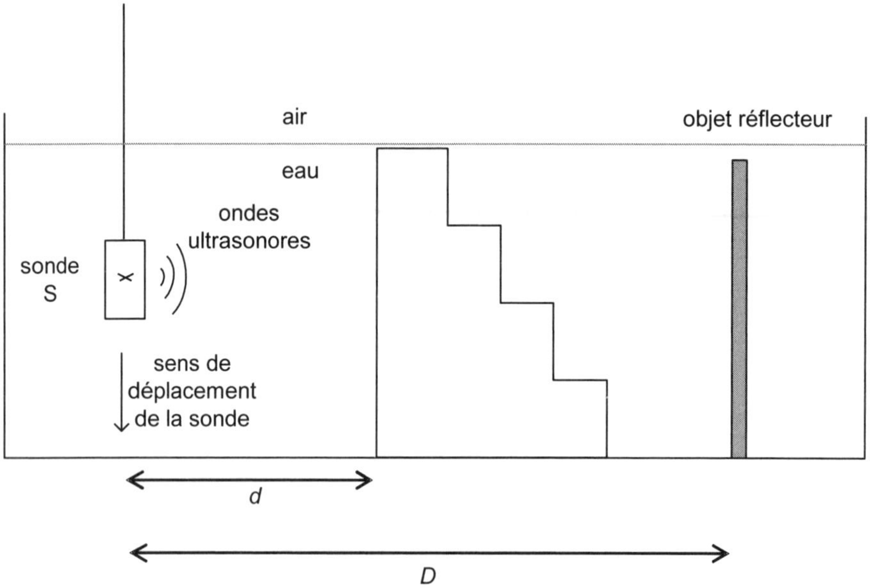

Figure 6

1. Comment varie t'_R au fur et à mesure que la sonde descend ? Justifier.
2. Comment varie l'écart $t_B - t_A$ entre l'écho réfléchi à l'entrée de l'objet simulant le muscle et l'écho réfléchi à sa sortie lorsque la sonde descend ? Justifier.

Corrigés des exercices

Exercice 1

1. f_1 appartient aux domaines des ondes sonores.
f_2 appartient aux domaines des ondes ultrasonores.
f_3 appartient aux domaines des ondes infrasonores.

2. Longueur d'onde : $\lambda = v.T = v \times \frac{1}{f}$.

Pour f_1 : $\lambda_1 = v \times \frac{1}{f_1} \Rightarrow \lambda_1 = 340 \times \frac{1}{150}$ $\boxed{\lambda_1 = 2,27\,\text{m}}$

Pour f_2 : $\lambda_2 = v \times \frac{1}{f_2} \Rightarrow \lambda_2 = 340 \times \frac{1}{45000}$ $\boxed{\lambda_2 = 7{,}56.10^{-3}\ m}$

Pour f_3 : $\lambda_3 = v \times \frac{1}{f_3} \Rightarrow \lambda_3 = 340 \times \frac{1}{5}$ $\boxed{\lambda_3 = 68\,m}$

Exercice 2

1. Une onde progressive est le phénomène de propagation d'une perturbation dans un milieu matériel élastique.

2. Célérité :

$$v = \frac{d}{t} = \frac{1{,}5}{0{,}01} = 1{,}5.10^2\ m.s^{-1}$$

$$\boxed{v = 150\ m.s^{-1}}$$

3. À la date t = 5 ms, la partie de la corde affectée par le passage de l'onde est :

$$d = v \times t = 150 \times 5.10^{-3}$$

$$\boxed{d = 0{,}75\ m.}$$

C'est le point qui se situe à 75 cm du début de la corde.

Exercice 3

1. Une onde sonore est une onde longitudinale, elle se propage dans les trois dimensions de l'espace.

2. Célérité :

$$v = \frac{d}{T} = \frac{2}{5{,}88.10^{-3}}$$

$$\boxed{v = 340\ m.s^{-1}}$$

3. Sur l'oscillogramme, on constate bien que les deux signaux sont en phase.

4. Les signaux sont en opposition de phase pour une distance égale à $\lambda/2$.

Exercice 4

1. Période T : $T = \frac{1}{f} = \frac{1}{20.10^3} = 50.10^{-6}$ s

$$\boxed{T = 50\ \mu s.}$$

2. Longueur d'onde λ : $\lambda = v \times T = 50.10^{-6} \times 1\,500 = 7{,}5.10^{-2}$ m

$$\boxed{\lambda = 7{,}5.10^{-2}\text{ m}}$$

3. L'onde parcourt le trajet aller-retour, soit $d_{AR} = 2 \times d$.
1,8 km.h^{-1} $\Rightarrow$ 0,5 m.s^{-1}.

Pour d = 50 m, $t = \frac{2d}{v} = \frac{2 \times 50}{1500} = 6{,}7.10^{-2}$ s

$$\boxed{t = 6{,}7.10^{-2}\text{ s}}$$

Pour d = 800 m, $t = \frac{2d}{v} = \frac{2 \times 800}{1500} = 1{,}07$ s

$$\boxed{t = 1{,}07\text{ s}}$$

4. 1,8 km.h^{-1} $\Rightarrow \frac{1800}{3600} = 0{,}5$ m.s^{-1}, donc 15 nœuds représente une vitesse de 7,5 m.s^{-1}.
Pour d = 50, le bateau a parcouru : $d = v \times t = 7{,}5 \times 6{,}7.10^{-2} = 0{,}5$ m.
Pour d = 800, le bateau a parcouru : $d = v \times t = 7{,}5 \times 1{,}07 = 8$ m.
Conclusion : si le faisceau est très directif, on risque de ne pas capter le signal retour, pour d = 800 m. Mais en général le cône de diffusion est suffisamment important, pour que la vitesse du bateau n'entre pas en ligne de compte (tout en restant raisonnable, bien sûr).

Exercice 5

1. L'onde émise est transversale, le vibreur frappe l'eau perpendiculairement par rapport à la direction de propagation.
Longueur d'onde λ : c'est la distance entre deux crêtes consécutives.

$$\boxed{\lambda = 1{,}5\text{ cm.}}$$

2. Quand le vibreur est au plus bas de sa course, la première crête est à une demi-longueur d'onde du point source : $l_1 = \frac{\lambda}{2} = \frac{1{,}5}{2} = 0{,}75$ cm.

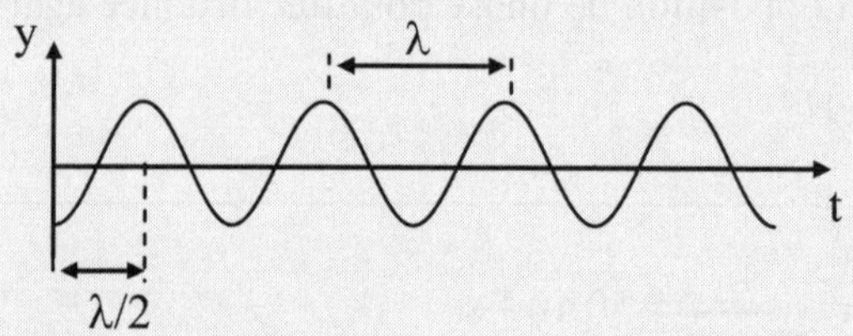

Les crêtes suivantes sont espacées de λ :
$l_2 = l_1 + \lambda = 0{,}75 + 1{,}5 = 2{,}25$ cm
$l_3 = l_1 + 2\,\lambda = 0{,}75 + 2 \times 1{,}5 = 3{,}75$ cm

$l_4 = l_1 + 3\lambda = 0{,}75 + 3 \times 1{,}5 = 5{,}5$ cm
$l_5 = l_1 + 4\lambda = 0{,}75 + 4 \times 1{,}5 = 6{,}75$ cm.

3. On peut écrire :

$$l_k = \frac{\lambda}{2} + k\lambda = \frac{\lambda}{2} + k\frac{2\lambda}{2}$$

$$\boxed{l_k = (2k+1)\frac{\lambda}{2}}$$

avec k entier naturel.

Exercice 6

I. Étude de l'one ultrasonore dans l'eau de mer

1. Une onde est la propagation d'une perturbation dans un milieu sans transport de matière.

2. La perturbation est parallèle à la direction de propagation de l'onde. L'onde ultrasonore est une onde longitudinale.

3. À la différence d'une onde mécanique, une onde lumineuse peut se propager dans le vide.

II. Détermination de la célérité des ondes ultrasonores dans l'eau

1. Dans le texte, on peut relever le passage suivant « La célérité des ultrasons dans l'air $v_{air} = 340$ m.s^{-1} est plus faible que la célérité des ultrasons dans l'eau de mer v_{eau} », la salve d'ultrasons sera reçue par le récepteur B en premier.

2. Les ultrasons parcourent la même distance d, mais ils sont captés en premier par le récepteur B (ils mettent un temps t_B à parcourir d). Le retard Δt à donc pour expression :

$$\boxed{\Delta t = t_A - t_B}$$

3. a) Expression de t_A et t_B :

d'où : $\Delta t = t_A - t_B = \dfrac{d}{v_{air}} - \dfrac{d}{v_{eau}}$

$$\boxed{\Delta t = d\left(\frac{1}{v_{air}} - \frac{1}{v_{eau}}\right)}$$

b) Le retard Δt est proportionnel à d, la courbe représentative est une droite passant par l'origine.

c) On trace la droite passant par l'origine, puis on relève les coordonnées d'un point figurant sur cette droite (d = 110 cm ; $\Delta t = 2{,}50$ ms).

Soit a le coefficient directeur de cette droite : $a = \dfrac{\Delta t}{d} = \dfrac{2{,}50.10^{-3}}{110.10^{-2}}$

$$a = 2{,}27.10^{-3}\ \text{s.m}^{-1}$$

Le coefficient directeur a pour expression :

$$a = \left(\frac{1}{v_{air}} - \frac{1}{v_{eau}}\right) = \frac{v_{eau} - v_{air}}{v_{air}\,v_{eau}}$$

$$a \times v_{air} \times v_{eau} = v_{eau} - v_{air}$$

$$v_{eau}(a \times v_{air} - 1) = -v_{air}$$

$$v_{eau} = \frac{-v_{air}}{a v_{air} - 1}$$

Application numérique : $v_{eau} = \dfrac{-340}{2,27.10^{-3} \times 340 - 1}$

$$\boxed{v_{eau} = 1,50.10^{3}\ \text{m.s}^{-1}}$$

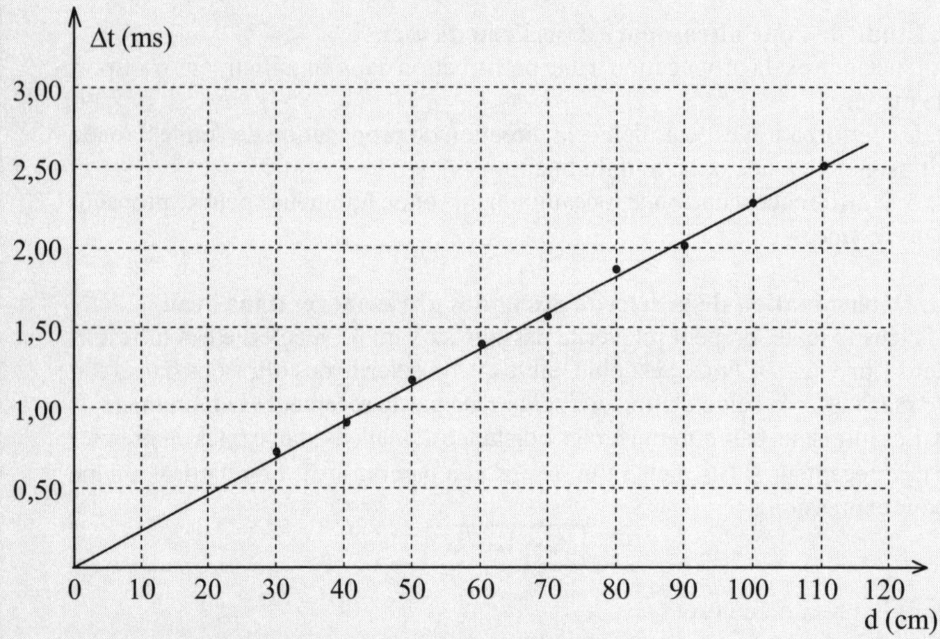

III. Détermination du relief des fonds marins

1. a) De toute évidence l'émission a lieu avant la réception, la voie 1 représente donc le signal émis et la voie 2 le signal reçu.

b) Δt représente 2,7 divisions soit Δt = 27 ms.

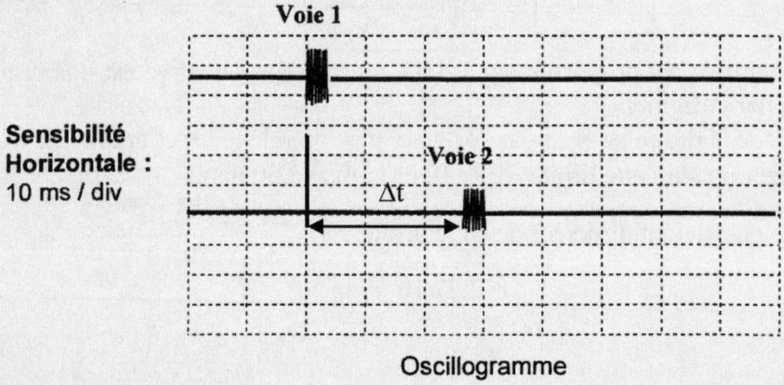

Oscillogramme

c) Pour x = 0, Δt représente une division (un carreau), on peut en conclure que 1 carreau équivaut à 27 ms.

2. Les ultrasons parcourent la distance p à l'aller et la distance p au retour, d'où : d = 2p.

$$v_{eau} = \frac{d}{\Delta t} = \frac{2p}{\Delta t} \Rightarrow p = \frac{v_{eau} \times \Delta t}{2}$$

3. Pour un déplacement de 10 m, Δt équivaut à un carreau, soit :

$$p = \frac{1,5.10^3 \times 27.10^{-3}}{2} = 20,2 \text{ m}$$

Pour un déplacement de 20 m, Δt équivaut à trois carreau, soit :

$$p = \frac{1,5.10^3 \times 27.10^{-3} \times 3}{2} = 60,7 \text{ m}$$

On peut donc prendre comme échelle pour la profondeur 1 carreau pour 20 m.

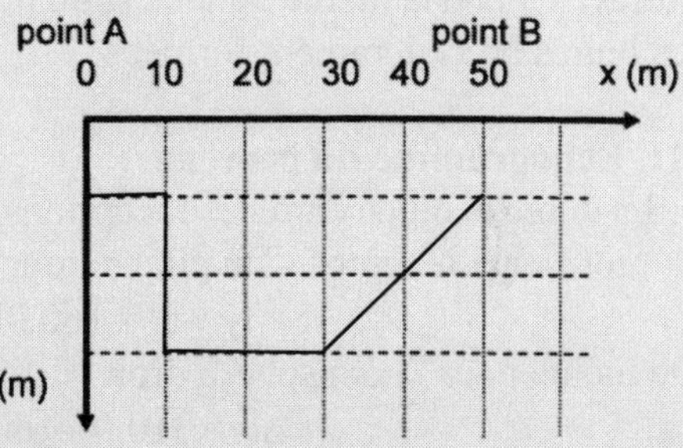

4. La distance totale d parcourue par les utltrasons vaut :

$$d = 2 \times 360 = 720 \text{ m.}$$

Il est nécessaire que $T_m > \frac{d}{v_{eau}}$.

Application numérique : $T_m = \frac{720}{1,5.10^3}$

$$\boxed{T_m = 0,48 \text{ s}}$$

Exercice 7

Partie A.

I.

1. Sur l'écran, on lit : T = 4,0 × 5 = 20 μs

$$f = \frac{1}{T} = \frac{1}{2,0.10^{-5}}$$

$$\boxed{f = 5,0.10^4 \text{ Hz} = 50 \text{ kHz.}}$$

2. La longueur d'onde λ est la distance parcourue à la célérité v par l'onde en une période T.

$$\boxed{\lambda = v.T}$$

3. Le retard τ est égal à la période T car les signaux sont en phase.

D'où : $\tau = T = \frac{d' - d}{v} \Rightarrow d' - d = v.T = \lambda$.

$$\lambda = d' - d = 3,5 - 2,8 = 0,7 \text{ cm.}$$

4. Célérité : $v = \frac{\lambda}{T} = \frac{7.10^{-3}}{2,0.10^{-5}} = 3,5.10^{2}\ m.s^{-1}$.

5. Si la longueur d'onde est multipliée par 4, la célérité aussi :

$$\boxed{v_{eau} = 4 \times v = 1,4.10^{3}\ m.s^{-1}.}$$

Partie B

II. Le nettoyage par cavitation acoustique

1. Une onde mécanique progressive est la propagation d'une perturbation dans un milieu matériel sans déplacement de matière.

2. L'onde ultrasonore est longitudinale.

3. Quand la tranche d'eau subit une dépression, la température d'ébullition est suffisamment abaissée pour que se forme de la vapeur d'eau (formation de bulles). Quand la même tranche subit une compression, cette surpression écrase les bulles précédemment formées.

III. Échogramme du cerveau

1. La durée écoulée entre les réceptions des échos correspondant aux pics P_1 et P_2 représente le temps d'un aller-retour de l'onde dans l'hémisphère gauche :

$$\Delta t = t_2 - t_1 = 160,0 - 10,0 = 150,0\ \mu s.$$

De même pour l'hémisphère droit :

$$\Delta t' = 310,0 - 160,0 = 150,0\ \mu s.$$

2. Entre les instants t_1 et t_2, l'onde a parcouru la distance 2L à la célérité v, d'où :

$$L = \frac{1}{2}\ v\,\Delta t$$

Application numérique : $L = \frac{1}{2} \times 1500 \times 150,0.10^{-6}$

$L = 0,5 \times 15.10^{2} \times 15.10^{-5} = 0,5 \times 225.10^{-3} = 0,112\ m$

$$\boxed{L = 11,2\ cm.}$$

Corrigé du contrôle

A. Les ondes ultrasonores

1. Une onde mécanique progressive est la propagation d'une perturbation dans un milieu matériel sans déplacement de matière.

2. Une onde est longitudinale si la perturbation est parallèle à la direction de propagation.

B. Vitesse de propagation et milieu de propagation

1. Dans l'eau le capteur reçoit le signal au bout de $t \approx 140\ \mu s$.

Dans l'air le capteur reçoit le signal au bout de $t \approx 580\ \mu s$.

On peut donc en conclure que pour la même distance parcourue ℓ, l'onde ultrasonore se propage plus vite dans l'eau.

2. La célérité est donnée par la relation : $v_{eau} = \frac{\ell}{t}$.

Application numérique : $v_{eau} = \frac{0,20}{140.10^{-6}}$

$$\boxed{v_{eau} = 1,40.10^{3}\ m.s^{-1}}$$

C. Comprendre le principe de l'échographie - Modélisation

1. a) Entre l'instant t = 0 et t_R, on mesure 7 divisions, soit une durée de (sachant que une division vaut 20 µs) :

$t_R = 7 \times 20 = 140$ µs

b) L'onde fait un aller-retour, elle parcourt donc une distance 2D. On en déduit t_R :

$$\boxed{t_R = \frac{2D}{v}}$$

c) c.1) On constate que $t'_R < t_R$. La distance D restant inchangée, on peut en déduire que la traversée du Plexiglas® par l'onde est plus rapide que dans l'eau. Conclusion : l'onde ultrasonore se propage plus vite dans le Plexiglas® que dans l'eau.

c.2.1) Sans le Plexiglas® le trajet aller retour dans l'eau vaut 2D. Le trajet aller retour dans le Plexiglas® vaut 2e, d'où :

$$L = 2D - 2e$$
$$L = 2(D - e)$$

c.2.2) Attention : la vitesse des ultrasons dans l'eau est v et v' dans le Plexiglas®. Le temps total comprend le trajet dans l'eau et le trajet dans le Plexiglas®, d'où :

$t'_R = t_{eau} + t_{Plexiglas®}$

$$\boxed{t'_R = \frac{2(D-e)}{v} + \frac{2e}{v'}}$$

c.3) Trajet dans l'eau jusqu'au Plexiglas® :

$$\boxed{t_A = \frac{2d}{v}}$$

c.4) Trajet dans l'eau jusqu'au point puis dans le Plexiglas® jusqu'au point B :

$$\boxed{t_B = \frac{2d}{v} + \frac{2e}{v'}}$$

d) d.1) On remplace dans l'expression 1 (2e/v') par $t_B - t_A$:

$$t_R - t_{R'} = \frac{2e}{v} + t_B - t_A \Rightarrow \frac{2e}{v} = t_R - t_{R'} + t_B - t_A$$

$$\boxed{e = \frac{v}{2}(t_R - t_{R'} + t_B - t_A)}$$

d.2) Application numérique :

$$e = \frac{1,43.10^3}{2}(1,4.10^{-4} - 1,2.10^{-4} + 7,2.10^{-5} - 6,2.10^{-5})$$

$$\boxed{e = 2,1 \text{ cm}}$$

d.3) À partir de la relation 2, on peut écrire :

$$t_B - t_A = \frac{2e}{v'} \Rightarrow v' = \frac{2e}{t_B - t_A}$$

Application numérique : $v' = \dfrac{2 \times 2,145.10^{-2}}{7,2.10^{-5} - 6,2.10^{-5}}$

$$\boxed{v' = 4,3.10^3 \text{ m.s}^{-1}}$$

D. Principe de l'échographie

1. Au fur et à mesure que la sonde va descendre, l'épaisseur e augmente. Dans la relation suivante, on peut écrire :

$t'_R = \dfrac{2(D-e)}{v} + \dfrac{2e}{v'} \Rightarrow t'_R = \dfrac{2D}{v} - \dfrac{2e}{v} + \dfrac{2e}{v'} = \dfrac{2D}{v} - 2e\left(\dfrac{1}{v} - \dfrac{1}{v'}\right)$, le terme $\dfrac{2D}{v}$ est constant, et comme v' est supérieur à v cela implique que $\left(\dfrac{1}{v} - \dfrac{1}{v'}\right)$ est toujours positif. Comme e augmente le terme $2e\left(\dfrac{1}{v} - \dfrac{1}{v'}\right)$ devient de plus en plus grand, donc t'_R diminue.

2. À partir de la relation 2, on peut en déduire que $t_B - t_A$ augmente car v' est constant et e augmente.

12 Réaction d'oxydoréduction Antiseptiques et désinfectants

On verse une solution de sulfate de cuivre II (couleur bleue due aux ions Cu^{2+}) dans un tube à essai, et on y introduit un peu de grenaille de zinc. Au bout d'un certain temps Δt, on ajoute de la soude (hydroxyde de sodium).

On constate au bout de Δt que la teinte bleue de la solution a disparu et qu'un dépôt rougeâtre s'est déposé sur la grenaille de zinc. Lorsque l'on verse la soude un précipité blanc apparaît caractéristique de l'ion Zn^{2+}.

Interprétation et définition

Les ions Cu^{2+} ont disparu et du métal cuivre est apparu sur le zinc, on peut écrire une 1/2 équation électronique :

$$Cu^{2+} + 2e^- = Cu \quad (Cu^{2+} \text{ a gagné } 2e^-)$$

Les ions Zn^{2+} sont apparus, d'où :

$$Zn = 2e^- + Zn^{2+} \quad (Zn \text{ a perdu } 2e^-)$$

Les ions Cu^{2+} ont subi une réduction, c'est un oxydant.
Le zinc est oxydé, c'est un réducteur.
On écrit les demi-équations sous la forme :

$$Ox + ne^- \underset{\text{oxydation}}{\overset{\text{réduction}}{\rightleftarrows}} red$$

L'*oxydant* gagne des électrons (ne^-), il est *réduit*. Un oxydant accepte des électrons.
Le *réducteur* perd des électrons, il est *oxydé*. Un réducteur libère des électrons.
L'ion Cu^{2+} et le métal cuivre Cu forme un couple oxydant/réducteur, Ox/Red. On note toujours en premier l'oxydant.

RÉACTION D'OXYDORÉDUCTION

Une réaction d'oxydoréduction est un transfert d'électrons entre un oxydant et un réducteur. Cette réaction met en jeu deux couples Ox/Red. Le nombre d'électrons cédé par le réducteur est toujours égal au nombre d'électrons gagné par l'oxydant.

Dans l'expérience précédente, on peut écrire :

$$Cu^{2+} + 2e^- = Cu$$
$$Zn = 2e^- + Zn^{2+}$$
$$\overline{Cu^{2+} + Zn \rightarrow Cu + Zn^{2+}}$$

Le nombre d'électrons échangés est équivalent.
Autre exemple de réaction : on fait réagir une solution de nitrate d'argent ($Ag^+ + NO_3^-$) avec un morceau de cuivre (Cu). Au bout d'un certain temps on constate que la solution se colore en bleu (ions Cu^{2+}) et qu'un dépôt d'argent s'est déposé sur le cuivre.
Les couples rédox mis en jeu sont : Ag^+/Ag et Cu^{2+}/Cu.
Équations :

$$Ag^+ + 1e^- = Ag \qquad \times 2$$
$$Cu = 2e^- + Cu^{2+} \qquad \times 1$$
$$\overline{2Ag^+ + Cu \rightarrow Cu^{2+} + 2Ag}$$

Pour que le nombre d'électrons échangés soit équivalent, il est nécessaire de multiplier la première équation par 2. On fait ensuite la somme pour obtenir l'équation de la réaction.

ANTISEPTIQUES ET DÉSINFECTANTS

Un *désinfectant* permet d'éliminer et de tuer les micro-organismes présents sur les milieux inertes.

Un *antiseptique* permet d'éliminer et tuer les micro-organismes présents sur les tissus vivants.

Exemple : l'eau de Javel est un désinfectant, la Bétadine est un antiseptique. L'eau oxygénée peut être utilisé à la fois comme antiseptique (plaie) et comme désinfectant (nettoyage lentilles de contact).

L'eau oxygénée

L'eau oxygénée est une solution aqueuse de peroxyde d'hydrogène de formule H_2O_2.
L'eau oxygénée intervient dans deux couples rédox :
H_2O_2 / H_2O ici c'est un oxydant.
O_2 / H_2O_2 ici c'est un réducteur.
Sur une bouteille d'eau oxygénée, on note le titre en volume.
Le titre en volume correspond au volume de dioxygène (mesuré dans les conditions normales de températures (0 °C) et de pression (1 013 hpa) (CNTP) que peut dégager un litre de solution par décomposition totale.
Le titre en volume T d'une eau oxygénée est donné par la relation $T = 11{,}2\ C$, où C est la concentration molaire de la solution d'eau oxygénée.

Action oxydante de l'eau oxygénée

Lorsque l'on mélange une solution d'eau oxygénée avec une solution de iodure de potassium, la solution prend une couleur brun orangé qui va bleuir en présence d'emplois d'amidon ; cela caractérise la formation de diiode I_2.

Les couples rédox mis en jeu sont :

$$H_2O_2 / H_2O \text{ et } I_2 / I^-$$

Écriture des demi-équations :

$$2I^- = I_2 + 2e^-$$

Pour l'autre équation, il est nécessaire de suivre la démarche suivante :

a) Conservation des éléments

Conservation de l'élément oxygène : $H_2O_2 + \ldots = 2H_2O$

Conservation de l'élément hydrogène : $H_2O_2 + 2H^+ + \ldots = 2\,H_2O$ on ajoute des ions H^+ car on est en milieu acide.

b) Conservation de la charge : $H_2O_2 + 2H^+ + 2e^- = 2H_2O$ on ajoute des électrons.

Bilan

$$H_2O_2 + 2H^+ + 2e^- = 2H_2O$$
$$2I^- = I_2 + 2e^-$$
$$\overline{H_2O_2 + 2H^+ + 2I^- \rightarrow I_2 + 2H_2O}$$

Les ions iodure ont été oxydés par l'eau oxygénée.

Action réductrice de l'eau oxygénée

Lorsque l'on mélange une solution d'eau oxygénée avec une solution de permanganate de potassium (couleur violette), la solution devient incolore.

Les couples rédox mis en jeu sont :

$$O_2 / H_2O_2 \text{ et } MnO_4^- / Mn^{2+}$$

Écriture des demi-équations :

$$O_2 + 2H^+ + 2e^- = 2H_2O_2$$

Pour l'autre équation, il est nécessaire de suivre la démarche suivante :

a) Conservation des éléments

Conservation de l'élément manganèse : $MnO_4^- + \ldots = Mn^{2+}$

Conservation de l'élément oxygène : $MnO_4^- + \ldots = Mn^{2+} + 4H_2O$ on ajoute des molécules d'eau.

Conservation de l'élément hydrogène : $MnO_4^- + 8H^+ + \ldots = Mn^{2+} + 4H_2O$ on ajoute des ions H^+ car on est en milieu acide.

b) Conservation de la charge : on ajoute des électrons, de telle façon que les charges du membre de gauche soient égales aux charges du membre de droite.

À gauche cela fait 7^+ et à droite 2^+, on ajoutera donc 5^- à gauche.

$$MnO_4^- + 8H^+ + 5e^- = Mn^{2+} + 4H_2O$$

Bilan :

$$MnO_4^- + 8H^+ + 5e^- = Mn^{2+} + 4H_2O$$
$$H_2O_2 = O_2 + 2H^+ + 2e^-$$

Pour que le nombre d'électrons échangés soit identique, il faut multiplier la première équation par 2 et la seconde par 5 :

$$2MnO_4^- + 16H^+ + 10e^- = 2Mn^{2+} + 8H_2O$$
$$5H_2O_2 = 5O_2 + 10H^+ + 10e^-$$

$$2MnO_4^- + 16H^+ + 5H_2O_2 \rightarrow 2Mn^{2+} + 8H_2O + 5O_2 + 10H^+$$

Soit en simplifiant de part et d'autre :

$$2MnO_4^- + 6H^+ + 5H_2O_2 \rightarrow 2Mn^{2+} + 5O_2 + 8H_2O$$

L'ion permanganate MnO_4^- a été réduit par l'eau oxygénée.

Pourquoi l'eau oxygénée se conserve mal ?

L'eau oxygénée intervient dans deux couples H_2O_2/ H_2O et O_2 / H_2O_2.
L'eau oxygénée réagit donc avec elle-même :

$$H_2O_2 + 2H^+ + 2e^- = 2H_2O$$
$$H_2O_2 = O_2 + 2H^+ + 2e^-$$
$$2H_2O_2 \rightarrow 2H_2O + O_2$$

On constate que l'eau oxygénée joue à la fois le rôle d'oxydant et le rôle de réducteur. Cette réaction porte le nom de dismutation.
Conclusion, on ne peut pas conserver trop longtemps (quelques mois) de l'eau oxygénée car celle-ci devient alors de l'eau.

L'eau de Javel

L'eau de Javel est une solution aqueuse d'hypochlorite de sodium ($Na^+ + ClO^-$) et de chlorure de sodium ($Na^+ + Cl^-$). L'eau de Javel est utilisée comme désinfectant grâce à l'action de l'ion hypochlorite ClO^-.
Le titre (ou degré) chlorométrique d'une eau de Javel est le volume de dichlore gazeux Cl_2 que peut libérer 1 litre d'eau de Javel dans les conditions normales de température et de pression (0 °C et 1 bar).

Réaction avec les ions iodures I^-

On mélange une solution d'iodure de potassium ($K^+ + I^-$) avec de l'eau de Javel. Une coloration brun orangé apparaît, caractéristique de l'apparition du di-iode.
Les deux rédox mis en jeu sont : I_2 / I^- et ClO^- / Cl^-.
Les deux demi-équations électroniques sont :

$$2I^- = 2e^- + I_2$$
$$ClO^- + H_2O + 2e^- = Cl^- + 2HO^-$$

Bilan :

$$ClO^- + 2I^- + H_2O \rightarrow Cl^- + 2HO^- + I_2$$

L'eau de Javel, par l'intermédiaire des ions hypochlorite, a oxydé les ions iodure.

Autres antiseptiques

On peut nommer la solution de Dakin, qui contient des ions hypochlorite et des ions permanganate ; la Bétadine, qui contient du di-iode.

✱ Exercice 1 — 10 min

Les définitions suivantes vous semblent-elles justes ou fausses ?

a) Un oxydant est une entité chimique susceptible de pouvoir capter des protons H^+.

b) Un réducteur est une entité chimique susceptible de pouvoir capter des électrons.

c) Un oxydant est une entité chimique susceptible de pouvoir capter des électrons.

d) Un réducteur est une entité chimique susceptible de pouvoir libérer des électrons.

e) Une réaction d'oxydoréduction est un transfert d'électrons.

f) Une demi-équation électronique s'écrit sous la forme :

$$ox + ne^- = red$$

g) Lors d'une oxydation, le réducteur est réduit.

✱ Exercice 2 — 10 min

1. Écrivez les demi-équations correspondant à chaque couple ox/red.

a) H^+ / H_2.

b) Ni^{2+} / Ni.

c) Au^{3+}/Au

d) Fe^{3+} / Fe^{2+}.

2. Écrire l'équation d'oxydoréduction traduisant la réaction chimique entre :

a) L'ion H^+ et le métal nickel Ni.

b) L'ion Au^{3+} et le métal zinc Zn (couple Zn^{2+} / Zn).

✱ Exercice 3 — 5 min

On dispose d'un flacon de 250 mL d'eau de Javel à 20° chl.

Quel volume de dichlore peut être libéré par ce flacon dans les C.N.T.P. ?

✱✱ Exercice 4 — 10 min

Au laboratoire, on dispose d'un flacon de diiode I_2 portant l'indication : masse molaire M = 254 $g.mol^{-1}$.

1. Comment procédez-vous pour réaliser 250 mL d'une solution à la concentration massique de 1,25 $g.L^{-1}$?

2. Quelle est la concentration molaire de cette solution ?

** Exercice 5

20 min

1. Sur l'emballage commercial d'une eau de Javel on lit :

250 mL	**EAU**	Désinfecte,
48° chl.	**DE JAVEL**	Détache,
Départ usine		Blanchit,
Corrosif	**CONCENTRÉE**	Désodorise.

a) Définir le degré chlorométrique d'une eau de Javel.
b) Quel est le degré chlorométrique indiqué sur l'étiquette ?
c) En déduire le volume de dichlore que peuvent libérer les 250 mL d'eau de Javel contenus dans ce flacon commercial dans les conditions normales de température et de pression.

2. Dans une solution d'iodure de potassium ajoutons quelques gouttes d'eau de Javel.

Les deux couples oxydoréducteurs intervenants sont : ClO^- / Cl^- et I_2 / I^-.

a) Écrire la demi-équation électronique propre au couple I_2 / I^-.
b) Sachant que la demi-équation électronique relative au couple ClO^- / Cl^- s'écrit, en milieu basique :

$$ClO^- + H_2O + 2e^- = Cl^- + 2OH^-$$

retrouver, à partir des deux demi-équations électroniques relatives aux couples précédents (ClO^- / Cl^- et I_2 / I^-), l'équation-bilan de la réaction entre les ions iodure et les ions hypochlorite qui s'écrit :

$$ClO^- + 2I^- + H_2O \rightarrow Cl^- + I_2 + 2OH^-$$

** Exercice 6

25 min

Données :

Masse molaire du peroxyde d'hydrogène : $M_{H_2O_2} = 34$ g.mol^{-1}.

Volume molaire dans les C.N.T.P : $V_m = 22,4$ L.mol^{-1}.

L'eau oxygénée est une solution utilisée pour ses propriétés antiseptiques.
On relève l'étiquette d'un flacon de cette solution pour y lire les indications suivantes (voir page suivante).

I. Étude du cadre 1 de l'étiquette

1. Indiquer la formule chimique du peroxyde d'hydrogène.
2. Donner la définition du titre en volume d'une eau oxygénée.
3. Quel est le volume de dioxygène susceptible de se dégager à partir d'un volume V = 1 L de cette solution ?
4. Montrer que le volume de gaz dioxygène pouvant se dégager du flacon de 125 mL vaut $V_{O_2} = 1,25$ L.

II. Étude du cadre 2 de l'étiquette

1. Montrer que la quantité de matière de peroxyde d'hydrogène contenue dans 100 mL de cette solution vaut $n_{H_2O_2} = 0,088$ mol.

2. Vérifier que la concentration molaire en peroxyde d'hydrogène de cette solution vaut $C = 0,88$ mol.L^{-1}.

3. La relation suivante permet de relier le titre T en volume de l'eau oxygénée avec sa concentration molaire C :

$$C = \frac{T}{11,2}$$

Calculer le titre en volumes de cette eau oxygénée. Est-il conforme à celui annoncé sur l'étiquette ?

III. Étude du cadre 3 de l'étiquette

L'eau oxygénée peut subir une réaction de dismutation. Cette réaction de dismutation met en jeu les deux demi-équations électroniques suivantes :

$$(1) \quad H_2O_2 + ...H^+ + ...e^- = ...H_2O$$
$$(2) \quad H_2O_2 = O_2 + ...H^+ + ...e^-$$

1. Donner la définition de la dismutation.

2. Recopier et compléter ces 2 demi équations.

3. En déduire l'équation de la réaction de dismutation de l'eau oxygénée.

4. Donner les 2 couples redox mis en jeu dans la dismutation.

EAU OXYGÈNE 10 volumes Peroxyde d'hydrogène	cadre 1
COMPOSITION peroxyde d'hydrogène..3 g Pour 100 mL de solution pour application locale	cadre 2
SOLUTION ANTISEPTIQUE POUR APPLICATION LOCALE FLACON DE 125 mL À conserver à l'abri de la lumière	cadre 3

✱✱ Exercice 7 — 25 min

Pour nettoyer une petite plaie une infirmière doit utiliser de l'eau oxygénée dont le titre est 10 volumes.

1. Donner la définition du titre en volumes d'une eau oxygénée.

2. Dans sa pharmacie l'infirmière ne trouve plus d'eau oxygénée à 10 volumes, mais elle dispose d'une bouteille d'eau oxygénée à 100 volumes, appelée solution mère.

Elle doit donc diluer 10 fois cette solution et désire obtenir 100 mL de solution diluée, appelée solution fille. On notera V_{fille} = 100 mL.

Elle dispose pour cela du matériel suivant :

– béchers de 100, 250 mL ;

– fioles jaugées de 50, 100, 250 mL ;

– pipettes jaugées de 2, 10, 20 mL ;

– poire à pipeter (ou propipette).

a) Quel volume de solution mère $V_{mère}$ doit-elle prélever ? Justifier.

b) La précision de la dilution doit être la plus grande possible. Dans la liste ci-dessus, choisir :

– la verrerie utilisée pour prélever le volume de solution mère ;

– le récipient dans lequel on réalise cette dilution.

3. Elle souhaite maintenant vérifier la concentration de la solution obtenue. Elle réalise pour cela le dosage de V_1 = 10 mL de la solution diluée de peroxyde d'hydrogène par une solution contenant des ions permanganate MnO_4^- de concentration $C_2 = 0{,}20\ mol.L^{-1}$.

L'équation de la réaction de ce dosage est la suivante :

$$5H_2O_2 + 2MnO_4^- + 6H^+ \rightarrow 2Mn^{2+} + 8H_2O + 5O_2$$

À l'équivalence elle a versé V_2 = 16 mL de solution d'ions MnO_4^-.

a) Calculer la quantité de matière n_2 d'ions permanganate introduite à l'équivalence.

b) En utilisant l'équation de la réaction du dosage, trouver la relation entre la quantité de matière n_2 d'ions MnO_4^- introduite à l'équivalence et la quantité de matière n_1 de peroxyde d'hydrogène initialement présente.

La concentration en peroxyde d'hydrogène C_1 est donnée par la relation :

$$C_1 = \frac{5C_2V_2}{2V_1}$$

c) Montrer que la concentration en peroxyde d'hydrogène C_1 est égale à $0{,}80\ mol.L^{-1}$.

d) En déduire le titre de la solution fille.

Remarques : Le titre est inférieur à 10 volumes car une partie du peroxyde d'hydrogène s'est lentement transformée en dioxygène et en eau.

On rappelle que le volume molaire gazeux dans les conditions normales de température et depression est $V_m = 22{,}4\ L.mol^{-1}$.

✱✱ Exercice 8 — 25 min

L'eau oxygénée est un antiseptique grâce à l'action oxydante du peroxyde d'hydrogène H_2O_2. Celui-ci se décompose lentement à la température ordinaire. Les deux demi-équations électroniques concernées par la réaction mise en jeu sont :

$$H_2O_2 + 2H^+ + ... = 2H_2O$$

$$H_2O_2 = O_2 + 2H^+ + 2e^-$$

1. Recopier et compléter la 1re demi-équation.
2. Pour chacune de ces demi-équations :
a) écrire le couple rédox associé ;
b) préciser le nom de l'espèce qui joue le rôle d'oxydant dans chacun des couples.
3. À partir de ces deux demi-équations, écrire l'équation de la réaction de dismutation de l'eau oxygénée.
4. Quelle est la nature du gaz qui se dégage pendant cette décomposition ?

C'est l'eau oxygénée à 10 volumes qui est employée pour l'usage externe sur peau saine ou lésée.

5. Recopier et compléter : une eau oxygénée a un .... noté T de 10 volumes si .... de cette solution peut libérer par décomposition totale, 10 litres de .... volume mesuré dans les conditions normales de .... et de.........
6. La concentration d'une eau oxygénée peut aussi être notée : c en $mol.L^{-1}$.
À l'aide de la relation : $T = 11,2 \times c$, déterminer la concentration molaire c en peroxyde d'hydrogène d'une eau oxygénée à 10 volumes.
7. Un flacon d'eau oxygénée de volume V = 125 mL contient une solution de concentration molaire c, en H_2O_2, égale à $0,86\ mol.L^{-1}$.
Calculer la quantité n de peroxyde d'hydrogène H_2O_2 qu'il contient.

** Exercice 9 — 25 min

Données : En solution dans l'eau, les ions fer II, Fe^{2+} sont de couleur verte et les ions fer III, Fe^{3+} sont de couleur rouille.

L'eau de Javel est un désinfectant bactéricide, sporicide, fongicide et virucide (hépatite et VIH). L'eau de Javel fait partie des oxydants chlorés.

Afin de montrer les propriétés oxydantes de l'eau de Javel, des élèves, au cours d'une séance de travaux pratiques, ont fait réagir de l'eau de Javel avec une solution contenant des ions fer II, Fe^{2+}. Les schémas résumant l'expérience et son observation sont donnés ci-dessous :

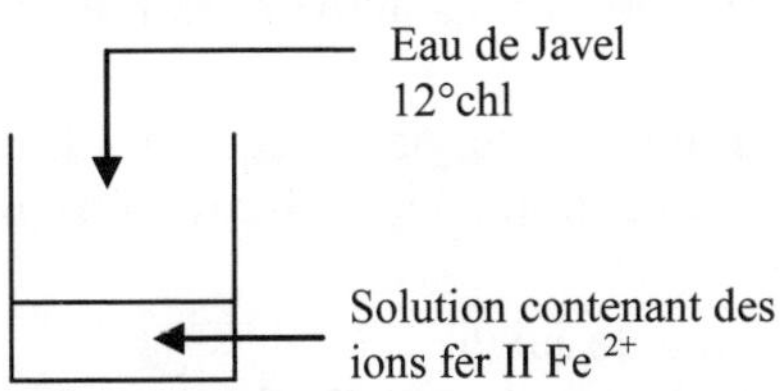

Schéma 1 : réalisation de l'expérience

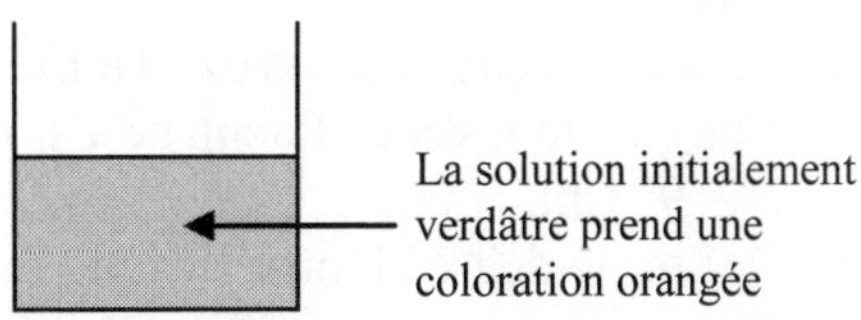

Schéma 2 : observation de l'expérience

Les demi-équations électroniques relatives aux couples oxydant / réducteur intervenant dans cette réaction sont :

$$Fe^{2+} \longrightarrow Fe^{3+} + e^-$$

$$2e^- + ClO^- + H_2O \longrightarrow Cl^- + 2\,HO^-$$

1. À partir des deux demi-équations électroniques, retrouver l'équation de la réaction qui a lieu.

2. À quoi est due l'apparition de la couleur rouille dans le bécher ?

3.

a) Donner la formule de l'ion qui est le principe actif de l'eau de Javel.

b) Cet ion intervient-il en tant qu'oxydant ou réducteur ?

4. Pour réaliser cette expérience, les élèves ont utilisé une eau de Javel à 12° chl. Ils ont au préalable préparé un volume V = 100 mL de cette eau de Javel à partir d'une dose recharge d'eau de Javel à 48° chl. Ils disposaient uniquement des récipients suivants :

- pipette jaugée de 25 mL, propipette ;
- bécher ;
- éprouvette graduée de 100 mL ;
- fioles jaugées de 500 mL, 200 mL et 100mL.

a) Définir le degré chlorométrique τ d'une eau de Javel.

b) Combien de fois faut-il diluer la solution de Javel de la dose recharge pour passer de 48° chl à 12° chl ?

c) À quoi sert la pipette jaugée de 25 mL ?

d) Pourquoi utilise-t-on une propipette ?

e) Dans quel récipient ont-ils effectué la dilution ? Donner son nom et son volume.

** Exercice 10 — 20 min

L'eau de Javel est une solution d'hypochlorite de sodium ($Na^+ + ClO^-$) et de chlorure de sodium ($Na^+ + Cl^-$).

Synthèse de l'eau de Javel

Industriellement l'eau de Javel est essentiellement obtenue par réaction du dichlore gazeux Cl_2 sur une solution aqueuse d'hydroxyde de sodium ($Na^+ + OH^-$). Il y a alors dismutation du dichlore en milieu basique selon la réaction (1)

$$Cl_2 + 2OH^- \rightarrow Cl^- + ClO^- + H_2O \quad (1)$$

1. Quel est le nom de l'ion responsable des propriétés actives de l'eau de Javel ?

2. Écrire les deux couples oxydant/réducteur mis en jeu lors de cette réaction.

3. Une eau de Javel en flacon de 1 L porte l'indication : degré chlorométrique D = 9° Chl.

a) Définir le degré chlorométrique D d'une eau de Javel.

b) On désire retrouver expérimentalement la valeur lue sur l'étiquette. Pour cela, on réalise un dosage qui donne la quantité de matière d'ions ClO^- présents dans un volume V = 10 mL de cette solution commerciale. On a trouvé : $n_{ClO^-} = 3{,}9.10^{-3}$ mol.

b.1) Calculer le nombre de moles n_0 d'ions ClO^- présent dans un litre de cette solution commerciale (rappel : 1 L = 1 000 mL).

b.2) D'après le bilan de la réaction (1) déduire le nombre de moles de dichlore $n(Cl_2)$ qui a réagi pour la préparation de 1 L de solution commerciale.

b.3) À l'aide de la relation $V = n(Cl_2) \times V_m$ qui permet de calculer le volume V de dichlore à partir du nombre de mole $n(Cl_2)$ et du volume molaire V_m, déterminer la valeur expérimentale D_E du degré chlorométrique de cette eau de Javel.

Est-il en accord avec l'indication du degré chlorométrique D porté sur la bouteille ?

Données : dans les conditions normales de température et de pression le volume molaire V_m est de 22,4 $L.mol^{-1}$.

✱✱ Exercice 11 — 25 min

L'antiseptique emporté par un marcheur contient du diiode I_2 en solution aqueuse. L'étiquette du flacon indique « solution de diiode à 1 % ». Cette solution commerciale se conservant mal, le marcheur a vérifié la concentration en diiode C_0 avant de partir. Pour cela, il a effectué un dosage du diiode par l'ion thiosulfate $S_2O_3^{2-}$.

1. Dilution de la solution commerciale S_0.

Le dosage a été réalisé en utilisant la solution commerciale S_0 diluée 10 fois. La solution diluée, appelée S, a une concentration en diiode notée C.

a) Donner la relation entre les concentrations C et C_0.

b) Calculer le volume V_0 de solution S_0 prélevé pour préparer un volume V = 200 mL de solution diluée S.

2. Dosage

La réaction de dosage fait intervenir les couples I_2 / I^- et $S_4O_6^{2-} / S_2O_3^{2-}$ dont les demi-équations électroniques sont :

$$I_2 + 2e^- = 2\,I^-$$
$$2\,S_2O_3^{2-} = S_4O_6^{2-} + 2e^-.$$

a) Écrire l'équation de la réaction de dosage.

On dose un volume V_1 = 10,0 mL de solution S de concentration C par une solution de thiosulfate de sodium $(2Na^+ + S_2O_3^{2-})$ de concentration molaire apportée $C_T = 5{,}0 \times 10^{-3}$ $mol.L^{-1}$. L'équivalence est obtenue pour un volume de solution de thiosulfate de sodium V_{TE} = 15,6 mL.

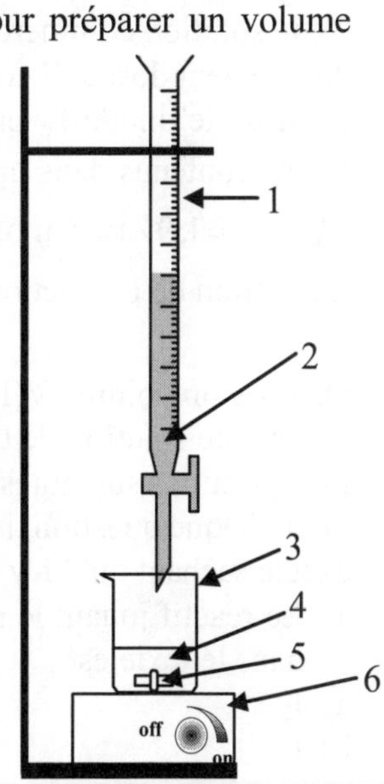

b) Nommer le matériel et les solutions correspondant à chaque numéro du dispositif de dosage représenté ci-contre.

c) La relation à l'équivalence est :

$$C_T\,.V_{TE} = 2\,C.V_1.$$

En déduire que la concentration molaire en diiode I_2 de la solution diluée S est : $C = 3,9 \times 10^{-3}$ mol.L^{-1}.

3. Exploitation du résultat du dosage.

a) Calculer la concentration molaire en diiode C_0 de la solution commerciale S_0.

b) En déduire que la quantité de matière n_0 de diiode contenue dans un flacon de 100 mL de solution commerciale S_0 vaut $n_0 = 3,9 \times 10^{-3}$ mol.

c) Calculer la masse m_0 de diiode contenue dans le flacon.
Donnée : $M(I_2) = 254$ g.mol^{-1}.

d) Le flacon contient 100 g de solution. L'indication de l'étiquette est-elle vérifiée ?

Donnée : une solution à x % en masse contient x g de soluté pour 100 g de solution.

Contrôle

1 h 30 min — 10 points

Exercice 1

Une solution pharmaceutique contient du diiode de formule I_2. Elle est utilisée comme antiseptique sur les plaies, les brûlures et les mycoses car le diiode est un oxydant qui agit en tuant les micro-organismes par des réactions d'oxydoréduction.

Cette solution commerciale de concentration C_0 est trop concentrée pour être directement dosée. Il convient de la diluer 10 fois.

On dose le diiode I_2, présent dans la solution diluée par des ions thiosulfate $S_2O_3^{2-}$ contenus dans une solution de thiosulfate de sodium de concentration $C_{(S_2O_3^{2-})} = 1,0 \times 10^{-2}$ mol.L^{-1}.

L'équation de la réaction de dosage est la suivante :

$$I_2 + S_2O_3^{2-} \rightarrow 2I^- + S_4O_6^{2-}$$

On dose un volume $V(I_2) = 10,0$ mL. L'équivalence est alors obtenue pour un volume de solution de thiosulfate de sodium versé $V_{eq} = 13,0$ mL.

Les questions suivantes sont indépendantes.

Pour chaque question, indiquer sur votre copie si la proposition a), b) ou c) est exacte sachant qu'il n'y a qu'une seule bonne réponse par question.

1. Le réactif jouant le rôle d'oxydant dans la réaction de dosage mentionnée dans le texte est :

a) I_2

b) I^-

c) $S_4O_6^{2-}$

2. Un oxydant est une espèce chimique capable de :
a) capter un proton H^+
b) capter un électron
c) céder un proton H^+
3. Le couple oxydant/réducteur mettant en jeu le diiode est :
a) I_2 / I^-
b) I^- / I_2
c) I_2 / I^{2-}
4. $S_2O_3^{2-}$ subit une oxydation, ce qui correspond à :
a) une perte d'électrons
b) un gain d'électrons
c) une réaction de dosage
5. Pour prélever avec précision le volume $V(I_2) = 10{,}0$ ml, on utilise :
a) une éprouvette graduée
b) une pipette jaugée
c) une burette graduée
6. Au cours du dosage, la solution de thiosulfate de sodium est contenue dans :
a) un becher
b) une pipette graduée
c) une burette graduée
7. À l'équivalence du dosage, les réactifs sont introduits :
a) dans les proportions stœchiométriques
c) dans les proportions non stœchiométriques, $S_2O_3^{2-}$ est en excès
c) avec le même volume
8. La relation liant les quantités de matière à l'équivalence du dosage est :
a) $n(I_2) = \dfrac{n(S_2O_3^{2-})}{2}$
b) $n(I_2) = n(S_2O_3^{2-})$
c) $\dfrac{n(I_2)}{2} = n(S_2O_3^{2-})$
9. La relation entre les concentrations et les volumes â l'équivalence étant :

$$C(I_2) \times V(I_2) = \frac{C(S_2O_3^{2-}) \times V_{eq}}{2}$$

La valeur de la concentration de la solution dosée de diiode est :
a) $C(I_2) = 1{,}3 \times 10^{-1}$ mol.L^{-1}
b) $C(I_2) = 6{,}5 \times 10^{-4}$ mol.L^{-1}
c) $C(I_2) = 6{,}5 \times 10^{-3}$ mol.L^{-1}
10. La concentration de la solution commerciale de diiode C_0 est :
a) $C_0 = 100 \times C(I_2)$
b) $C_0 = \dfrac{C(I_2)}{10}$
c) $C_0 = 10 \times C(I_2)$.

Exercice 2

L'eau oxygénée est un antiseptique léger et hémostatique. Le terme « 10 volumes » signifie qu'un litre de solution peut dégager 10 L de dioxygène actif. Il est utilisé pour le nettoyage des écorchures, arrêter le saignement des plaies superficielles.

L'eau oxygénée vendue en pharmacie existe en différentes valeurs de dilution (10, 20 ou 30 volumes). Seule la solution à 10 volumes peut être utilisée comme antiseptique et hémostatique. Les solutions à 20 ou 30 volumes sont employées comme décolorants ou détachant, mais en aucun cas pour désinfecter une plaie. Ne mettez pas la solution en contact avec les yeux. Cet antiseptique ne convient pas pour la désinfection des ciseaux, rasoirs et autres objets potentiellement contaminants. De même, il ne doit pas être utilisé pour désinfecter la peau avant une piqûre.

1. Définir le terme souligné dans le texte.

2. On dispose à la maison d'une solution d'eau oxygénée à 20 volumes. Quelle est la précaution à prendre pour pouvoir l'utiliser pour nettoyer une plaie ?

L'eau oxygénée est une solution aqueuse de peroxyde d'hydrogène de formule H_2O_2. À température ordinaire, le peroxyde d'hydrogène se décompose lentement selon une réaction d'équation :

$$2H_2O_2 = 2H_2O + O_2.$$

3. Nommer les produits formés.

Vendue en pharmacie, l'eau oxygénée à 10 volumes a une concentration C voisine de 1 mol/L. On se propose de vérifier sa valeur en réalisant un dosage. La solution commerciale est d'abord diluée 20 fois. On appelle S_1 la solution obtenue de concentration C_1. Le volume de solution commerciale de concentration C_1 à prélever pour préparer 100 mL de solution S_1 est de 5 mL.

4. Décrire brièvement le protocole en indiquant le matériel utilisé.

On introduit ensuite $V_1 = 10{,}0$ mL de la solution S_1 dans un bécher ainsi que 3 mL d'acide sulfurique concentré et on ajoute progressivement une solution de permanganate de potassium de concentration $C_2 = 2{,}0 \times 10^{-2}$ mol/L.

On observe une teinte violette persistante pour un volume versé $V_{eq} = 8{,}8$ mL.

5. Compléter le schéma suivant en choisissant les termes dans la liste : solution de permanganate de potassium, solution d'eau oxygénée, agitateur magnétique, burette, bécher, fiole jaugée, pipette graduée.

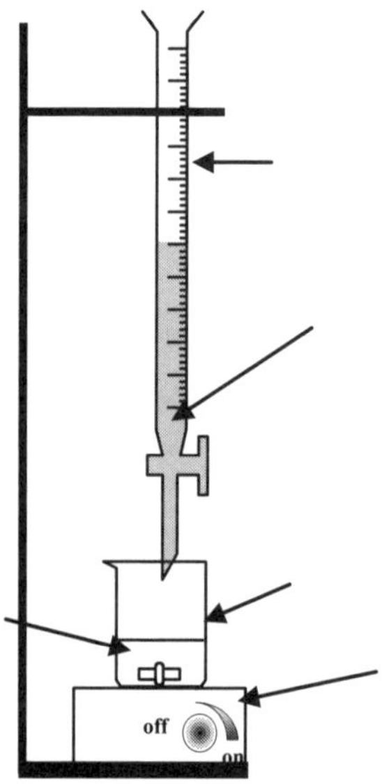

Les deux couples oxydant / réducteur utilisés dans ce dosage sont : O_2 / H_2O_2 et MnO_4^- / Mn^{2+}. On donne les demi-équations d'oxydoréduction :

$$MnO_4^- + 8H^+ + 5e^- = Mn^{2+} + 4H_2O \quad (1)$$

$$O_2 + 2H^+ + 2e^- = H_2O_2 \quad (2)$$

6. À partir de ces deux demi-équations, recopier et compléter l'équation de la réaction du dosage donnée ci-dessous :

$$MnO_4^- + ...H_2O_2 + ...H^+ \rightarrow ..... + ... + ...$$

7. À partir de la réaction du dosage montrer que l'on peut écrire la relation suivante : $C_1V_1 = 2{,}5\ C_2\ V_{éq}$.

8. En déduire que $C_1 = 4{,}4 \times 10^{-2}$ mol/L.

9. En déduire la concentration C de la solution commerciale.

10. L'eau oxygénée achetée est-elle bien à 10 volumes ?

Corrigés des exercices

Exercice 1

a) Fausse. Les réactions d'oxydoréduction mettent en jeu des électrons. Un oxydant capte des électrons.
b) Fausse. Un réducteur libère des électrons.
c) Juste. Voir réponse a.
d) Juste. Voir réponse b.
e) Juste.
f) Juste.
g) Fausse. Le réducteur est oxydé.

Exercice 2

1.
a) $2H^+ + 2e^- = H_2$
b) $Ni^{2+} + 2e^- = Ni$
c) $Au^{3+} + 3e^- = Au$
d) $Fe^{3+} + e^- = Fe^{2+}$

2.

a) On reprend les deux demi-équations et on fait la somme en faisant bien attention à ce que le nombre d'électrons échangés soit identique :

$$2H^+ + 2e^- = H_2$$
$$Ni = Ni^{2+} + 2e^-$$
$$\overline{2H^+ + Ni \rightarrow H_2 + Ni^{2+}}$$

b)

$$Au^{3+} + 3e^- = Au$$
$$Zn = Zn^{2+} + 2e^-$$

Dans la première équation il ya $3e^-$ échangées et 2 dans la seconde. Il faut multiplier la première par 2 et la seconde par 3.

$$Au^{3+} + 3e^- = Au \quad (\times 2)$$
$$Zn = Zn^{2+} + 2e^- \ (\times 3)$$

$$2Au^{3+} + 6e^- = 2Au$$
$$3Zn = 3Zn^{2+} + 6e^-$$

On a bien le même nombre d'électrons, on peut faire la somme.

$$2Au^{3+} + 3Zn \rightarrow 3Zn^{2+} + 2Au$$

Exercice 3

Par définition : le titre (ou degré) chlorométrique d'une eau de Javel est le volume de dichlore gazeux Cl_2 que peut libérer 1 litre d'eau de Javel dans les conditions normales de température et de pression (0 °C et 1 bar).
Ici 1 L peut libérer 20 L de dichlore, donc 250 mL en libère 5 L.

Exercice 4

1. La concentration massique est le rapport de la masse sur le volume :

$$C_m = \frac{m}{V}$$

Il faut une masse de diiode $m = C_m \times V$ soit :

$$m = 1,25 \times 0,25 = 0,313 \text{ g}$$

On pèse une masse de 0,313 g de diiode que l'on introduit dans une fiole jaugée de 250 mL, puis on ajoute de l'eau distillée, puis on agite.

2. La concentration massique C_m est reliée à la concentration molaire C par la relation : $C_m = C \times M$ ou M est la masse molaire.

$$C = \frac{C_m}{M} = \frac{1,25}{254}$$

$$\boxed{C = 4,92.10^{-3} \text{ mol.L}^{-1}}$$

Exercice 5

1. a) Le degré chlorométrique correspond au volume exprimé en litre de dichlore que peut libérer un litre de solution dans les conditions normales de température et de pression.
b) Sur l'étiquette on peut lire un degré chlorométrique de 48°.
c) Le degré chlorométrique est 48°, cela signifie selon la définition précédente qu'un litre de solution peut libérer 48 L de dichlore. Le berlingot ayant une contenance de 250 mL soit 1/4 L, le volume de dichlore est de $\frac{48}{4} = 12$ L.

$$\boxed{V = 12\text{ L}}$$

2. a) Demi-équation électronique :

$$I_2 + 2e^- = 2I^-$$

b) Chaque équation ayant $2e^-$, on peut en faire la somme directement. L'oxydant ClO^- réagit avec le réducteur I^-.

$$I_2 + 2e^- = 2I^-$$
$$ClO^- + H_2O + 2e^- = Cl^- + 2OH^-$$
$$ClO^- + 2I^- + H_2O \rightarrow Cl^- + I_2 + 2OH^-$$

Exercice 6

I. Étude du cadre 1 de l'étiquette

1. Formule : H_2O_2.

2. Une eau oxygénée a un titre de 10 volumes si un litre de cette solution peut libérer, par décomposition totale, 10 litres de dioxygène, volume mesuré dans les conditions normales de température et de pression.

3. 1 litre de solution peut libérer 10 L de dioxygène.

4. On effectue une règle de trois :
1 L libère 10 L, donc pour 125 mL = 0,125 L on aura :

$$\boxed{V(O_2) = 1{,}25\text{ L}}$$

II. Étude du cadre 2 de l'étiquette

1. Quantité de matière : $n_{H_2O_2} = \frac{m}{M_{H_2O_2}} = \frac{3}{34}$

$$\boxed{n = 0{,}088\text{ mol}}$$

résumés de cours
exercices
contrôles
corrigés

2. Concentration : $C = \dfrac{n_{H_2O_2}}{V} = \dfrac{0,088}{0,1}$

$$\boxed{C = 0,88\ mol.L^{-1}}$$

3. Calcul du titre : $T = 11,2 \times C = 11,2 \times 0,88$

$$\boxed{T = 9,85}$$

Le résultat est conforme à celui donné par l'étiquette.

III. Étude du cadre 3 de l'étiquette

1. Si un composé intervient à la fois comme oxydant et réducteur dans une réaction celle-ci se nomme alors une dismutation.

2. Complément :

$$(1)\quad H_2O_2 + 2H^+ + 2e^- = 2H_2O$$
$$(2)\quad H_2O_2 = O_2 + 2H^+ + 2e^-$$

3. On effectue la somme des équations (1) et (2) :

$$2H_2O_2 \rightarrow O_2 + 2H_2O$$

4. Couple oxydant / réducteur : H_2O_2 / H_2O et O_2 / H_2O_2.

Exercice 7

1. Une eau oxygénée a un titre de x volumes si un litre de cette solution peut libérer, par décomposition totale, x litres de dioxygène, volume mesuré dans les conditions normales de température et de pression.

2. a) La quantité de matière prélevée se conserve :
$n_{prél} = n_{\text{désirée}} \Rightarrow C_{mère}V_{mére} = C_{fille}V_{fille}$.
Le rapport $C_{mère}/C_{fille}$ est égale à 10, d'où :

$$V_{mère} = \frac{C_{fille}}{C_{mère}} V_{fille} \Rightarrow V_{mère} = 0,1 \times 100$$

$$\boxed{V_{mère} = 10\ mL}$$

b) Le volume de la solution mère est prélevée avec une pipette jaugée de 10 mL. On réalise la dilution dans une fiole jaugée de 100 mL.

3. a) la quantité d'ions permanganate vaut :
$n_2 = C_2V_2 = 0,20 \times 0,016$

$$\boxed{n_2 = 3,20.10^{-3}\ mol.L^{-1}}$$

b) 5 moles de peroxyde d'hydrogène réagissent avec 2 moles d'ions permanganate, d'où :

$$\frac{n_1}{5} = \frac{n_2}{2} \Rightarrow \boxed{2n_1 = 5n_2}$$

c) On applique la relation donnée dans l'énoncé :

$$C_1 = \frac{5 \times 0,20 \times 16}{2 \times 10}$$

$$\boxed{C_1 = 0,80 \text{ mol.L}^{-1}}$$

d) La relation donnant le titre en fonction de la concentration est :

$$T = 11,2 \times C$$
$$T = 11,2 \times 0,8$$
$$\boxed{T = 8,96}$$

Exercice 8

1. Équation : $H_2O_2 + 2H^+ + 2e^- \rightarrow 2H_2O$.

2. a) 1re demi-équation : H_2O_2 / H_2O.
2e demi-équation : O_2 / H_2O_2.
b) 1re demi-équation : l'oxydant est H_2O_2.
2e demi-équation : l'oxydant est O_2.

3. On somme directement les deux demi-équations car le nombre d'électrons échangés est identique, d'où :

$$\boxed{2H_2O_2 \rightarrow O_2 + 2H_2O}$$

4. C'est du dioxygène.

5. Une eau oxygénée a un *titre* noté T de 10 volumes si *1 litre* de cette solution peut libérer, par décomposition totale, 10 litres de *dioxygène* volume mesuré dans les conditions normales de *température* et de *pression*.

6. Application numérique : $c = \frac{T}{11,2}$

$$\boxed{c = 0,89 \text{ mol.L}^{-1}}$$

7. Quantité de matière : $n = c \times V = 0,86 \times 0,125$

$$\boxed{n = 0,11 \text{ mol}}$$

Mode opératoire : on verse dans un bécher un peu de la solution mère (étape 1). À l'aide d'une pipette jaugée de 10 mL munie d'une propipette, on prélève le volume V_o (étape 2). On verse ensuite le contenu de la pipette dans une fiole jaugée de 50 mL (étape 3). On complète jusqu'au trait de jauge à l'aide d'une pissette d'eau distillée (étape 4). On bouche la fiole et on agite de façon à homogénéiser la solution ainsi préparée.

Exercice 9

1. On somme les deux demi-équations en multipliant la première par 2 pour que le nombre d'électrons échangés soit identique :

$$2\ Fe^{2+} + ClO^{-} + H_2O \rightarrow Cl^{-} + 2\ HO^{-} + 2\ Fe^{3+}$$

2. La couleur rouille est due aux ions Fe^{3+} et aux ions HO^{-} qui se combinent pour former un précipité ($Fe(OH)_3$) qui donne cette couleur rouille.

3. a) Le principe actif de l'eau de Javel est du à l'ion hypochlorite ClO^{-}.
b) C'est un oxydant.

4. a) le degré chlorométrique τ correspond au volume de dichlore (exprimé en litres dans les C.N.T.P.) que peut libérer un litre d'eau de Javel.
b) Il faut diluer dans un rapport de 4.
c) La pipette jaugée de 25 mL sert à prélever la solution mère.
d) La propipette se place sur la pipette jaugée pour aspirer la solution.
e) On effectue la dilution dans un matériel jaugé. On utilisera une fiole jaugée de 100 mL.
Voir les étapes :

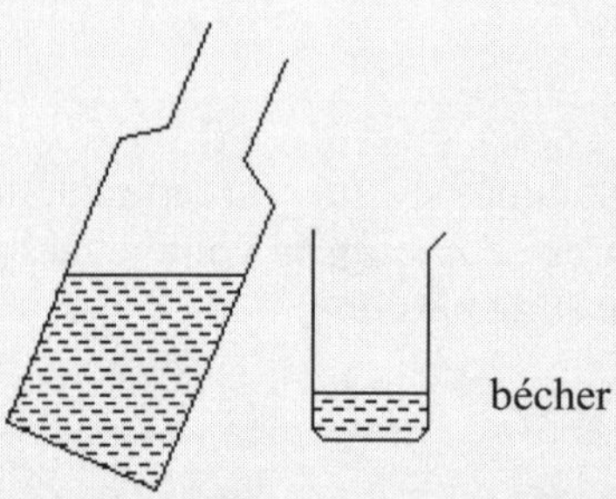

étape 1

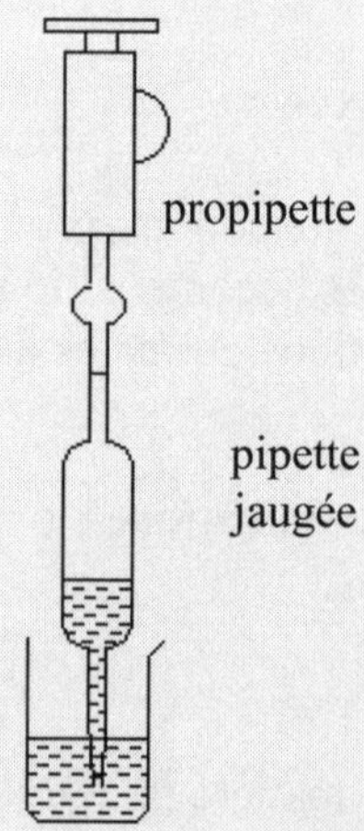

étape 2

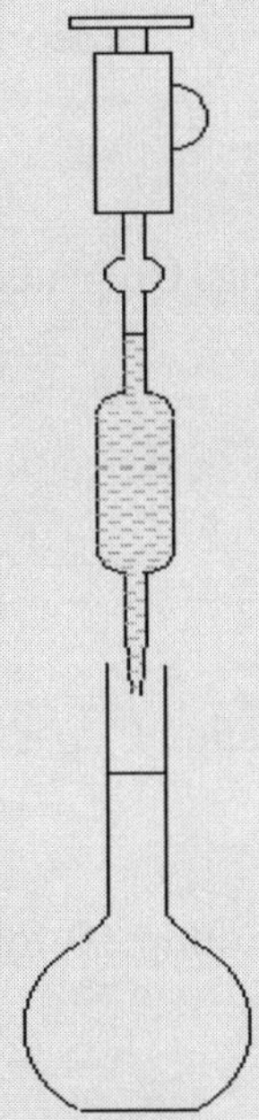

fiole jaugée

étape 3

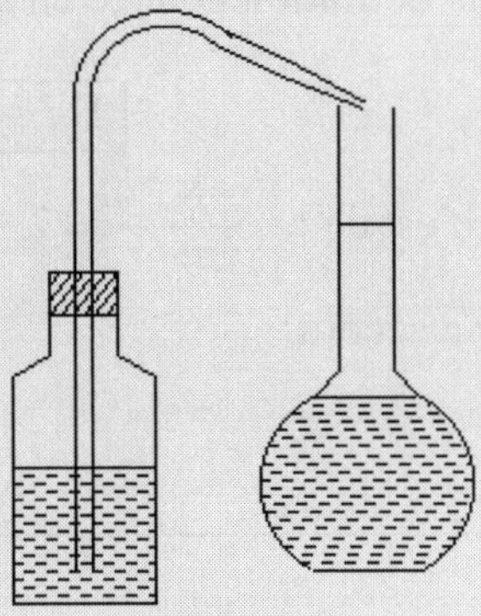

étape 4

Exercice 10

1. L'ion responsable des propriétés actives de l'eau de Javel est l'ion hypochlorite ClO^-.

2. Les couples mis en jeu dans la réaction (1) sont :

- le couple Cl_2 / Cl^- (dichlore / ion chlorure) ;
- le couple ClO^- / Cl_2 (ion hypochlorite / dichlore).

Il y a dismutation du dichlore.

3. a) Le degré chlorométrique d'une eau de Javel est le volume de dichlore mesuré en litres, nécessaire à la fabrication d'un litre d'eau de Javel dans les conditions normales de température et de pression.

b) b.1) Le nombre de moles pour 10 mL est de $3{,}9.10^{-3}$ mol, donc pour 1 L (soit 100 fois plus) on trouve :

$$\boxed{n_0 = 3{,}9.10^{-1} \text{ mol}}$$

b.2) Les coefficients stœchiométriques de la réaction donne :

$$n(Cl_2) = n(ClO^-)$$
$$n(Cl_2) = 3{,}9.10^{-1} \text{ mol}$$

b.3) On détermine le volume de dichlore :

$$V = n(Cl_2) \times V_m = 3{,}9.10^{-1} \times 22{,}4 = 8{,}74 \text{ L}$$

En utilisant la définition donnée en 3.a, le degré chlorométrique expérimental vaut :

$$\boxed{D_E = 8{,}74°\ \text{Chl}}$$

L'écart relatif est de : $\left|\frac{9-8{,}74}{9}\right| = 2{,}9.10^{-2}$ soit 2,9 % d'erreur. On peut considérer qu'il y a accord.

Exercice 11

1.

a) La solution est diluée 10 fois, on divise donc la concentration C_0 par 10.

$$\boxed{C = \frac{C_0}{10}}$$

b) On désire préparer un volume de 200 mL, comme on dilue 10 fois, on prélèvera un volume de 20 mL de la solution mère.

2.

a) Le nombre d'électrons échangés dans les deux demi-équations est le même, il suffit de faire la somme :

$$I_2 + S_2O_3^{2-} = S_4O_6^{2-} + 2I^-$$

b) Le matériel utilisé est :

1. Burette.
2. Solution titrante de thiosulfate de sodium.
3. Bécher.
4. Solution titrée de diiode.
5. Barreau aimanté (turbulent).
6. Agitateur magnétique.

c) On applique la relation donnée dans l'énoncé, d'où :

$$C = \frac{C_T \times V_{TE}}{2V_1}$$

Application numérique : $C = \frac{5{,}0.10^{-3} \times 15{,}6.10^{-3}}{2 \times 10{,}0.10^{-3}}$

$$\boxed{C = 3{,}9.10^{-3}\ \text{mol.L}^{-1}}$$

3.

a) La solution commerciale a pour concentration : $C_0 = 10 \times C$

$$\boxed{C_0 = 3{,}9.10^{-2}\ \text{mol.L}^{-1}}$$

b) On applique la relation $n_0 = C_0 \times V$

$n_0 = 3{,}9.10^{-2} \times 100.10^{-3}$

$$\boxed{n_0 = 3{,}9.10^{-3}\ \text{mol}}$$

c) Masse m_0 de diiode : $m_0 = n_0 \times M(I_2)$

$m_0 = 3{,}9.10^{-3} \times 254$

$$\boxed{m_0 = 0{,}99 \text{ g}}$$

d) La solution est à 1 %, ce qui signifie que pour 100 g de solution on a 1 g de diiode. On peut considérer aux erreurs de mesures près que la valeur trouvée est correcte.

Corrigé du contrôle

Exercice 1

1. La réponse est a) car des trois c'est le seul réactif dans l'équation proposée.

2. Un oxydant est une espèce chimique capable de capter un électron, réponse b).

3. La notation se fait toujours de la façon suivante : Ox / red. I_2 est un oxydant (question 1) et l'on constate que dans l'équation c'est l'ion iodure I^- qui est le réducteur, c'est donc la réponse a).

4. Une oxydation est une perte d'électrons (réponse a).

5. Pour prélever un volume précis, il faut toujours utiliser du matériel jaugé. Pour 10 mL on utilise une pipette jaugée.

6. La solution titrante est placée dans la burette (réponse c).

7. À l'équivalence les réactifs sont introduits dans les proportions stœchiométriques (réponse a).

8. C'est la réponse a.

9. On applique la relation : $C(I_2) = \dfrac{C(S_2O_3^{2-}) \times V_{eq}}{2 \times V(I_2)}$

$$C(I_2) = \frac{1{,}0.10^{-3} \times 13{,}0}{2 \times 10{,}0}$$

$$C(I_2) = 6{,}5.10^{-3} \text{ mol.L}^{-1} \text{ (réponse c)}$$

10. La solution commerciale a été diluée 10 fois, c'est la réponse c.

Exercice 2

1. Un antiseptique est une substance qui tue ou qui empêche la multiplication des bactéries et des virus à la surface externe du corps.

résumés de cours | exercices | contrôles | corrigés

2. Dans le texte il est bien spécifier que seule une solution à 10 volumes peut être utilisée pour désinfecter une plaie. Il est donc nécessaire de diluer 2 fois la solution à 20 volumes (exemple : 10 ml d'eau distillée + 10 ml de solution).

3. H_2O : eau et O_2 : dioxygène.

4. On prélève 5 mL de solution commerciale à l'aide d'une pipette jaugée munie d'une propipette. On verse ces 5 mL dans une fiole jaugée de 100 mL. On complète avec de l'eau distillée jusqu'au trait de jauge avec de l'eau et on homogénéise la solution.

5.

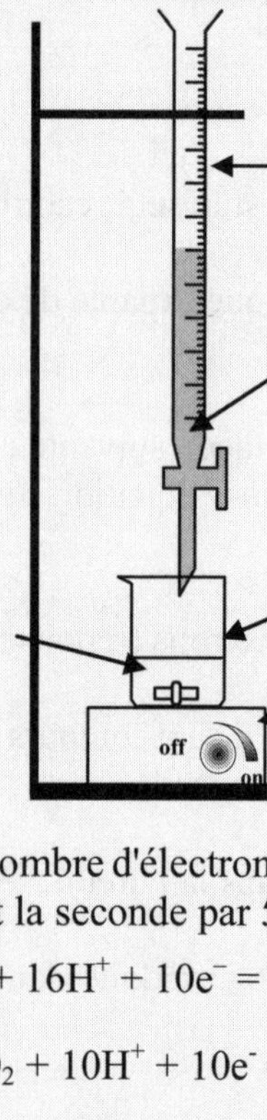

6. On doit avoir le même nombre d'électrons échangés, pour cela on multiplie la première équation par 2 et la seconde par 5 :

$$2MnO_4^- + 16H^+ + 10e^- = 2Mn^{2+} + 8H_2O \ (1)$$

$$5O_2 + 10H^+ + 10e^- = 5H_2O_2 \ (2)$$

On effectue la somme :

$$2MnO_4^- + 16H^+ + 5H_2O_2 \rightarrow 2Mn^{2+} + 8H_2O + 5O_2 + 10H^+$$

On simplifie :

$$2MnO_4^- + 6H^+ + 5H_2O_2 \rightarrow 2Mn^{2+} + 8H_2O + 5O_2$$

7. On peut établir un tableau d'avancement simplifié :

	$2MnO_4^-$ +	$6H^+$ +	$5H_2O_2$	$\rightarrow$ $2Mn^{2+} + 8H_2O + 5O_2$
t = 0	$n_{MnO_4^-}$	excès	$n_{H_2O_2}$	
t	$n_{MnO_4^-} - 2x$	excès	$n_{H_2O_2} - 5x$	
t_{final}	$n_{MnO_4^-} - 2x_f$	excès	$n_{H_2O_2} - 5x_f$	

Le réactif limitant est l'eau oxygénée, d'où :

$$x_f = \frac{n_{H_2O_2}}{5} \Rightarrow n_{MnO_4^-} = 2x_f = \frac{2}{5} n_{H_2O_2} \text{ soit : } 5n_{MnO_4^-} = 2n_{H_2O_2}$$

$2C_1V_1 = 5C_2V_{éd} \Rightarrow C_1V_1 = 2{,}5C_2V_{éq.}$

8. Application numérique : $C_1 = \frac{2{,}5C_2V_{éq}}{V_1} = \frac{2{,}5 \times 2{,}0.10^{-3} \times 8{,}8}{10{,}0}$

$$\boxed{C_1 = 4{,}4 \times 10^{-2} \text{ mol.L}^{-1}}$$

9. La solution est diluée 20 fois, d'où :

$C = 20 \times C_1$

$$\boxed{C = 0{,}88 \text{ mol.L}^{-1}}$$

10. Le titre en volume T d'une eau oxygénée est donné par la relation :

$$T = 11{,}2\ C.$$

$$T = 11{,}2 \times 0{,}88$$

$$\boxed{T = 9{,}86 \text{ volumes}}$$

On peut considérer aux erreurs de mesures près que l'eau oxygénée est bien à 10 volumes.

13 Le mouvement

RELATIVITÉ DU MOUVEMENT

Notion de référentiel

On considère une automobile se déplaçant sur une route. Le conducteur est fixe par rapport à la voiture alors qu'il est mouvement par rapport à la route. On voit bien ici la notion de référence qui apparaît. Il est nécessaire de définir par rapport à quoi on étudie le mouvement d'un mobile, on parle alors de référentiel.

Un référentiel sera constitué d'un repère d'espace (position) et d'un repère de temps.

Exemples : le référentiel héliocentrique a pour origine le centre du Soleil et les axes sont définis par les directions de trois étoiles éloignées.

Le référentiel géocentrique a pour origine le centre de la Terre et les axes sont définis par les directions de trois étoiles éloignées. Il est pratiquement en translation circulaire par rapport au référentiel héliocentrique.

Pour le référentiel terrestre, ou référentiel du laboratoire, le repère est attaché au solide de référence que constitue le laboratoire.

Trajectoire

Lors d'un mouvement, un mobile occupe successivement des positions. L'ensemble des ces points dans un repère donné, constitue la trajectoire.

Type de mouvement

Pour un déplacement en ligne droite, on parlera de mouvement rectiligne.

Pour un déplacement sur un cercle, on parlera de mouvement circulaire.

Pour un déplacement quelconque, on parlera de mouvement curviligne.

VITESSE – ACCÉLERATION

Vitesse moyenne

Un automobiliste part de la ville de Beauvais à 14 h 00 pour arriver à Rennes à 18 h 15. La distance séparant les deux viles est de 421 km.

La vitesse moyenne (v) s'exprime par la distance parcourue (d) sur le temps (t) mis pour effectuer ce trajet.

$$v = \frac{d}{t}$$

Attention aux unités :

– la vitesse s'exprime en mètre par seconde : $m.s^{-1}$

– la distance s'exprime en mètre : m

– le temps en seconde : s.

Calcul pour l'exemple donné :

Distance : 421 km soit 421.10^3 m

Temps : 4 h 15 min soit : $4 \times 3\,600 + 15 \times 60 = 15\,300$ s.

$$v = \frac{421.10^3}{15300} = 27,5 \text{ m.s}^{-1}$$

Conversion $m.s^{-1}$ en $km.h^{-1}$:

$1 \text{ m} = 10^{-3} \text{ km}$; $1 \text{ s} = 3\,600 \text{ h}^{-1}$ donc $1 \text{ m.s}^{-1} = 10^{-3} \times 3\,600 \text{ km.h}^{-1} = 3,6 \text{ km.h}^{-1}$

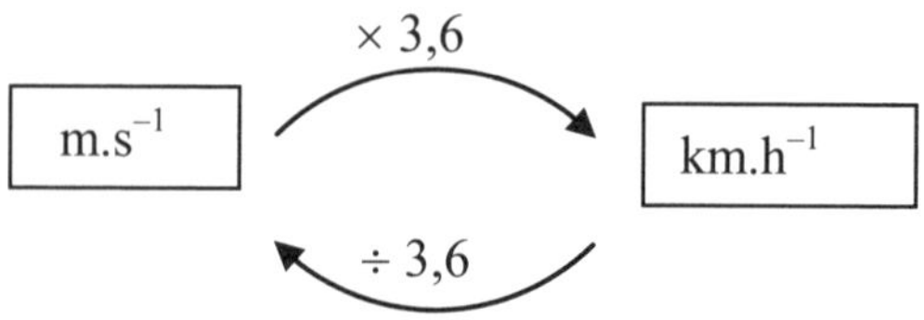

Pour notre exemple : $27,5 \times 3,6 = 99 \text{ km.h}^{-1}$.

Vitesse instantanée

Lorsque l'on regarde le compteur de vitesse d'un véhicule à un instant donné t, on lit une vitesse instantanée. À chaque instant t, il est possible de donner la valeur de cette vitesse instantanée.
Comment déterminer une vitesse instantanée ?
On enregistre les différentes positions M d'un mobile, chaque point étant séparé par la même durée $\Delta t = 40 \text{ ms} = 40.10^{-3}$ s.

Pour mesurer la vitesse instantanée au point 3, on mesure la distance entre les points 2 et 4 et on divise par l'intervalle de temps $2 \times \Delta t$.

$$v_4 = \frac{M_2M_4}{2\Delta t} = \frac{2,0}{2 \times 40.10^{-3}} \Rightarrow v_4 = 25 \text{ cm.s}^{-1}$$

Généralisation :
La vitesse en un point i est :

$$\boxed{v_i = \frac{M_{i-1}M_{i+1}}{t_{i+1} - t_{i-1}}}$$

Accélération

L'accélération (grandeur algébrique) correspond à une variation de vitesse entre deux instants.

$$a = \frac{v_{(t_1)} - v_{(t_0)}}{t_1 - t_0} \text{ soit } a = \frac{\Delta v}{\Delta t}$$

ou Δ représente la variation.

L'accélération s'exprime en mètre par seconde au carré : $m.s^{-2}$.

Distance parcourue

Soit un mouvement à accélération constante, dans ce cas on parle de mouvement uniformément varié, il sera accéléré si $a > 0$ et décéléré si $a < 0$.

La vitesse s'exprime par la relation :

$$v(t) = a.\Delta t + v(t_0)$$

$v(t_0)$ est la vitesse initiale à l'instant $t = 0$.

Expression de la distance parcourue :

$$d = \frac{1}{2} a.\Delta t^2 + v(t_0).\Delta t$$

Vitesse angulaire

Pendant l'intervalle de temps de t_0 à t_1, le segment OM a balayé l'angle θ.

La vitesse angulaire de ce rayon est définie par :

$$\omega = \frac{\theta}{\Delta t}$$

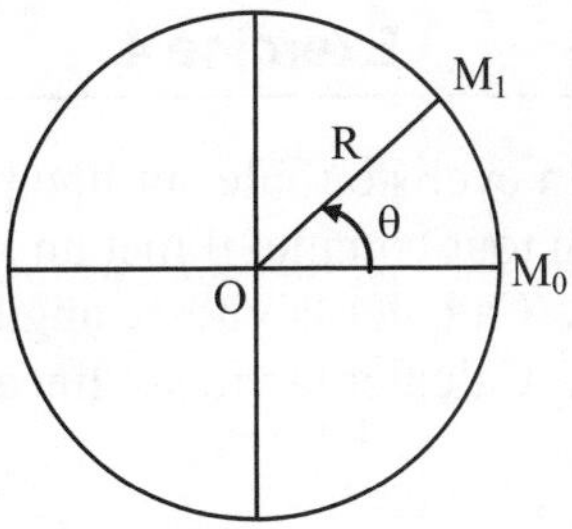

Avec :

– ω la vitesse angulaire en radian par seconde ($rad.s^{-1}$)

– θ l'angle balayé en radian (rad)

– Δt l'intervalle de temps en seconde (s).

On peut noter que : $1\ tr.s^{-1} = 2\pi\ rad.s^{-1}$.

Relation entre vitesse linéaire et vitesse angulaire

La longueur d'arc entre les points M_0 et M_1 vaut : $\ell = \theta \times R$.

En divisant cette expression par Δt, on obtient :

$$\frac{\ell}{\Delta t} = R \times \frac{\theta}{\Delta t}$$

Soit :

$$v = R \times \omega$$

résumés de cours

exercices

contrôles

corrigés

✸ Exercice 1 — 5 min

Un véhicule part de Paris à 10 h 52 et arrive à Rennes à 14 h 17. La distance entre les deux villes est de 362 km.

Calculer la vitesse moyenne pendant le parcours en $m.s^{-1}$ puis en $km.h^{-1}$.

✸ Exercice 2 — 5 min

Un véhicule part de Lyon à 9 h 14 et arrive à Paris à 15 h 28. La distance entre les deux villes est de 394 km. Le conducteur s'est arrêté 3125 s pendant le trajet

Calculer la vitesse moyenne pendant le parcours en $m.s^{-1}$ puis en $km.h^{-1}$.

✸ Exercice 3 — 5 min

La distance entre deux villes est de 454.10^3 m. La vitesse moyenne pour effectuer ce trajet est de 78,5 $km.h^{-1}$.

Calculer le temps mis pour effectuer ce trajet en seconde. Exprimer ce temps sous la forme : heure minute seconde.

✸ Exercice 4 — 5 min

Un cycliste roule sur une piste circulaire de rayon R = 125 m. Pour effectuer un tour complet il met un temps de 2 min 54 s.

1. Calculer la vitesse angulaire pour effectuer ce tour.
2. Calculer la vitesse linéaire pour effectuer ce tour.

✸✸ Exercice 5 — 10 min

Un athlète cours sur la piste d'un stade ayant la forme suivante (figure 1).

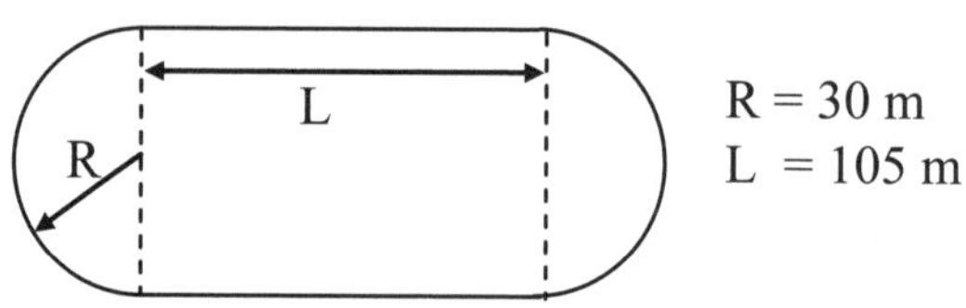

Figure 1

Il effectue 16 tours en 16 min 48 s. On suppose qu'il court à vitesse constante.

1. Calculer la vitesse moyenne sur un tour.
2. Calculer la vitesse angulaire sur les portions en demi-cercle.

✱ Exercice 6. Mesure de la distance Terre - Lune — 8 min

Les astronautes ont placé un réflecteur laser sur la Lune lors de leur expédition. Depuis la Terre on émet un faisceau laser en direction du réflecteur posé sur la Lune. La durée totale du trajet de ce faisceau est de 128,2 ms.

Calculer la distance Terre - Lune sachant que la vitesse de la lumière est de $2{,}998.10^5$ km.s^{-1}, on donnera le résultat en m et km.

✱ Exercice 7 — 8 min

Un avion vole à une vitesse moyenne de 812 km.h^{-1}. Calculer le temps mis pour aller de Paris à Singapour sachant que la distance entre les deux villes est de 6 669 miles. Donnée : 1 mile = 1 609,31 m.

✱✱ Exercice 8 — 10 min

L'engrenage E_1 tourne à la vitesse angulaire $\omega_1 = 14{,}6$ rad.s^{-1}.

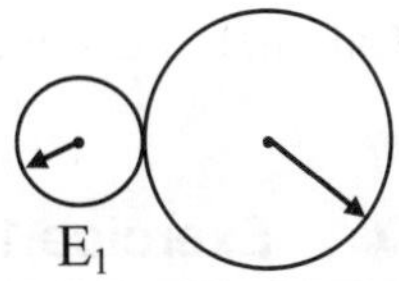

1. Calculer la vitesse linéaire v_1 de E_1.

2. Calculer la vitesse angulaire de l'engrenage E_2 en rad.s^{-1} puis en tr.s^{-1}.

On donne $R_1 = 10$ cm et $R_2 = 22$ cm.

✱✱ Exercice 9 — 10 min

Dans le référentiel géocentrique, la terre tourne sur elle-même autour de l'axe des pôles en 24 h. Le rayon de la Terre est de 6 400 km.

1. Calculer la vitesse angulaire de la terre.

2. Calculer la vitesse linéaire :
- sur un point situé sur l'équateur ;
- à Paris, dont la latitude est de 49°.

✱✱ Exercice 10 — 15 min

Un mobile autoporteur est mis en mouvement sur une table à coussin d'air. Les positions du centre d'inertie sont représentées pour différents cas. L'intervalle de temps entre deux points est $\tau = 60$ ms.

1. Premier enregistrement (A).
Déterminer la vitesse instantanée aux points 2, 5 et 7.

Déterminer l'accélération au pont 6.
Conclure sur la nature du mouvement.

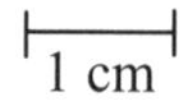

(A)

2. Deuxième enregistrement (B).
Déterminer la vitesse instantanée aux points 2, 4 et 6.
Déterminer l'accélération aux points 3 et 5.
Conclure sur la nature du mouvement

(B)

✱✱ Exercice 11 — 10 min

Un mobile se déplace sur une trajectoire rectiligne avec une accélération constante a = 3,75 $m.s^{-2}$. À l'instant t = 0, sa vitesse est de v = 14 $m.s^{-1}$.

1. Calculer la vitesse atteinte au bout de 25 s.

2. Calculer la distance parcourue au bout de 25 s.

✱✱✱ Exercice 12 — 15 min

La vitesse d'un mobile varie suivant les données suivantes :

– de t = 0 à t = 15 s sa vitesse croît de 0 à 15 $m.s^{-1}$;
– de t = 15 s à t = 30 s sa vitesse est constante v = 15 $m.s^{-1}$;
– de t = 30 s à t = 60 s sa vitesse croît de 15 à 30 $m.s^{-1}$;
– de t = 60 s à t = 120 s sa vitesse est constante v = 30 $m.s^{-1}$;
– de t = 120 s à t = 150 s sa vitesse décroît de 30 à 12 $m.s^{-1}$;
– de t = 150 s à t = 180 s sa vitesse décroît de 12 à 0 $m.s^{-1}$.

1. Tracer le graphique de v = f(t). Pendant les intervalles la vitesse est une fonction affine du temps.

2. Calculer la distance parcourue ainsi que la vitesse moyenne de 0 à 180 s.

✱✱✱ Exercice 13 — 15 min

Deux automobiles A_1 et A_2 sur la même trajectoire partent à l'instant t = 0 de la même position avec une vitesse initiale nulle. L'automobile A_1 voit sa vitesse croître de 0 à 10 $m.s^{-1}$ pendant 30 s puis celle-ci reste constante et égale à 10 $m.s^{-1}$. L'automobile A_2 voit sa vitesse croître de 0 à 10 $m.s^{-1}$ pendant 45 s puis celle-ci reste constante et égale à 10 $m.s^{-1}$.

1. Tracer le graphique v = f(t) des ces deux autos.

2. À l'instant t = 45 s, calculer la distance séparant ces deux véhicules.

Contrôle

30 min — 10 points

Un avion atterrit (apponte) sur le pont d'un porte-avions. Ce pont est supposé plan et horizontal. Il est assimilable à un référentiel galiléen.
Le freinage de l'avion est uniquement assuré par des câbles, solidaires du pont, qui s'accrochent sous l'avion et le stoppent progressivement. Le mouvement de l'avion sur le pont peut être considéré comme un mouvement de translation rectiligne. Dans tout cet exercice, on ne tiendra pas compte des forces de frottement. La masse de l'avion est $m = 1{,}2 \times 10^4$ kg.
On choisit comme instant initial ($t = 0$), l'instant où l'avion touche le pont. Pour repérer la position de l'avion sur le pont du porte-avions, on mesure la coordonnée d'un de ses points sur un axe (Ox), parallèle à la trajectoire, orienté dans le sens du mouvement et dont l'origine O se trouve à l'extrémité du pont (voir schéma ci-dessous).

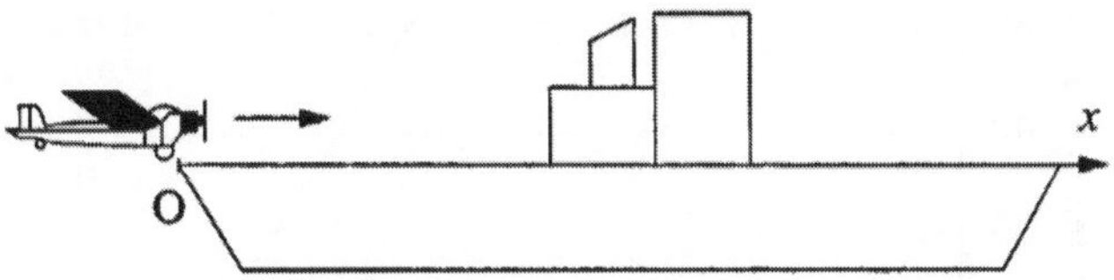

Partie A

À la date $t = 2$ s (donc 2 s après que l'avion a touché le pont), une série de clichés de l'avion est prise à intervalles de temps réguliers ($\Delta t = 0{,}1$ s), on obtient le document 1, où l'axe représenté correspond à l'axe (Ox) précédemment défini.
(Pour davantage de clarté, l'avion n'a pas été systématiquement figuré sur les clichés. Seul un point a été représenté.)

1. À partir du document 1, déterminer et inscrire dans le tableau ci-dessous les valeurs de la vitesse instantanée v de l'avion aux dates indiquées.
Expliquer la méthode utilisée pour un de ces calculs.

Document 1

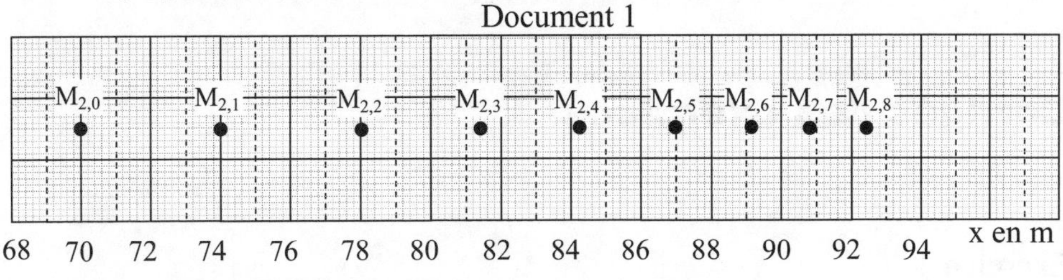

$M_{2,0}$ représente la position au temps $t = 2{,}0$ s ;
$M_{2,1}$ représente la position au temps $t = 2{,}1$ s ;

t (s)	2,1	2,2	2,3	2,4	2,5	2,6	2,7	2,8
v ($m.s^{-1}$)								

2. Représenter le graphe v = f(t).
3. En utilisant le graphe précédent, déterminer, sur l'intervalle de temps [2,1 s ; 2,8 s], la valeur de l'accélération du mouvement. Préciser quel est le type de mouvement de l'avion. Justifier.

Partie B

Des capteurs répartis sur tout le pont du porte-avions enregistrent la valeur de la vitesse instantanée v(t) de l'avion à partir de l'instant t = 0 où il touche le pont, jusqu'à son arrêt. On obtient la courbe représentée sur le document 3. Le point A correspond à l'accrochage des câbles sous l'avion.

Document 2

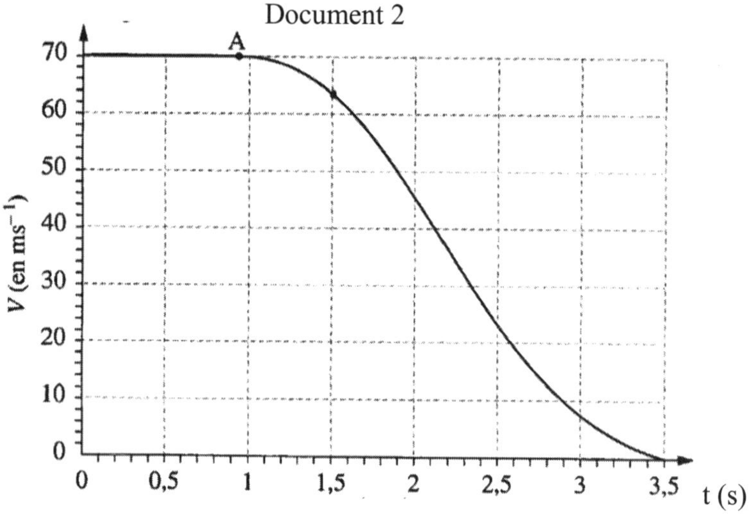

1. Indiquer le type de mouvement avant l'accrochage des câbles. En déduire la distance D parcourue par l'avion sur le pont avant l'accrochage.
2. Expliquer en quoi le graphe du document 2 est en accord avec les mesures faites dans la première partie.

Corrigés des exercices

Exercice 1

On commence par calculer la durée du parcours en seconde.

1 h = 3 600 s.

14 h 17 – 10 h 52 = 3 h 25 min $\Rightarrow$ 3 × 3 600 + 25 × 60 = 12 300 s.

On applique la relation permettant de déterminer la vitesse moyenne :

$$v = \frac{d}{t} = \frac{362.10^3}{12300} \quad \text{(attention aux unités)}$$

$$\boxed{v = 29{,}4 \text{ m.s}^{-1}}$$

On transforme ensuite les $m.s^{-1}$ en $km.h^{-1}$ sachant que $1\ m.s^{-1} = 3{,}6\ km.h^{-1}$:
$v = 29{,}4 \times 3{,}6 = 105{,}8\ km.^{-1}$

$$\boxed{v \approx 106 \text{ km.h}^{-1}}$$

Exercice 2

On applique le même raisonnement :
15 h 28 – 10 h 52 = 14 h 88 – 10 h 52 = 4 h 36 min.
4 h 36 min = 4 × 3 600 + 36 × 60 = 16 650 s.
On soustrait le temps d'arrêt : 16 650 – 3 125 = 13 345 s.
La vitesse moyenne vaut :

$$v = \frac{d}{t} = \frac{394.10^3}{13345}$$

$$\boxed{v = 29{,}5 \text{ m.s}^{-1}}$$

$v = 29{,}5 \times 3{,}6 = 106{,}2\ km.h^{-1}$

$$\boxed{v \approx 106 \text{ km.h}^{-1}}$$

Exercice 3

On exprime tout d'abord la vitesse en $m.s^{-1}$:

$$v = \frac{78{,}5}{3{,}6} = 21{,}8 \text{ m.s}^{-1}$$

On en déduit le temps mis pour effectuer le parcours :

$$t = \frac{d}{v} = \frac{454.10^3}{21{,}8} = 20825 \text{ s}$$

$$\boxed{t = 20\,825 \text{ s}}$$

Soit en h min s : $\frac{20825}{3600} \simeq 5{,}78\text{h}$; 0,78 × 60 = 46,8 min ; 0,8 × 60 = 48 s.

Donc :

$$\boxed{t = 5 \text{ h } 46 \text{ min } 48 \text{ s}}$$

Exercice 4

1. La vitesse angulaire est définie par : $\omega = \frac{\theta}{\Delta t}$.

θ vaut 2π car le cycliste à effectuer 1 tour, d'où :

résumés de cours
exercices
contrôles
corrigés

$$\omega = \frac{2\pi}{2\times60+54} = 0{,}036 \text{ rad.s}^{-1} \quad (2 \text{ min } 54 \text{ s} = 2\times60+54 \text{ s})$$

$$\boxed{\omega = 0{,}036 \text{ rad.s}^{-1}}$$

2. Vitesse linéaire : $v = R \times \omega$:

$v = 125 \times 0{,}036 = 4{,}51 \text{ m.s}^{-1}$

$$\boxed{v = 4{,}51 \text{ m.s}^{-1}}$$

Exercice 5

1. On calcule la longueur de la piste L_P :

$L_p = 2 \times L + 2\pi R = 2 \times 105 + 2 \times \pi \times 30 = 398$ m.

La vitesse moyenne sur un tour et la même que pour 16 tours :

$$v = \frac{16\times398}{16\times60+48}$$

$$\boxed{v = 6{,}32 \text{ m.s}^{-1}}$$

2. La vitesse angulaire est donnée par :

$$\omega = \frac{v}{R} = \frac{6{,}32}{30}$$

$$\boxed{\omega = 0{,}211 \text{ rad.s}^{-1}}$$

Exercice 6

Dans cet exercice il faut bien faire attention aux unités.

Durée totale $t = 128{,}2$ ms $= 128{,}2.10^{-3}$ s.

Vitesse de la lumière $c = 2{,}998.10^5 \text{ km.s}^{-1} = 2{,}998.10^8 \text{ m.s}^{-1}$.

La distance Terre-Lune vaut :

$$d = c\times t = 2{,}998.10^8 \times 128{,}2.10^{-3} = 3{,}842.10^7 \text{ m}$$

$$\boxed{\begin{array}{c} d = 3{,}842.10^7 \text{ m} \\ d = 3{,}842.10^4 \text{ km} = 384\,200 \text{ km} \end{array}}$$

Exercice 7

On transforme les miles en mètre : 6 669 × 1 609,31 = 10 732 488 m.

On peut arrondir à : 10 735 000 m.

Temps mis :

$$812 \text{ km.h}^{-1} = \frac{812}{3{,}6} = 255{,}6 \text{ m.s}^{-1}.$$

$$t = \frac{d}{v} = \frac{10735000}{255{,}6} \simeq 50000 \text{ s}$$

$$\boxed{t = 50\,000 \text{ s}}$$

Ce qui représente : 13 h 53 min 24 s.

Exercice 8

1. On applique directement la relation :
$v = R \times \omega_1 = 0,1 \times 14,6 = 1,46\ m.s^{-1}$.

$$\boxed{v = 1,46\ m.s^{-1}}$$

2. La vitesse linéaire de E_2 est identique, doù :

$$\omega_2 = \frac{1,46}{0.22} = 6,64\ rad.s^{-1}$$

$$\boxed{\omega_2 = 6,64\ rad.s^{-1}}$$

Pour passer en $tr.s^{-1}$, il suffit de diviser par 2π :

$$\omega_2 = \frac{6,64}{2\pi} = 1,06\ tr.s^{-1}$$

$$\boxed{\omega_2 = 1,06\ tr.s^{-1}}$$

Exercice 9

1. Vitesse angulaire :

$$\omega = \frac{2\pi}{24 \times 3600} = 7,27.10^{-5}\ rad.s^{-1}$$

$$\boxed{\omega = 7,27.10^{-5}\ rad.s^{-1}}$$

2. Vitesse linéaire :
Sur l'équateur R = 6 400 km par rapport à l'axe de rotation, d'où :
$v = R \times \omega = 6400\ .10^3 \times 7,27.10^{-5}$

$$\boxed{v = 465\ m.s^{-1}}$$

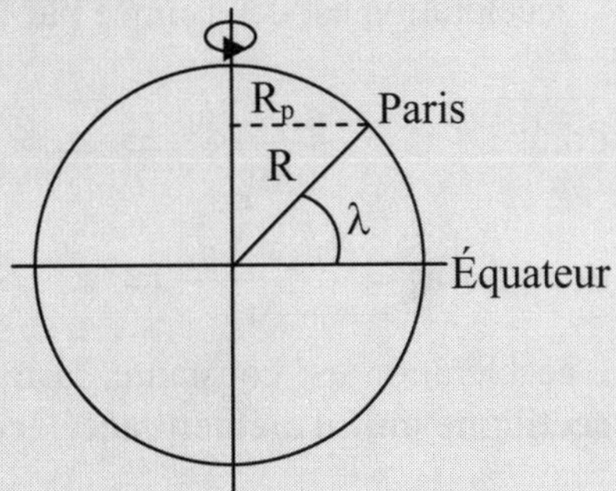

À Paris la distance vaut :
$R_p = R \cos \lambda = 6\ 400 \times \cos 49$
$R_p = 4\ 199\ km = 4\ 199.10^3\ m$.
On en tire la vitesse :
$v = R_p \times \omega = 4\ 199.10^3 \times 7,27.10^{-5}$

$$\boxed{v = 305\ m.s^{-1}}$$

Exercice 10

1. On détermine la vitesse en un point à partir de la relation suivante :

$$v_{A_i} = \frac{\overline{A_{i-1}A_{i+1}}}{\Delta t} \quad (\Delta t = 2\tau)$$

Point 2 : $v_{A_2} = \dfrac{\overline{A_1A_3}}{\Delta t} \Rightarrow v_{A_2} = \dfrac{0,02}{0,12} \Rightarrow v_{A_2} = 0,167 m.s^{-1}$

$$\text{Point 5 : } v_{A_5} = \frac{\overline{A_4A_6}}{\Delta t} \Rightarrow v_{A_5} = \frac{0{,}02}{0{,}12} \Rightarrow v_{A_5} = 0{,}167 \text{m.s}^{-1}$$

$$\text{Point 7 : } v_{A_7} = \frac{\overline{A_6A_8}}{\Delta t} \Rightarrow v_{A_7} = \frac{0{,}02}{0{,}12} \Rightarrow v_{A_7} = 0{,}167 \text{m.s}^{-1}$$

L'accélération est déterminée par : $a_i = \dfrac{v_{i+1} - v_{i-1}}{\Delta t}$

$$\text{Point 3 : } a_{A_6} = \frac{v_{A_7} - v_{A_5}}{\Delta t} \Rightarrow a_3 = \frac{0{,}167 - 0{,}167}{0{,}12} \Rightarrow a_{A_6} = 0 \text{m.s}^{-2}$$

On constate que la vitesse est constante et que l'accélération est nulle, nous avons un mouvement uniforme ; la trajectoire étant rectiligne, **le mouvement est rectiligne uniforme**.

2. La vitesse est déterminée de la même façon que précédemment.

$$\text{Point 2 : } v_{B_2} = \frac{\overline{B_1B_3}}{\Delta t} \Rightarrow v_{B_2} = \frac{0{,}023}{0{,}12} \Rightarrow v_{B_2} = 0{,}192 \text{ m.s}^{-1}$$

$$\text{Point 4 : } v_{B_4} = \frac{\overline{B_3B_5}}{\Delta t} \Rightarrow v_{B_4} = \frac{0{,}035}{0{,}12} \Rightarrow v_{B_4} = 0{,}292 \text{m.s}^{-1}$$

$$\text{Point 6 : } v_{B_6} = \frac{\overline{B_5B_7}}{\Delta t} \Rightarrow v_{B_6} = \frac{0{,}047}{0{,}12} \Rightarrow v_{B_6} = 0{,}392 \text{ m.s}^{-1}$$

L'accélération est déterminée par : $a_i = \dfrac{v_{i+1} - v_{i-1}}{\Delta t}$

$$\text{Point 3 : } a_3 = \frac{v_{B_4} - v_{B_2}}{\Delta t} \Rightarrow a_3 = \frac{0{,}292 - 0{,}192}{0{,}12} \Rightarrow a_3 = 0{,}833 \text{ m.s}^{-2}$$

$$\text{Point 5 : } a_5 = \frac{v_{B_6} - v_{B_4}}{\Delta t} \Rightarrow a_5 = \frac{0{,}392 - 0{,}292}{0{,}12} \Rightarrow a_5 = 0{,}833 \text{ m.s}^{-2}$$

L'accélération est constante, la trajectoire est rectiligne, **le mouvement est rectiligne uniformément accéléré**.

Exercice 11

1. La vitesse atteinte est donnée par la relation :
$v = a \times t + v_0 = 3{,}75 \times 25 + 14 = 107{,}8 \text{ m.s}^{-1}$

$$\boxed{v = 107{,}8 \text{ m.s}^{-1}}$$

2. La distance est donnée par la relation : $d = \dfrac{1}{20} at^2 + v_0 t$

$$d = \frac{1}{2} \times 3{,}75 \times 25^2 + 14 \times 25$$

$$\boxed{d = 1\,522 \text{ m}}$$

Exercice 12

1. On trace le graphe v = f(t).

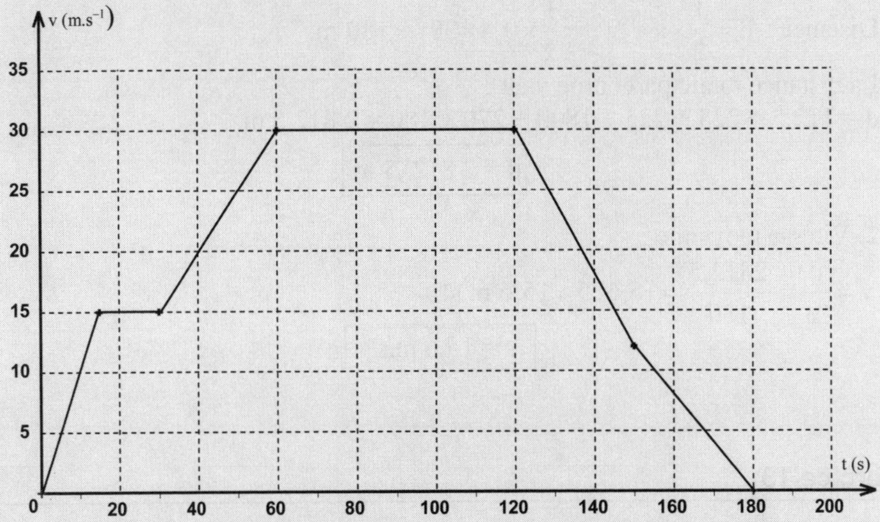

2. On calcule la distance parcourue sur chaque segment, puis on fait la somme pour trouver la distance totale.

– De 0 à 15 s : l'accélération vaut : $a = \dfrac{\Delta v}{\Delta t} = \dfrac{15}{15} = 1 \text{ m.s}^{-2}$.

Distance : $d = \dfrac{1}{2} \times a \times \Delta t^2 = \dfrac{1}{2} \times 1 \times 15^2 = 112{,}5 \text{ m}$.

– De 15 à 30 s : la vitesse est constante donc l'accélération est nulle.
Distance : $d = v \times \Delta t = 15 \times 15 = 225$ m.

– De 30 à 60 s : l'accélération vaut : $a = \dfrac{\Delta v}{\Delta t} = \dfrac{15}{30} = 0{,}5 \text{ m.s}^{-2}$.

Distance : $d = \dfrac{1}{2} \times a \times \Delta t^2 = \dfrac{1}{2} \times 0{,}5 \times 30^2 = 225 \text{ m}$.

– De 60 à 120 s : la vitesse est constante donc l'accélération est nulle.
Distance : $d = v \times \Delta t = 30 \times 60 = 1\,800$ m.

– De 120 à 150 s : l'accélération vaut : $a = \dfrac{\Delta v}{\Delta t} = \dfrac{-18}{30} = -0{,}6 \text{ m.s}^{-2}$, cela signifie que nous avons un mouvement retardé, mais pour le calcul de la distance il faut prendre la valeur positive de l'accélération (le mobile ne revient pas en arrière).

Distance : $d = \dfrac{1}{2} \times a \times \Delta t^2 = \dfrac{1}{2} \times 0{,}6 \times 30^2 = 270 \text{ m}$.

résumés de cours
exercices
contrôles
corrigés

– De 150 à 180 s : l'accélération vaut : $a = \frac{\Delta v}{\Delta t} = \frac{-12}{30} = -0{,}4 \text{ m.s}^{-2}$, cela signifie que nous avons un mouvement retardé.

Distance : $d = \frac{1}{2} \times a \times \Delta t^2 = \frac{1}{2} \times 0{,}4 \times 30^2 = 180$ m.

La distance totale parcourue vaut :

d = 112,5 + 225 + 225 + 1800 + 270 + 180 = 2 812,5 m.

d = 2 812 ,5 m

2. Vitesse moyenne :

$$v = \frac{d}{\Delta t} = \frac{2812{,}5}{180} = 15{,}625 \approx 15{,}6 \text{ m.s}^{-1}$$

$v = 15{,}6 \text{ m.s}^{-1}$

Exercice 13

1. Graphique v = f(t).

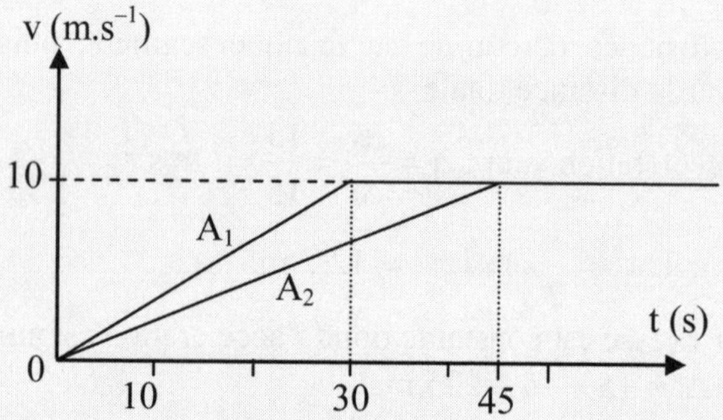

2. Distance parcourue par A_1 :

– De 0 à 30 s : l'accélération vaut : $a = \frac{\Delta v}{\Delta t} = \frac{10}{30} = 0{,}33 \text{ m.s}^{-2}$.

Distance : $d = \frac{1}{2} \times a \times \Delta t^2 = \frac{1}{2} \times 0{,}33 \times 30^2 = 148{,}5$ m.

– De 30 à 45 s : la vitesse est constante donc l'accélération est nulle.

Distance : d = v × Δt = 10 × 15 = 150 m.

Distance totale pour A_1 (d_{A1}) :

$d_{A1} = 148{,}5 + 150 = 298{,}5$ m.

Distance parcourue par A_2 :

– De 0 à 45 s : l'accélération vaut : $a = \frac{\Delta v}{\Delta t} = \frac{10}{45} = 0{,}22 \text{ m.s}^{-2}$.

Distance : $d = \frac{1}{2} \times a \times \Delta t^2 = \frac{1}{2} \times 0{,}22 \times 45^2 = 222{,}8$ m.

Distance totale pour A_1 (d_{A1}) :

$$d_{A2} = 222{,}8 \text{ m.}$$

L'écart entre les deux mobiles au bout de 45 s est donc de :

$$\boxed{298{,}5 - 222{,}8 = 75{,}7 \text{ m}}$$

Corrigé du contrôle

Partie A

1. Pour déterminer les vitesses aux différents points, on utilise la relation suivante :

$v_i = \dfrac{M_{i+1}M_{i-1}}{2\Delta t}$ où $M_{i+1}M_{i-1}$ représente la distance entre les deux points encadrant le point M_i.

$$v_{2,1} = \frac{M_{2,2}M_{2,0}}{2\Delta t} = \frac{(78-70)}{2\times 0{,}1} = 40 \text{ m.s}^{-1} ;$$

$$v_{2,2} = \frac{M_{2,3}M_{2,1}}{2\Delta t} = \frac{(81{,}4-74)}{2\times 0{,}1} = 37 \text{ m.s}^{-1} ;$$

Et ainsi de suite jusqu'au point $M_{2,7}$. On ne peut pas calculer la vitesse au point $M_{2,8}$ car le point $M_{2,9}$ n'existe pas.

On obtient le tableau :

t (s)	2,1	2,2	2,3	2,4	2,5	2,6	2,7	2,8
v (m.s^{-1})	40	37	31	28	25	19	16	×

2. Graphe v = f(t)

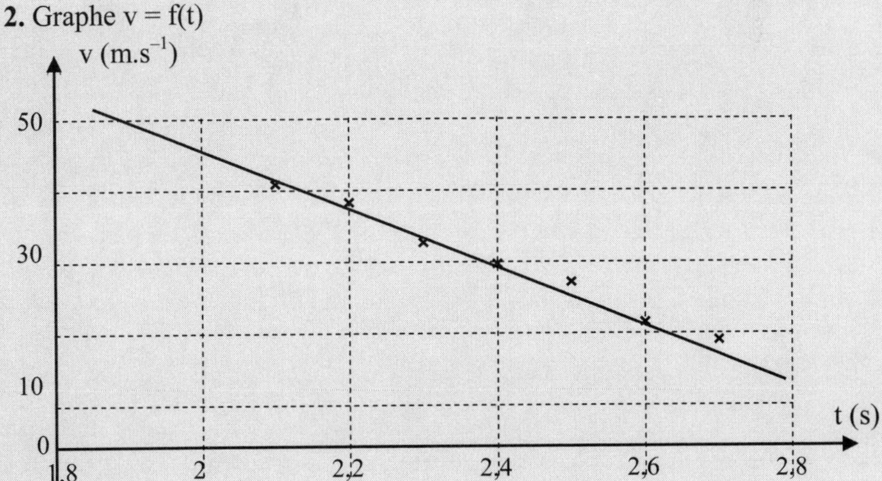

3. Le graphe v = f(t) est une droite dont l'équation est de la forme :

$$v = at + v_0.$$

L'accélération correspond au coefficient directeur de cette droite :

$$a = \frac{\Delta v}{\Delta t} = \frac{16-40}{0,6}$$

$$\boxed{a = -40\ m.s^{-2}}$$

Le mouvement est uniformément retardé.

Partie B

1. Pendant cette phase, on constate graphiquement que la vitesse est constante, le mouvement est donc rectiligne uniforme.

Entre 0 et 0,9 s, la vitesse est constante et égale à 70 $m.s^{-1}$. La distance parcourue vaut : $D = \frac{v}{t} = \frac{70}{0,9}$

$$\boxed{D = 78\ m}$$

2. Entre 2,1 s et 2,7 s la partie de la courbe est une droite, de plus les valeurs coïncident avec le graphe précédent.

14 L'énergie

L'ÉNERGIE CINÉTIQUE

Lorsqu'un corps est en mouvement il possède de l'énergie cinétique E_C. Cette énergie est liée à sa masse et est proportionnelle au carré de sa vitesse.

- Pour un solide en translation :

$$E_C = \frac{1}{2}mv^2$$

E_C : Joule (J) ; m : kg ; v : m.s^{-1}

- Pour un solide en rotation :

$$E_C = \frac{1}{2}J_\Delta\omega^2$$

E_C est l'énergie cinétique en Joule (J)
J_Δ est le moment d'inertie du solide en kilogramme × mètre carré (kg.m^2)
ω est la vitesse angulaire en radian par seconde (rad.s^{-1}).
Le moment d'inertie d'un solide dépend de la masse du solide et de sa forme. Par exemple :

– pour un cerceau de masse m et de rayon R : $J_\Delta = mR^2$;

– pour un disque de masse m et de rayon R : $J_\Delta = \frac{1}{2}mR^2$;

– pour une sphère de masse m et de rayon R : $J_\Delta = \frac{2}{5}mR^2$.

L'ÉNERGIE POTENTIELLE

L'énergie potentielle de pesanteur

L'énergie potentielle de pesanteur est l'énergie que possède un corps de par sa position dans le champ de pesanteur terrestre.
Sur un axe z'Oz orienté vers le haut, on définit l'énergie potentielle de pesanteur par la relation :

$$E_{PP} = mgz + cte$$

La constante, cte, est prise égale à zéro pour une altitude z = 0, d'où :

$$E_{PP} = mgz$$

E_{PP} s'exprime en Joule (J).
m est la masse en kilogramme (kg).
g est l'intensité de la pesanteur en Newton par kilogramme (N.kg^{-1}).
z est l'altitude en mètre (m).

La variation d'énergie potentielle de pesanteur pour un corps dont le centre de gravité passe d'une altitude z_A à une altitude z_B s'exprime par la relation :

$$\boxed{\Delta E_{PP} = E_{PP(B)} - E_{PP(A)} = mg(z_B - z_A)}$$

L'énergie potentielle élastique

Lorsque l'on comprime ou que l'on étire un ressort celui-ci a la capacité d'emmagasiner ou de libérer de l'énergie que l'on nomme énergie potentielle élastique et d'expression :

$$\boxed{E_{PE} = \frac{1}{2}kx^2}$$

E_{PE} s'exprime en Joule (J).
k est la constante de raideur du ressort en Newton par mètre ($N.m^{-1}$).
x est l'allongement (algébrique) du ressort en mètre (m).

L'ÉNERGIE MÉCANIQUE

L'énergie mécanique est la somme de l'énergie cinétique et de l'énergie potentielle :

$$\boxed{E_M = E_C + E_P}$$

Lors d'un mouvement sans frottement, on constate que l'énergie mécanique se conserve.
Exemple : Un solide tombe en chute libre, s'il l'on considère qu'il n'est soumis à aucun frottement, on peut écrire :

$$\Delta E_M = E_M(B) - E_M(A) = 0$$
$$E_M(B) = E_M(A)$$
$$\frac{1}{2}mv_B^2 + mgz_B = \frac{1}{2}mv_A^2 + mgz_A$$

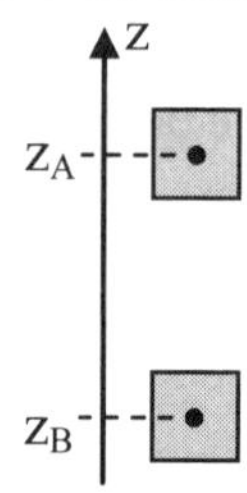

Puissance moyenne

Lors d'un mouvement avec non-conservation de l'énergie mécanique pendant une durée Δt, la puissance moyenne perdue s'exprime par la rapport :

$$P = \frac{\Delta E}{\Delta t} = \frac{E_{m2} - E_{m1}}{t_2 - t_1}$$

La puissance s'exprime en watt (W).

✱ Exercice 1 ⏱ 10 min

Un solide arrive avec une vitesse v = 45 $m.s^{-1}$. Il percute un obstacle sur lequel il s'immobilise.

De quelle hauteur devrait-il tomber en chute libre sans vitesse initiale pour que son énergie cinétique à son arrivée au sol soit égale à son énergie cinétique juste avant le choc ? On prendra g = 9,8 $m.s^{-2}$.

✱ Exercice 2 ⏱ 25 min

On place un boulet sur un plan incliné de telle façon qu'il atteigne la cible C.
Le boulet est tout d'abord lâché en A sans vitesse initiale.
Le système étudié est le boulet que l'on assimile à un point.
Toute l'étude est faite dans un référentiel galiléen.
On néglige les frottements dans tout l'exercice.
Données : α = 30°, D = AB = 0,50 m, L = BC = 0,20 m, m = 10 g, g = 9,8 $m.s^{-2}$.

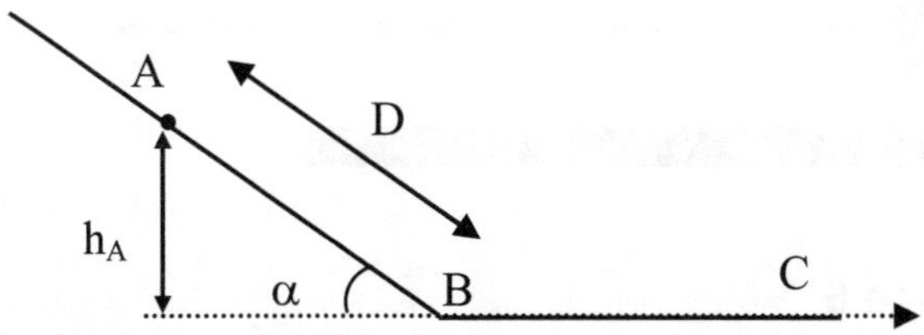

1. On choisit l'altitude du point C comme référence pour l'énergie potentielle de pesanteur : $E_{PP} = 0$ pour $z_C = 0$.
   Donner l'expression de l'énergie potentielle de pesanteur au point A et vérifier qu'elle vaut $E_{PP}(A) = 2{,}45.10^{-2}$ J.
2. En déduire l'expression puis la valeur de l'énergie mécanique du système au point A.
3. En déduire la valeur de l'énergie mécanique du système au point B. Justifier la réponse.
4. Donner l'expression de la vitesse au point B et calculer sa valeur numérique.
5. Calculer la valeur de la vitesse au point C.

✱ Exercice 3 ⏱ 10 min

On considère un pendule de longueur ℓ = 1,5 m au bout duquel est accrochée une bille de masse m. Le fil a une masse négligeable devant la masse m. La bille est lâchée sans vitesse initiale.

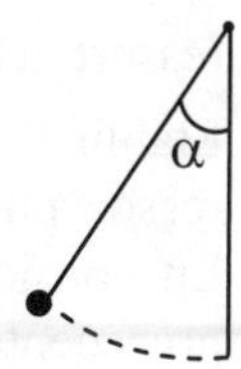

Calculer la vitesse de la bille lors de son passage à la position d'équilibre.
On prendra g = 9,8 $m.s^{-2}$ et α = 40°.

✱ Exercice 4 — 10 min

On tire une balle de fusil vers le haut. La masse de la bille est m = 3,55 g et la vitesse d'éjection vaut v = 2 430 $km.h^{-1}$.

1. Calculer l'altitude atteinte par la balle.

2. Ce résultat est-il plausible ? Pourquoi ?

✱✱ Exercice 5 — 10 min

On étire un ressort de masse négligeable et de constante de raideur k (k = 48 $N.m^{-1}$). Au bout de ce ressort est accroché un solide de masse M (M = 250 g).

On lâche ce solide sans vitesse initiale, il passe par la position d'équilibre x_0 avec une vitesse v = 5,8 $m.s^{-1}$.

De combien de centimètre a-t-on étiré ce ressort ?

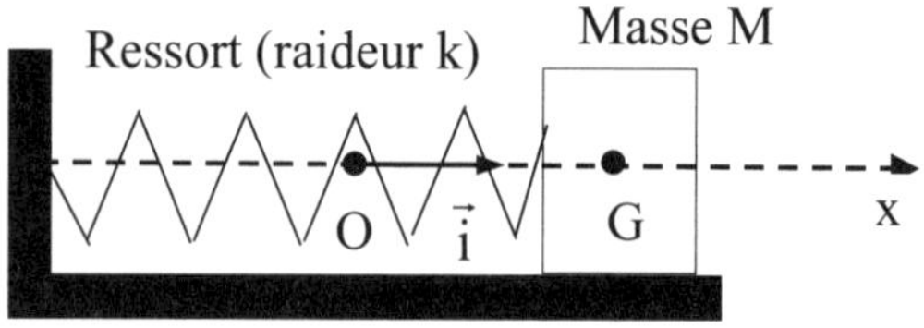

✱✱ Exercice 6 — 25 min

Un flipper est constitué d'un plan horizontal et d'un plan incliné d'un angle $\alpha = 20°$ avec l'horizontale et d'une longueur L = 80 cm. Au sommet du plan incliné se trouve la cible H à atteindre comme l'indique la figure 1.

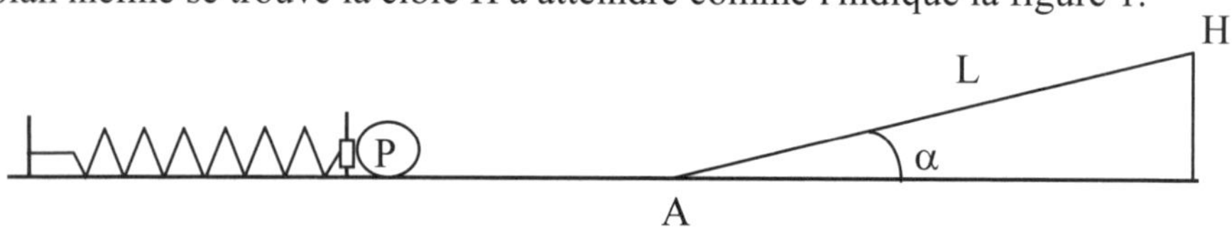

Figure 1

On comprime le ressort de x(0) = –0,1 m, on pose la bille contre la butée et on libère le système. La bille quitte la butée et poursuit son mouvement en glissant sans frottement sur la portion de plan horizontal puis sur le plan incliné avant d'atteindre la cible H.

1. D'où provient l'énergie cinétique acquise par la bille ?

2. On suppose que l'énergie mécanique est conservée et que la bille quitte le ressort quand celui-ci reprend sa longueur à vide ℓ_0.

a) Établir l'expression littérale de la vitesse avec laquelle la bille quitte le ressort puis effectuer l'application numérique.

b) En considérant l'énergie mécanique de la bille, déduire de la question précédente la vitesse de la bille en A.

3. On veut déterminer la vitesse minimale v_{min} que doit posséder la bille, en A, pour atteindre la cible H.
Établir l'expression de v_{min} puis effectuer l'application numérique.
4. En utilisant les résultats des questions précédentes, établir l'expression littérale de la longueur minimale $x_{min}(0)$ de compression initiale du ressort pour que la bille atteigne la cible H. Effectuer l'application numérique.

✱✱ Exercice 7 — 20 min

Une bille est lancée verticalement vers le haut. Sa masse est m = 0,020 kg. Trois positions successives de la bille sont indiquées par le schéma suivant :

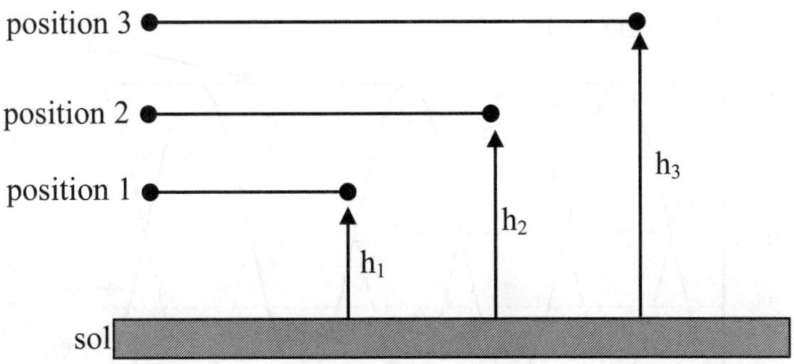

$h_3 =$	$v_3 = 0$ m/s	$E_{p3} =$	$E_{k3} = 0$ J	$E_m =$

$h_2 =$	$v_2 =$	$E_{p2} =$	$E_{k2} =$	$E_m =$

$h_1 = 3$ m	$v_1 = 12$ m/s	$E_{p1} =$	$E_{k1} =$	$E_m =$

On suppose que la bille est animée d'un mouvement de translation et que l'énergie potentielle E_p est nulle au niveau du sol.
Dans tout le problème, on utilisera le principe de la conservation de l'énergie mécanique.

1. Position 1 :
Calculer les énergies potentielle E_{p1}, cinétique E_{k1} et vérifier que l'énergie mécanique totale vaut : $E_m = 2{,}04$ J.
2. Position 2 :

a) Déterminer h_2 pour que $E_{p2} = E_{k2} = \dfrac{E_m}{2}$.

b) Calculer v_2 dans ces conditions.

3. Position 3 :
   La bille est à son point le plus haut. Sa vitesse v_3 est nulle.

a) Déduire directement de la valeur h_2 trouvée en 2.a. celle de h_3.

b) Vérifier la valeur de h_3 en utilisant le fait que E_{k3} est nulle.

✱✱ Exercice 8 — 25 min

On étudie les différentes formes d'énergie d'un solide de masse m = 100 g accroché à un ressort.

On étire le ressort puis on le lâche à t = 0 s. Un dispositif permet d'enregistrer les différentes courbes correspondant aux différentes formes d'énergie.

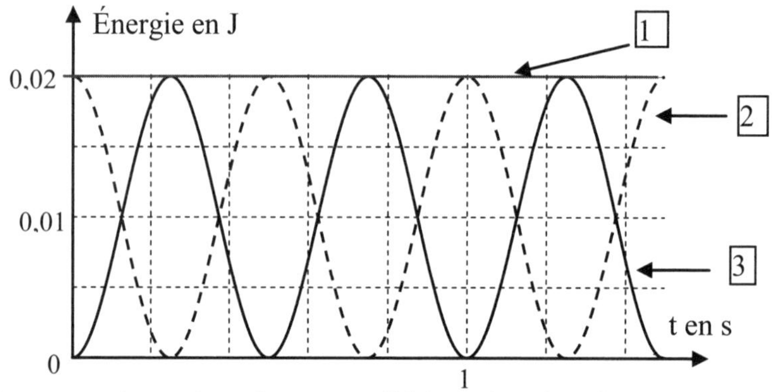

1. Exprimer pour le système {ressort-solide} en fonction de m, k, x, et v :
   – l'énergie cinétique E_c ;
   – l'énergie potentielle élastique E_p.
   Donner l'expression de l'énergie mécanique E en fonction de E_p et E_c.
2. Le schéma ci-dessus représente les variations au cours du temps des différentes énergies E, E_p, E_c. Identifier chacune des courbes. Justifier.
3. Que peut-on dire de l'énergie mécanique au cours du mouvement ?
4. Exprimer et calculer l'énergie mécanique à t = 0. En déduire la vitesse de S au passage du solide à la position d'équilibre.

✱✱✱ Exercice 9 — 30 min

Intensité du champ de pesanteur au niveau du sol : $g = 9{,}80\ m.s^{-2}$.

Un palet en acier de masse m = 50,0 g peut se déplacer sur une gouttière inclinée d'un angle $\alpha = 28{,}0°$ avec l'horizontale. En D, le palet passe avec une vitesse v_D acquise à l'aide d'un propulseur à ressort. En F, la gouttière est ouverte et le palet peut en sortir librement. Il tombe ensuite dans une éprouvette contenant de la glycérine.

On peut considérer les frottements comme négligeables dans les parties 1 et 2, lorsque le palet glisse dans la gouttière.

Partie 1. Propulsion du palet

Dans le bas de la gouttière se trouve un dispositif de propulsion constitué d'une tige munie de deux butées B et B' servant d'axe à un ressort. Le dispositif a une masse négligeable devant celle du palet.

Le ressort a une longueur à vide ℓ_0.

L'extrémité E du ressort est maintenue fixe, l'autre est libre et reste en contact avec le palet par l'intermédiaire de la butée B' tant que le ressort est comprimé.

La position du centre d'inertie G du palet est repérée sur un axe x'x de même direction que la ligne de plus grande pente de la gouttière et orienté vers le haut.

Figure 1 : le dispositif

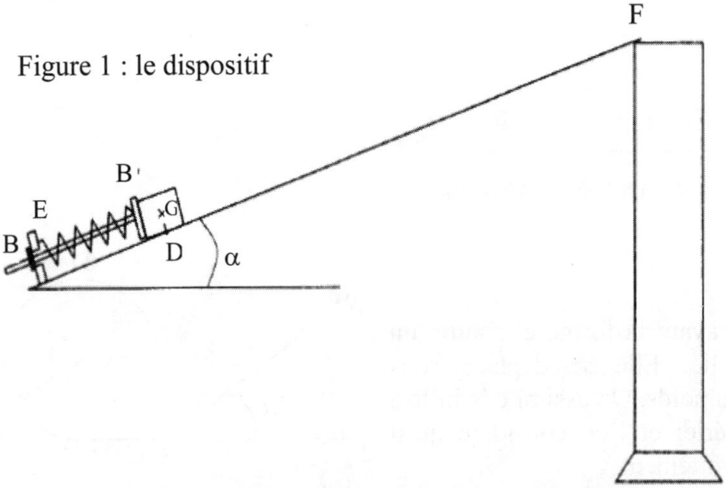

Un manipulateur tire sur la tige et comprime ainsi le ressort jusqu'à ce que le centre d'inertie du palet se trouve au point O. En lâchant la tige, il libère le dispositif qui propulse le palet.

Lorsque le centre d'inertie du palet arrive en D, la butée B bloque le mouvement du ressort qui retrouve dans cette position sa longueur à vide et libère le palet.

On filme le mouvement du palet puis on exploite la vidéo avec un logiciel adapté.

La figure 2 suivante, présente la position qu'occupe le centre d'inertie G du palet à intervalles de temps réguliers $\tau = 20{,}0$ ms (points G_0 à G_5). A $t = 0$, le centre d'inertie du palet est au point O ou G_0.

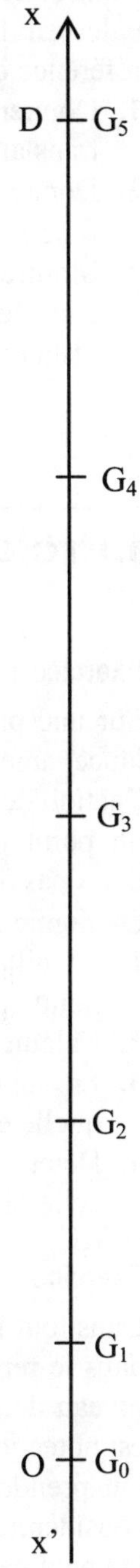

Figure 2 : position du centre d'inertie du palet (échelle 1)

1. En exploitant numériquement la figure 3, déterminer les vitesses V_{G2} et V_{G4} du palet aux points G_2 et G_4.
2. En déduire la valeur l'accélération a_{G3}.

Partie 2. Montée du palet dans la gouttière

Le palet n'est plus sous l'action du propulseur et il quitte le point D avec une vitesse $V_D = 2{,}00$ m.s^{-1} puis il glisse jusqu'au point F où il s'arrête.

Dans cette partie du mouvement, on prendra la position du centre d'inertie du palet en D comme origine des altitudes ($z_D = 0$) et comme niveau de référence de l'énergie potentielle de pesanteur : $E_{PP}(D) = 0$.

1. Donner l'expression au point D de l'énergie mécanique $E_M(D)$ du palet en translation dans le champ de pesanteur.
2. Donner l'expression de l'énergie mécanique $E_M(F)$ du palet au point F, en fonction de m, g, α et de la distance DF.
3. Montrer que sur le trajet DF, l'énergie mécanique du palet en translation dans le champ de pesanteur se conserve. En déduire la valeur de la distance DF.

Contrôle

1 h 30 min — 20 points

Exercice 1.

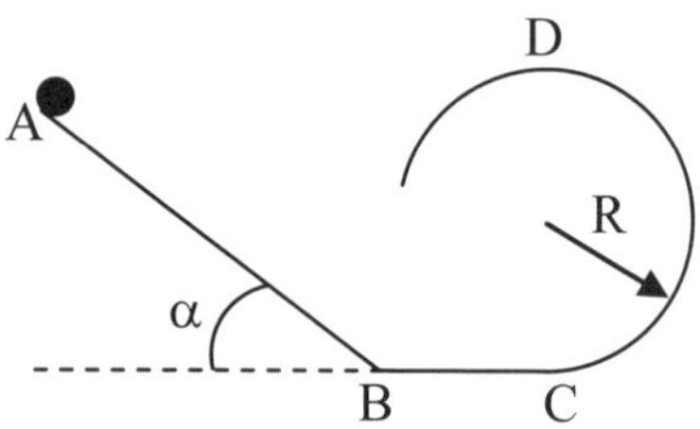

Sur une piste ayant la forme ci-contre, on lance une bille. Elle se déplace sous l'action de son poids. On assimile la bille à un point matériel et l'on considère qu'il n'y a pas de frottement.

On donne : AB = 3 m ; $\alpha = 30°$; BC = 1 m ; R = 1 m ; g = 10 m.s^{-2}.

1. La bille possède une vitesse initiale de 4 m.s^{-1}. Calculer sa vitesse au point B.
2. Calculer sa vitesse au point C.
3. En supposant qu'elle parvient au point le plus haut (D) sans décoller, quelle est la vitesse de la bille en ce point ?
4. Déterminer la vitesse minimale à donner à la bille au point A pour que celle-ci ne décolle pas (cas limite $v_D = 0$).

Exercice 2

Dans tout l'exercice le mouvement du centre d'inertie du plongeur est étudié dans le repère d'axes (Ox, Oy) représenté sur la figure 1. Le point O est au niveau de la surface de l'eau et l'altitude du centre d'inertie G du plongeur est notée y.

On prendra pour la valeur du champ de pesanteur g = 9,80 m.s^{-2} et on considèrera que le référentiel terrestre est galiléen.

On néglige l'action de l'air sur le plongeur au cours de son mouvement et on admet que lors du saut, les mouvements de rotation du plongeur ne perturbent pas le mouvement de son centre d'inertie G.

On note y_0 l'ordonnée du centre d'inertie du plongeur juste avant le saut et v_0 sa vitesse initiale.
On donne $v_0 = 4,0\ m.s^{-1}$ et $y_0 = 4,0$ m.

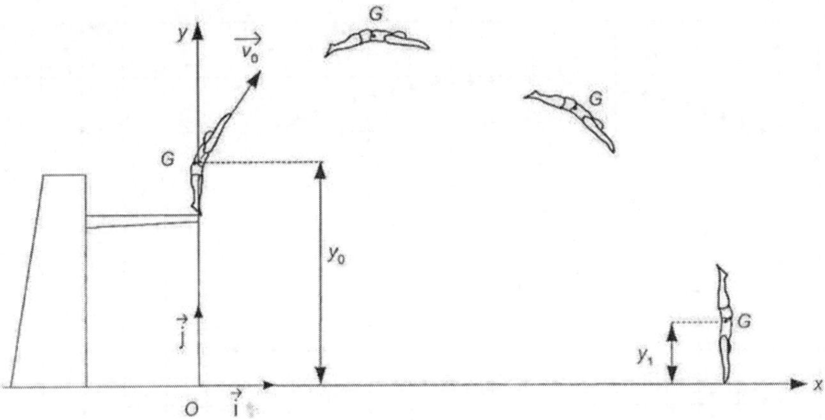

Figure 1

On considère le système {plongeur} dans le champ de pesanteur terrestre. On a représenté en figure 2, l'évolution de l'énergie potentielle de pesanteur du système au cours du temps lors d'une partie de la phase de mouvement étudiée. On précise que la référence de l'énergie potentielle Epp est prise au niveau de la surface de l'eau. On rappelle que, dans ces conditions, l'énergie potentielle de pesanteur du système, à l'altitude y, a pour expression : Epp = mgy.

On note t_S la date à laquelle l'énergie potentielle de pesanteur est maximale.

1. En utilisant le graphique ci-dessous déterminer l'altitude y_S à laquelle se situe le centre d'inertie G du plongeur à l'instant de date t_S.

2. Le but de cette question est de déterminer la valeur de la vitesse du centre d'inertie du plongeur au moment où ses mains touchent l'eau.
Donner l'expression de l'énergie mécanique du système {plongeur en interaction avec la Terre} en fonction des grandeurs m, g, y et de la valeur de la vitesse v du centre d'inertie du plongeur.
En justifiant la réponse, dire comment cette énergie évolue au cours du temps.

3. On rappelle que l'action de l'air sur le plongeur est négligée.
Lorsque les mains du plongeur entrent en contact avec l'eau, le centre d'inertie du plongeur se situe à une hauteur y_1, au-dessus de l'eau (voir figure 1).
À cet instant de date t_1 donner l'expression, en justifiant la réponse, de l'énergie cinétique du plongeur en fonction de v_0, m, g, y_0 et y_1.
Calculer sa valeur sachant que $y_1 = 1,0$ m.

En déduire l'expression de la valeur de la vitesse v_1 à l'instant de date t_1. Calculer sa valeur.

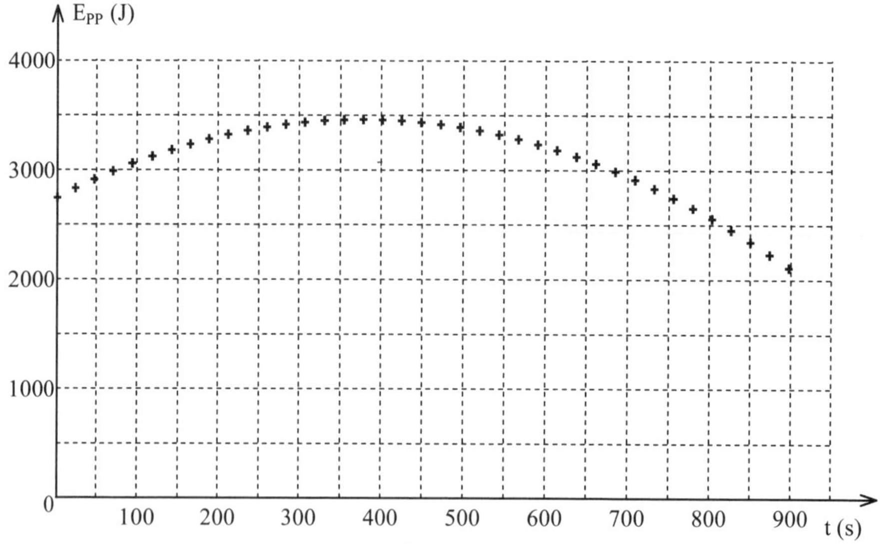

Figure 2

Exercice 3

La représentation graphique ci-après traduit la variation de la fréquence de rotation n en tr/s ($tr.s^{-1}$) du rotor d'un alternateur de centrale en fonction du temps t(s).

1. Donner la nature du mouvement.

a) Pour la phase 1 représentée par [OA] (justifier).

b) Pour la phase 2 représentée par [AB] (justifier).

2. Calculer

a) La vitesse angulaire ω_A acquise à la fin de la phase 1.

b) Le nombre de tours N_2 effectués par le rotor pendant la phase 2.

3. Calculer le moment d'inertie J du rotor sachant que son diamètre est D = 1,20 m et sa masse m = 4,5 tonnes = 4 500 kg.

4. En déduire la valeur de l'énergie cinétique E_c acquise par le rotor à la fin de la phase 1. Exprimer le résultat en mégajoules.

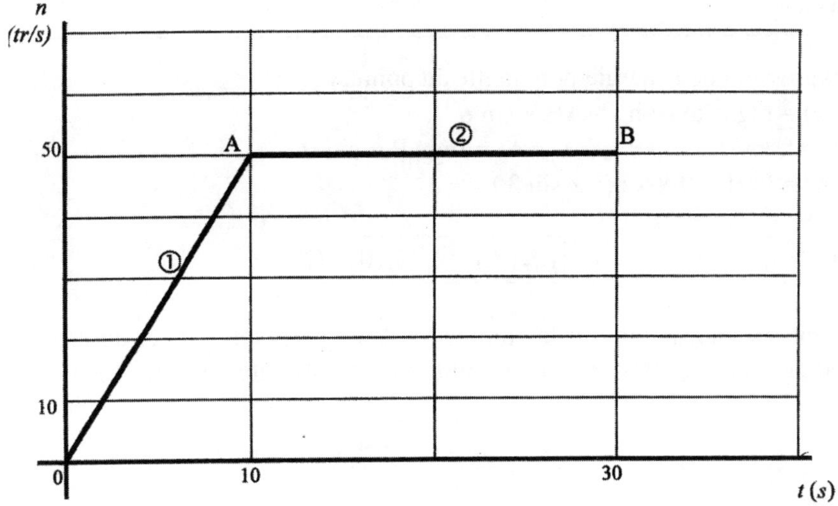

Corrigés des exercices

Exercice 1

L'énergie cinétique juste avant le choc vaut : $E_C = \frac{1}{2}mv^2$. L'énergie potentielle de pesanteur vaut : $E_{PP} = 0$.
L'énergie mécanique juste avant le choc s'exprime par la relation :

$$E_M = E_{PP} + E_C = \frac{1}{2}mv^2.$$

On lâche le solide sans vitesse initiale d'une hauteur h, l'énergie mécanique vaut donc :

$$E_M = E_C + E_{PP} = 0 + mgh = mgh.$$

Comme l'énergie mécanique se conserve :

$$\frac{1}{2}mv^2 = mgh$$

$$h = \frac{v^2}{2g}$$

Application numérique :

$$h = \frac{45^2}{2 \times 9{,}8} = 103{,}3 \text{ m}$$

$$\boxed{h = 103{,}3\,\text{m}}$$

Exercice 2

1. Expression de l'énergie potentielle au point A :
$E_{pp}(A) = mgh_A$ avec $h_A = AB \times \sin\alpha$

$$E_{pp}(A) = mgAB \times \sin\alpha$$

$E_{pp}(A) = 0{,}01 \times 9{,}8 \times 0{,}5 \times \sin 30$

$$\boxed{E_{pp}(A) = 2{,}45.10^{-2}\ J}$$

2. L'énergie mécanique est la somme de l'énergie potentielle et de l'énergie cinétique, mais cette dernière est nulle puisque la vitesse initiale est nulle, d'où :

$$\boxed{E_M(A) = E_{pp}(A) = 2{,}45.10^{-2}\ J}$$

3. Il n'y a pas de frottement entre le point A et le point B. En conséquence l'énergie mécanique se conserve.

$$\boxed{E_M(A) = E_M(B) = 2{,}45.10^{-2}\ J}$$

4. Le point est la même altitude que le point C. $z_C = z_B = 0$, d'où : $E_{PP}(B) = 0$.

$$E_M(B) = \frac{1}{2}mV_B^2 \Rightarrow V_B^2 = \frac{2E_M(B)}{m} \Rightarrow V_B = \sqrt{\frac{2E_M(B)}{m}}$$

Application numérique : $V_B = \sqrt{\dfrac{2 \times 2{,}45.10^{-2}}{0{,}01}}$

$$\boxed{V_B = 2{,}21\ m.s^{-1}}$$

5. Il n'y a pas de frottement entre le point le point B et le point C, en conséquence la vitesse est identique à celle du point B.

$$\boxed{V_C = V_B}$$

Exercice 3

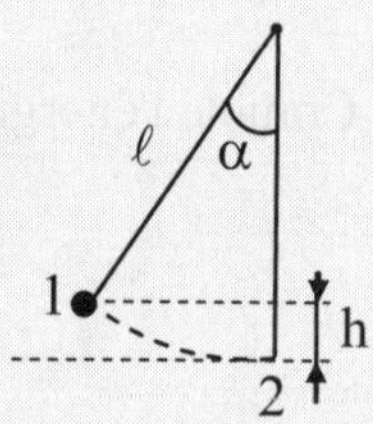

On choisit comme référence de l'énergie potentielle de pesanteur la position d'équilibre (2), pour cette référence $E_{pp} = 0$.
La bille est lâchée sans vitesse initiale. Exprimons la conservation de l'énergie mécanique entre le point 1 et 2.

$$E_{M1} = E_{M2}$$

$$E_{C1} + E_{pp1} = E_{C2} + E_{pp2}$$

$$0 + mgh = \frac{1}{2}mv^2 + 0$$

$$v = \sqrt{2gh}$$

La hauteur h vaut : $h = \ell - \ell\cos\alpha$.

$$v = \sqrt{2gh} = \sqrt{2g(\ell - \ell\cos\alpha)}$$

Application numérique : $v=\sqrt{2\times 9{,}8(1{,}5-1{,}5\cos 40°)}$

$$\boxed{v=2{,}62\ \text{m.s}^{-2}}$$

Exercice 4

1. On transforme au préalable l'unité de la vitesse :

$1\ \text{km.h}^{-1}=3{,}6\ \text{m.s}^{-1}\Rightarrow 2430\ \text{km.h}^{-1}=\dfrac{2430}{3{,}6}=675\ \text{m.s}^{-1}$.

On applique la conservation de l'énergie :

$$E_{\text{mécanique initiale}}=E_{\text{mécanique finale}}$$

$$E_{ci}+E_{ppi}=E_{cf}+E_{ppf}$$

La balle part avec une énergie potentielle nulle (on prend la référence à la sortie du canon) et la balle s'arrête lorsque son énergie cinétique est nulle.

$$\frac{1}{2}mv^2+0=0+mgh$$

$$\boxed{h=\frac{v^2}{2g}}$$

A.N : $h=\dfrac{675^2}{2\times 9{,}8}$

$$\boxed{h=23249\ \text{m}\approx 23{,}3\ \text{km}}$$

2. Ce résultat est bien sur totalement irréaliste, il faudra prendre en compte le frottement de l'air.

Exercice 5

On étire le ressort, à ce moment là son énergie cinétique est nulle et son énergie potentielle élastique est maximale. Au passage à la position d'équilibre c'est l'inverse, son énergie cinétique est maximale et son énergie potentielle élastique est nulle.
On écrit la conservation de l'énergie entre ces deux instants :

$$E_{\text{mécanique initiale}}=E_{\text{mécanique finale}}$$

$$E_{ci}+E_{pei}=E_{cf}+E_{pef}$$

$$0+\frac{1}{2}kx^2=\frac{1}{2}Mv^2+0$$

$$x=\sqrt{\frac{Mv^2}{k}}$$

A.N : $x = \sqrt{\dfrac{0,25 \times 5,8^2}{48}}$

$$\boxed{x = 0,42 \text{ m} = 42 \text{ cm}}$$

Exercice 6

1. Puisqu'il n'y a pas de frottement, il y a conservation de l'énergie mécanique du système bille-ressort. À l'instant initial, l'énergie cinétique est nulle, et le ressort comprimé possède une énergie potentielle élastique. Cette énergie potentielle élastique se retrouve ensuite sous forme d'énergie cinétique de la bille.

2.

a) Initialement l'énergie mécanique se limite à l'énergie potentielle élastique :

$$E_m(t = 0) = \frac{1}{2} k x^2(0)$$

Lorsque le ressort a repris sa longueur au repos, son énergie potentielle élastique est nulle et à ce moment, la bille quitte le ressort avec une vitesse v_0 telle que l'énergie mécanique du système bille-ressort soit :

$$E_m = \frac{1}{2} m v_0^2$$

La conservation de l'énergie mécanique entraîne : $\frac{1}{2} k x^2(0) = \frac{1}{2} m v_0^2$

soit :

$$\boxed{v_0 = |x(0)| \sqrt{\frac{k}{m}}}$$

L'application numérique donne $v_0 = 1,54 \text{ m.s}^{-1}$.

b) Considérons comme système la bille qui, entre l'instant où elle quitte le ressort et l'instant où elle arrive en A, se déplace à altitude constante et sans frottement ; son énergie mécanique se conserve et l'énergie potentielle de pesanteur étant constante, son énergie cinétique se conserve, d'où :

$$\boxed{v_A = v_0 = 1,54 \text{ m.s}^{-1}}$$

3. La vitesse minimale en A est obtenue lorsque $v_H = 0$. La conservation de l'énergie permet d'écrire

$$-\frac{1}{2} m v_A^2 = -mgL \sin \alpha$$

$$\boxed{v_{min} = \sqrt{2 g L \sin \alpha}}$$

L'application numérique donne :

$$\boxed{v_{min} = 2{,}32\,m.s^{-1}}$$

4. Nous avons établi précédemment que $v_A = v_0$. On peut donc reporter l'expression de v_{min} obtenue ci-dessus dans l'expression établie en 2.1. :

$$v_{min} = \sqrt{2\,g\,L\sin\alpha} = |x_{min}(0)|\sqrt{\frac{k}{m}}$$

$$\boxed{|x_{min}(0)| = \sqrt{\frac{m}{k}}\,v_{min}}$$

L'application numérique donne :

$$\boxed{|x_{min}(0)| = 0{,}15\,m}$$

Exercice 7

Tableaux récapitulatifs des résultats :

$h_3 = 10{,}2$ m	$v_3 = 0$ m/s	$E_{p3} =$ **2,04 J**	$E_{k3} = 0$ J	$E_m = 2{,}04$ J

$h_2 =$ **5,1 m**	$v_2 = 10{,}1$ m/s	$E_{p2} =$ **1,02 J**	$E_{k2} =$ **1,02 J**	$E_m = 2{,}04$ J

$h_1 = 3$ m	$v_1 = 12$ m/s	$E_{p1} =$ **0,6 J**	$E_{k1} =$ **1,44 J**	$E_m = 2{,}04$ J

1. Position 1 :

Calcul de l'énergie potentielle E_{p1} : $E_{p1} = mgh_1$

$$E_{p1} = 0{,}020 \times 10 \times 3$$

$$\boxed{E_{p1} = 0{,}6\text{ J}}$$

Calcul de l'énergie cinétique E_{k1} : $E_{k1} = \frac{1}{2}mv_1^2$

$$E_{k1} = \frac{1}{2} \times 0{,}020 \times 12^2$$

$$\boxed{E_{k1} = 1{,}44\text{ J}}$$

L'énergie mécanique totale vaut : $E_m = E_{p1} + E_{k1}$

$$E_m = 0{,}6 + 1{,}44$$

$$\boxed{E_m = 2{,}04\text{ J}}$$

résumés de cours

exercices

contrôles

corrigés

2. Position 2 :

a) Les conditions de détermination de h_2 sont les suivantes :

$$E_{p2} = E_{k2} = \frac{E_m}{2}$$

h_2 n'intervient que dans la relation donnant l'énergie potentielle, d'où, en respectant les conditions :

$$mgh_2 = 1,02$$

$$h_2 = \frac{1,02}{mg}$$

$$h_2 = \frac{1,02}{0,020 \times 10}$$

$$\boxed{h_2 = 5,1 \text{ m}}$$

b) Toujours dans les mêmes conditions, on calcule v_2 à l'aide de la relation donnant l'énergie cinétique :

$$\frac{1}{2} m v_2^2 = 1,02 \text{ J}$$

$$v_2^2 = \frac{2 \times 1,02}{0,020}$$

$$\boxed{v_2 = 10,1 \text{ m/s}}$$

3. Position 3 :

La bille est à son point le plus haut. Sa vitesse v_3 est nulle.

a) D'après les conditions de la question **2**, on a :

$$mgh_2 = \frac{1}{2} mgh_3$$

En simplifiant cette équation par le facteur mg, on obtient :

$$h_3 = 2\ h_2$$

$$h_3 = 2 \times 5,1$$

$$\boxed{h_3 = 10,2 \text{ m}}$$

b) Vérification de la valeur de h_3 en utilisant le fait que E_{k3} est nulle :

$$E_m = E_{p3} + E_{k3} \quad \text{sachant que } E_{k3} = 0$$

Donc :

$$E_{p3} = E_m = 2,04 \text{ J}$$

Par définition : $E_{p3} = mgh_3 = 2,04$

$$h_3 = \frac{2,04}{0,020 \times 10}$$

$$\boxed{h_3 = 10,2 \text{ m}}$$

Ce qui correspond à la valeur de h_3 déterminée à la question 3.a.

$h_3 = 10{,}2$ m	$v_3 = 0$ m/s	$E_{p3} =$ **2,04 J**	$E_{k3} = 0$ J	$E_m = 2{,}04$ J
$h_2 =$ **5,1 m**	$v_2 = 10{,}1$ m/s	$E_{p2} =$ **1,02 J**	$E_{k2} =$ **1,02 J**	$E_m = 2{,}04$ J
$h_1 = 3$ m	$v_1 = 12$ m/s	$E_{p1} =$ **0,6 J**	$E_{k1} =$ **1,44 J**	$E_m = 2{,}04$ J

Exercice 8

1. Énergie cinétique : $E_c = \frac{1}{2}mv^2$.

Énergie potentielle élastique : $E_{pe} = \frac{1}{2}kx^2$.

L'énergie mécanique est la somme de l'énergie cinétique et de l'énergie potentielle élastique.

$$E_m = E_c + E_{pe}$$

2. À l'instant t = 0, le ressort est comprimé et le solide est immobile. On en déduit que l'énergie cinétique est nulle et que l'énergie potentielle est maximale.

La courbe 3 correspond à celle de l'énergie cinétique.

La courbe 2 correspond à celle de l'énergie potentielle élastique.

La courbe 1 correspond à celle de l'énergie mécanique.

3. On constate sur le graphique que la courbe 1 est une droite horizontale, l'énergie mécanique est constante.

4. À t = 0, l'énergie mécanique est égale à l'énergie potentielle, par lecture graphique on mesure $E_m = 0{,}02$ J. Lors du passage à la position d'équilibre l'énergie mécanique est uniquement égale à l'énergie cinétique, d'où :

$$E_m = E_c = \frac{1}{2}mv^2$$

On en déduit la vitesse v :

$$v = \sqrt{\frac{2E_m}{m}}$$

A.N : $v = \sqrt{\frac{2 \times 0{,}02}{0{,}1}}$

$$\boxed{v = 0{,}63\ m.s^{-1}}$$

Exercice 9

Partie 1. Propulsion du palet

1. Les normes des vecteurs vitesses se mesurent graphiquement. On rappelle que :

$$V_{G_i} = \frac{G_{i-1}G_{i+1}}{2\tau}$$

d'où : $V_{G_2} = \frac{G_1G_3}{2\tau} = \frac{4,9}{2\times 20\times 10^{-3}} = 124 \text{ cm.s}^{-1} \cong 1,2 \text{ m.s}^{-1}$

$$\boxed{V_{G_2} = 1,2 \text{ m.s}^{-1}}$$

$V_{G_4} = \frac{G_3G_5}{2\tau} = \frac{6,5}{2\times 20\times 10^{-3}} = 162 \text{ cm.s}^{-1} \cong 1,6 \text{ m.s}^{-1}$

$$\boxed{V_{G_4} = 1,6 \text{ m.s}^{-1}}$$

2. L'accélération au passage de G_3 est donnée par :

$$\vec{a}_{G_3} = \frac{\vec{V}_{G4} - \vec{V}_{G_2}}{2\tau}$$

$$a_{G_3} = \frac{1,6-1,2}{2\times 20\times 10^{-3}} = 10$$

$$\boxed{a_{G_3} = 10 \text{ m.s}^{-2}}$$

Partie 2. Montée du palet dans la gouttière

1. Au point D, l'énergie mécanique du palet est donnée par :

$$E_M(D) = E_C(D) + E_{PP}(D)$$

$$E_M(D) = \frac{1}{2} m V_D^2 \text{ car } E_{pp}(D) = 0$$

Application numérique : $E_M(D) = \frac{1}{2} \times 50.10^{-3} \times 2,00^2$

2. Au point F, l'énergie mécanique du palet est donnée par :

$$E_M(F) = E_C(F) + E_{PP}(F) = E_{PP}(F) \text{ car } E_C(F) = 0$$

$$E_M(F) = E_{PP}(F) = mgz_F = mg\,DF\sin\alpha$$

$$E_M(F) = mg\,DF\sin\alpha$$

3. Le long de DF, la réaction du plan incliné est normale au déplacement : son travail est nul. Il en résulte que l'énergie mécanique se conserve :

$$E_M(D) = E_M(F) = mg\,DF\sin\alpha = 0,1 \text{ J}$$

$$DF = \frac{E_M(D)}{mg\sin\alpha}$$

Application numérique : $DF = \dfrac{0,1}{50\times10^{-3}\times9,8\times\sin 28} = 0,44$

$$\boxed{DF = 0,44 \text{ m} = 44 \text{ cm}}$$

Corrigé du contrôle

Exercice 1

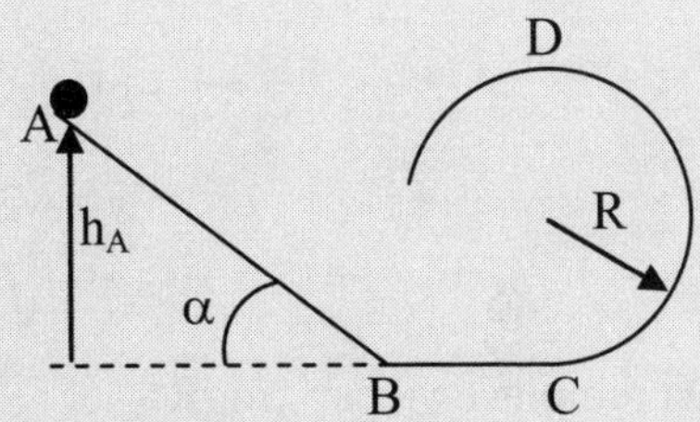

1. L'énergie mécanique au point A est égale à l'énergie mécanique au point B car il n'y a pas de frottement. On peut écrire :

$$E_{MA} = E_{MB}$$

On prend comme référence de l'énergie potentielle de pesanteur la cote du point B, $z_B = 0 \Rightarrow E_{PP} = 0$ au point B, d'où :

$$\frac{1}{2}mv_A^2 + mgh_A = \frac{1}{2}mv_B^2$$

$$\frac{1}{2}v_A^2 + gh_A = \frac{1}{2}v_B^2$$

$$v_A^2 + 2gh_A = v_B^2 \text{ et } h_A = AB\sin\alpha$$

$$\boxed{v_B = \sqrt{v_A^2 + 2gAB\sin\alpha}}$$

A.N : $v_B = \sqrt{4^2 + 2\times10\times3\times\sin 30}$

$$\boxed{v_B = 6,78 \text{ m.s}^{-1}}$$

2. Il n'y a pas de frottement, le point B et C sont à la même altitude. L'énergie mécanique se conserve, d'où :

$$\boxed{v_B = v_C}$$

3. La conservation de l'énergie mécanique impose :

$$E_{MC} = E_{MD}$$

$$\frac{1}{2}mv_C^2 = \frac{1}{2}mv_D^2 + mgh_D \text{ et } h_D = 2R$$

$$\frac{1}{2}v_C^2 = \frac{1}{2}v_D^2 + gR$$

$$v_C^2 = v_D^2 + 4gR$$

$$\boxed{v_D = \sqrt{v_C^2 - 4gR}}$$

résumés de cours
exercices
contrôles
corrigés

A.N : $v_D = \sqrt{6,78^2 - 4 \times 10 \times 1}$

$$\boxed{v_D = 2,44 \text{ m.s}^{-1}}$$

4. La vitesse limite au point D est $v_D = 0$, on en déduit la vitesse minimale au point C :

$$E_{MC} = E_{MD}$$

$$\frac{1}{2} m v_C^2 = 2mgR$$

$$v_C = \sqrt{4gR}$$

Comme on a $v_c = v_B$, on peut déterminer la vitesse minimale au point A :

$$\frac{1}{2} m v_A^2 + mgh_A = \frac{1}{2} m v_B^2$$

$$\frac{1}{2} v_A^2 + gh_A = \frac{1}{2} v_B^2 \text{ et } h_A = AB \sin \alpha$$

$$v_A^2 + 2gAB \sin \alpha = v_B^2$$

$$v_A = \sqrt{v_B^2 - 2gAB \sin \alpha}$$

On remplace v_B par $\sqrt{4gR}$

$$v_A = \sqrt{4gR - 2gAB \sin \alpha}$$

A.N : $v_A = \sqrt{4 \times 10 \times 1 - 2 \times 10 \times 3 \times \sin 30}$

$$\boxed{v_A = 3,16 \text{ m.s}^{-1}}$$

Exercice 2

1. Lorsque le plongeur passe à l'altitude maximale son énergie potentielle de pesanteur est maximale.

$$E_{pp,\,max} = mgy_S$$

$$\boxed{y_S = \frac{E_{pp,max}}{m.g}}$$

On lit graphiquement la valeur de $E_{pp,\,max} = 3,45$ kJ.

A.N : $y_S = \dfrac{3,45 \times 10^3}{70,0 \times 9,80} = 5,03$ m.

$$\boxed{y_S = 5,03 \text{ m}}$$

2. Énergie mécanique du système {plongeur en interaction avec la Terre} :

$$E_m = E_C + E_{PP} = \frac{1}{2} m v^2 + mgy$$

L'action de l'air sur le plongeur est négligée donc l'énergie mécanique se conserve au cours du mouvement, soit E_m = Cte.

3. Entre les dates $t_0 = 0$ et t_1, la conservation de l'énergie mécanique impose :

$$E_m(t_0) = E_m(t_1)$$
$$E_C(t_0) + E_{PP}(t_0) = E_C(t_1) + E_{PP}(t_1)$$
$$E_C(t_1) = E_C(t_0) + E_{PP}(t_0) - E_{PP}(t_1)$$

$$\boxed{E_c(t_1) = \frac{1}{2} m.v_0^2 + mgy_0 - mgy_1}$$

A.N : $E_c(t_1) = \frac{1}{2} \times 70{,}0 \times (4{,}0)^2 + 70{,}0 \times 9{,}80 \times (4{,}0 - 1{,}0)$

$$\boxed{E_c(t_1) = 2618 \text{ J} \approx 2{,}6 \text{ kJ}}$$

Calcul de v_1 :

$$E_c(t_1) = \frac{1}{2} m v_1^2 \quad \Rightarrow v_1 = \sqrt{\frac{2E_c(t_1)}{m}}$$

A.N : $v_1 = \sqrt{\frac{2 \times 2{,}6.10^3}{70{,}0}}$

$$\boxed{v_1 = 8{,}6 \text{ m.s}^{-1}}$$

Exercice 3

1. a) Pour la phase 1 représentée par [OA], le mouvement est rectiligne uniformément accéléré (c'est la représentation graphique d'une fonction linéaire croissante, la vitesse croît en fonction du temps).

b) Pour la phase 2 représentée par [AB], le mouvement est rectiligne uniforme (c'est la représentation graphique d'une fonction constante, la vitesse est constante au cours du temps).

2. a) La vitesse angulaire ω_A acquise à la fin de la phase 1 s'exprime par la relation :

$$\omega_A = \frac{2\pi N}{60}$$
$$\omega_A = \frac{2\pi \times 3000}{60}$$
$$\boxed{\omega_A = 314 \text{ rad/s}}$$

b) Le nombre de tours N_2 effectués par le rotor pendant la phase 2 est :

$$N_2 = f \times t$$
$$N_2 = 50 \times 20$$
$$\boxed{N_2 = 1000 \text{ tr}}$$

3. Le moment d'inertie J du rotor vaut :

$$J = \frac{1}{2} mR^2$$

$$J = \frac{1}{2} \times 4500 \times 0,6^2$$

$$\boxed{J = 810 \text{ kg/m}^2}$$

4. L'énergie cinétique a pour expression : $E_c = \frac{1}{2} J\omega^2$

$$E_c = \frac{1}{2} \times 810 \times 314^2 = 39\ 931\ 380 \text{ J}$$

$$\boxed{E_c = 40 \text{ MJ}}$$

Cet ouvrage a été achevé d'imprimer en avril 2016
dans les ateliers de Normandie Roto Impression s.a.s.
61250 Lonrai (Orne)
N° d'impression : 1601331
Dépôt légal : juillet 2012

Imprimé en France